[德] 恩斯特·卡西尔 著　Ernst Cassirer

范进　杨君游　柯锦华　译

国家的神话

The Myth of The State

华夏出版社
HUAXIA PUBLISHING HOUSE

图书在版编目（CIP）数据

国家的神话/（德）卡西尔著；范进，杨君游，柯锦华译.
--北京：华夏出版社，2020.1
ISBN 978-7-5080-9751-0

Ⅰ.①国… Ⅱ.①卡… ②范… ③杨… ④柯… Ⅲ.①国家理论 Ⅳ.①D03

中国版本图书馆CIP数据核字（2019）第077533号

国家的神话

作　　者	［德］卡西尔
译　　者	范　进　　杨君游　　柯锦华
责任编辑	罗　庆
出版发行	华夏出版社
经　　销	新华书店
印　　刷	三河市万龙印装有限公司
装　　订	三河市万龙印装有限公司
版　　次	2020年1月北京第1版 2020年1月北京第1次印刷
开　　本	670×970　1/16开
印　　张	23.25
字　　数	288千字
定　　价	118.00元

华夏出版社　地址：北京市东直门外香河园北里4号　邮编：100028
网址：www.hxph.com.cn　电话：(010)64663331(转)
若发现本版图书有印装质量问题，请与我社营销中心联系调换。

洞察力和思辩的一次结合*

查尔斯·亨德尔

这是恩斯特·卡西尔教授的最后一部著作。本书刚脱稿没有几天,他就于一九四五年四月十三日过早地溘然辞世了。

没有必要介绍作者和他的哲学,因为卡西尔教授的名字和著作已为世人所知。在这个国家生活的四年中,他为自己在美国哲学中所赢得的地位,已为对翻译他著作的广泛要求所证明,这些译著很幸运地正陆续涌现出来。并且还将有一部纪念专集,许多学者已为它撰写了文章。这些文章将发表于《在世哲学家文库》(保罗·A·希尔普编辑,西北大学)。一部已审定的传记也将在同类著作中刊出。这样,我们就有更多的机会去熟悉作者本人和他在学术界的辉煌成就及其重要意义。

尽管如此,撰写一篇前言,对于卡西尔教授这最后一部著作还是必要和适当的。所有知道洛克的《人类理解论》的人,只要读过那一章——作者在这儿告诉我们,他的书是如何写成的,特别是他与朋友们(他们曾恳求他把那些他们在交谈中涉及到的思想公诸于世)的那些讨论——他们都会回想起自己所感受到的极为生动的个人情趣。对于眼前的这部著作,我们也将同样叙述一些可以披露的详情。

一九四一年春天,卡西尔教授从瑞典的哥德堡来到这个国家,这位

---

* 此题为中译本编者代拟。

卓越的学者和哲学家正处于他的学术生涯的峰巅。他已经出版了他对知识问题的著名的专论，这一研究几乎涉及到整个西方思想。加上"几乎"这个限定词，是由于这部书的第四卷——"从黑格尔之死到当前"（"当前"系指一九三二年）——尚在手稿中，在他逝世后，这段重要的论述被遗留在美国。① 当我们第一次欢迎他作为耶鲁大学的访问教授时，我们的确一点也不知道那部尚未出版的著作，也不知道他为我们准备的许多其他的好东西。已经出版的著作似乎足以成为名垂千古的佳作了。我们知道他是一位康德哲学的伟大的解说者。他对于文艺复兴②和十八世纪③的研究无可置疑地显露出他的历史天才。并且，由于我们对他所涉及的以往时代的哲学、科学，和文化的著作了解得如此之多，以至我们倾向于首先把他尊崇为第一流的历史学家。还有另一理由可证明这一点：我们总是留意于当今哲学研究中极为需要的学识，而忽略了那些具有更高价值的思想和学识。当卡西尔教授真与我们共事时，这些思想和学识不久就在他的教学与谈话中清楚地展现出来。

无论何时，卡西尔教授研究任何课题，他都不仅以一种良好的洞察力依次回顾以往哲学家所思考过的问题，而且他还把这些问题系统化为一种原始的观点概要——它们从人类经验的每一方面（艺术，文学，宗教，科学，历史）涉及这个主题。在卡西尔所从事的所有研究中，存在着一种关于人类知识和文化的不同形式之关系的恒常证明。因此，他不仅具有历史想象力和丰富的知识，也具有哲学综合的天赋。他曾在耶鲁

---

① 《知识问题》第四卷正在被译为英文，将由耶鲁大学出版社出版。
② 例如：《文艺复兴哲学中的个人与宇宙》（*Individuum und Kosmos in der Philosophie der Renaissance*），托伊伯纳，莱比锡，柏林，一九二七年。
③ 例如：《启蒙运动的哲学》（*Die Philosophie der Aufklarung*），图平根，J. C. B. 莫尔，一九三二年；《歌德与历史世界》（*Gother und die Geschichtliche Welt*），柏林，B. 卡西尔，一九三二年。

大学和哥伦比亚大学成功地开设过那些难得的课程和研讨会，他在学术活动中表现出来的上述特点，为他的同事和许多有眼力的学生极为推崇和珍视。

当然，他也曾经出版过一些具有独创性和体系化的思想著述——我们认为这些思想是一个真正的哲学家所具有的。有两位学者在若干年以前，就已经着手把卡西尔教授的《实体、功能及爱因斯坦的相对性》译成英文。① 同年，德国出版了三卷本的关于"符号形式"这一课题的著作的第一卷。② 这些都是他本人思想的探险。从某一方面讲，符号形式哲学完成了卡西尔教授作为一个建设性思想家的雄心。这是一种煞费苦心的研究方式，在这种研究方式中，人类的经验世界通过符号活动的不同形态——这种活动是人的本质特性——被系统地整理出来。这种观点进一步深化了康德关于感性直观形式和逻辑范畴构成我们自然世界的作用的思想。现在已经得到证明：其他的形式在构成人所实际经验和认识的世界中也具有一种相似的功能。语言、神话、宗教、艺术、历史、科学——所有这些文化的表现形式，都涉及人所具有的关于他自身的或他的整个环境的知识。这就是卡西尔教授自己的关于人和存在的哲学。

但是，当卡西尔教授在美国几所大学进行访问讲学时，符号形式哲学还鲜为人知，对于这个国家的哲学系学生来讲，德国出版的三卷本著作是很难懂的。此外，在他的理论的推演与证明中，详尽地考察了许许多多的论据，这些论据涉及文化的不同形式，大多数学者都还没有这

---

① 威廉·柯蒂斯·斯韦比和玛丽·柯林斯·斯韦比（芝加哥，奥本·考特出版公司，一九二三年）。
② 《符号形式哲学》（Die Philosophie der Symbolishen Fortmen），柏林，B·卡西尔，一九二三至一九二九年。另见《文化哲学的自然主义和人道主义的根据》（Naturalistische und Humanistische Begründung der Kulturphilosophie），耶特堡，一九三九年。

方面的经验,或者他们被如此广泛地告知这些论据,以至他们竟不能欣赏这种推演与证明。"哲学人类学"(正如他所称呼的)非常需要一部简洁而通俗的译本,以便满足那些渴望了解他的哲学的众多的朋友与学生的兴趣。他非常喜爱他的学生和他的许多新同事,就他来说,他也很希望他们能更好地了解他。他十分谦虚(对此他几乎一字未提)地用英文着手写作了一部较短的论文,这篇论文就成了他的《人论》(Essay on Man,耶鲁大学出版社,一九四四年)。

但是,在写作《人论》时,这位哲学家所关注的问题超越了他的朋友和学生们所涉及的范围,他洞悉到时代的普遍需要。在战争年代中,"人是什么?"的问题具有一种痛切而强烈的力量,这个问题是任何人都无法回避的。洛克、康德以及许多十八世纪的伟大思想家都曾研究过这个问题。卡西尔教授对他们的研究也很感兴趣,但是,要更清晰地理解这个问题,还必须付出更多的努力。因为,除了人类的知性或理性现象之外,其他方面也必须涉及。在那部新的《人论》中,卡西尔教授回顾了由苏格拉底提出的迄今仍未穷尽的智慧的律令:认识你自己(Know thyself)。这部著作的论证展示了运用他的理论探寻认识自我的历程,并使我们更好地理解人类今天的境况。这样,《人论》既有益于迎合他的朋友们的需要,更有益于满足一种广泛而一致的目的。当《人论》向他们表述他的符号形式哲学的基本内容的同时,也促成了这个时代关于人自身的智慧的发展。

卡西尔教授的这部著作并不仅仅同我们生活于其中的这个黑暗与烦恼的时代相关。大多数人很容易谈到这一事实,即我们正在经历一场世界历史的危机。希望在公众的心灵中有一种关于历史哲学或关于我们自己文明本质的观念的骚动和纷扰,这是很自然的事情。在这样一种情况下,各种各样的"假哲学"可能在那些宣布这些哲学诞生的人的意识形态或政治利益的激励下涌现出来。此时,卡西尔教授的朋友们便希望他作为一个具有最智慧的判断力的人来说话,因为他能够从历史和哲学这两个伟大的视角来解释我们时代的境况。某些与他保持密切接触的朋友冒昧地问他:"为什么你不能说明今天正在发生的事情的涵义而是去著述过去的历史、科学及文化?你具有如此丰富的知识和智慧——我们与你共事,对此很了解——但是,你也应该把它们给予其他人,以发挥你的理论的作用"。于是,在一九四三年至一九四四年冬天,他着手构思一部题为"国家的神话"的著作大纲。《命运》(Fortune)杂志于一九四四年六月发表了这部著作的缩写本。现在的这部著作于一九四四年至一九四五年之间创作,最彻底地实现了本书的宗旨,最初,它不过是为了答应他最亲近的朋友们的请求而已。

卡西尔教授曾要求我作为《人论》和现在这部著作的批评者和编辑者,我深感自己的责任重大,因为这部著作是一部遗著。在这里,为了我真诚的善意,我希望澄清的是:实际上已出版的这部著作,仅仅是他个人完成的。这是完全可能的,因为这是他的许多显著才能之一,即他能够独立地、清晰而流畅地用英文写作,他对这门语言的意义具有一种精细的辨识力。

先前的那部著作(即《人论》),曾是作者的一种练习,是为了征求对这部著作的批评而提出的这部著作的第一部草稿。正如期望对他的语言运用进行批评一样,他也期望对他的哲学论证进行批评。他非常诚挚地欢迎任何建议性的修改和完善意见。他总是彬彬有礼且恰到好处地评价和欣赏任何对他著作的考察和探究。如果一个善意的批评者不能清晰而有逻辑地理解他所要表达的问题,那么他就认为错误一定在于他本人。他把这样一种假定当作一个公理,这种假定使他与大卫·休谟联结起来,休谟也是这样地尊重他的读者的思想。的确,人们迄今所提出的

必须要做的多数建议,仅仅是需要对原书进行压缩使之更加简洁。例如,限制他大量地摘引语录。因为他总是想让被摘引的作者本人更充分地说话,这就不仅过分地增加了书的卷数,而且相应地减少了他自己应表述的思想。除了这样一种考虑外,他也总是很礼貌地接受其他一些较次要的批评并作些改动。

眼前的这部著作已准备用与《人论》相同的方式出版。仅有一点不同,即作者本人不能原原本本地看到眼前这部书的第三编,而第一编和第二编的更动(那似乎是必要的),实际上他仔细地审查过。其中大多数更动我们都曾有机会私下讨论过,可惜的是,在编辑第三编和最后一编时,无从得到他本人最后的认可,我希望没有损伤他任何重要的思想。我始终不渝地信赖在共事的短短几年中我们之间所建立起的充分理解。

在结束这部著作的准备工作之前,我于一九四五年七月被委派到驻英国的美国军队中服役,在一所军校中讲授哲学。对于第十七章(即论黑格尔)的编辑工作,在我离开时并不十分满意。我希望对我的耶鲁大学的同事布兰德·布兰沙德教授的真诚帮助表示感谢,他校阅了全部原稿,并在它交付印刷之前做了最后的修正。此外,德里弗里希·W·伦兹博士曾于纽黑文核对了所有的引文和参考资料,提出了许多有关习惯用法的问题,以使编辑留意和裁定,从而为这部著作的可靠性和精确性做了不少工作。对此,我表示诚挚的谢意。由于这些帮助,我们才能确信,这部著作具有学术价值,在各方面都无愧于以恩斯特·卡西尔教授的名义发表的一部著作。

对于我来说,倘若不能利用这个机会,代表卡西尔教授的朋友和家庭来昭示耶鲁大学出版社的编辑尤金·A·戴维森先生的友善的私人关怀的话，这将是极为错误的，他对这部著作的关怀不仅是出于一种职业关系，更是一种真诚的赞赏。作者本人也将会这样说的，因为这种关怀是他在美国的经历中时时为之感动的事情之一。

目 录 Contents

第一编　什么是神话？

第一章　神话思想的结构 ...3

第二章　神话与语言 ...18

第三章　神话与情感心理学 ...27

第四章　神话在人的社会生活中的功能 ...43

第二编　政治思想史上反神话的斗争

第五章　早期希腊哲学的"逻各斯"与"神话" ...61

第六章　柏拉图的《理想国》 ...71

第七章　中世纪国家理论的宗教与形而上学的背景 ...92

第八章　中世纪哲学中法治国家理论 ...116

第九章　中世纪哲学中的自然和天赐 ...128

第十章　马基雅维利的新政治科学 ...140

第十一章　马基雅维利主义的胜利及其影响 ...157

第十二章　新的国家理论的含义 ...170

第十三章　斯多葛主义的复兴和国家的"自然权利"理论 ...198

第十四章　启蒙运动的哲学和它的浪漫主义批评者 ...213

第三编　二十世纪的神话

第十五章　前奏：卡莱尔 ...229

第十六章　从英雄崇拜到种族崇拜 ...271

第十七章　黑格尔 ...299

第十八章　现代政治神话的技巧 ...334

结论 ...357

译后记 ...359

第一编

什么是神话？

第一章　神话思想的结构

在最近三十年中,即第一次和第二次世界大战期间,我们不仅度过了一次我们政治和社会生活中的严酷的危机,并且业已面临着一些全新的理论难题。在政治思想形态中,我们经历了一场根本性的转变。产生了新的问题,也给予了新的解答。十八世纪和十九世纪的政治思想家们从未考虑的那些问题,现在突然涌现了出来。在当代政治思想的发展中,也许最重要的、最令人惊恐的特征就是新的权力——神话思想的权力的出现。在现今的一些政治制度中,神话思想显然比理性思想更具优势。在一场短暂而猛烈的激战之后,神话思想似乎赢得了一次确定无疑的胜利。然而,这次胜利怎么是可能的呢?我们又将如何解释这种现象呢?——这种现象突然矗立在我们的政治视野中,在一定意义上,仿佛把我们以往关于理智的,以及社会生活特征的观念一下颠倒过来。

如果我们察看一下我们文化生活的现状,我

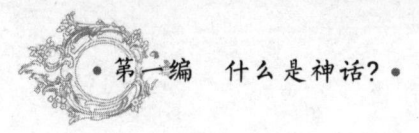

第一编 什么是神话？

们会立即感到，在两个不同的领域之间有着一条深深的鸿沟。在实施政治行动时，人们所依循的规律完全区别于全部纯粹的理论活动中所认识的规律。没有人会认为，把那些提出用于付诸行动来解决政治问题的方法转用于解决一个自然科学问题或一个技术问题。在后一种情况下，除了理性的方法，我们不再指望运用任何其他的方法。理性思想在这里得到了自己的根据，似乎不断扩张自己的地盘。科学知识以及对自然界技术的控制，每天都在赢得前所未有的胜利。然而，在人的实践与社会生活中，理性思想的惨败大概完全无可挽回了。在这个领域中，现代人在他的理智生活的发展中所学到的任何知识都应当忘却。他被告诫要返回到人类文化的原始时期。在这里，理性和科学思想坦率地承认自己的崩溃，并向它们最危险的仇敌卑躬屈膝。

为了对上述现象——这一现象乍看起来扰乱了我们所有的思想，并斥退了我们所有的逻辑标准——寻求一种解释，我们必须从它的发端入手。在回答一个基本问题之前，我们不可能直接理解我们现代政治神话的起源、特性和影响。在我们能够解释神话如何"活动"之前，我们必须了解什么"是"神话？如果我们对神话的一般性质已经获得一种清晰的透视，那么我们才能说明神话的特殊影响。

神话意味着什么？在人的文化生活中它的功能又是什么？一旦我们提出这样的问题，我们立即陷入一场各种观点相互冲突的伟大战役之中。在这种情形下，最令人困惑不安的不在于我们经验材料的贫乏，而在于它的过于丰富。这个问题已从每个角度探讨过了。无论是神话思想的历史发展，还是它的心理基础，都已被仔细地研究过了。哲学家、人类文化学家、人类学家、心理学家和社会学家都参与了这些研究。于是，我们似乎占有全部事实，并有了一种比较的神话学，它囊括了这一领域中的所有部分，从而引导我们从最基本的形式过渡到高度成熟而深

第一章　神话思想的结构

奥的概念。就我们的"材料"而论，它环环相扣，无一遗漏。但是对神话的"理论"仍争议颇多。每一学派都为我们提供一个不同的答案。其中某些答案彼此对立，相互冲突。一种哲学的神话理论必然开始于这种争议。

许多人类学家已经断言：总之，神话是一种极为简单的现象，对于它无需再做一番复杂的心理学或哲学的解释。神话本身再也简单不过了。因为，神话作为人类的"神圣的单纯性"（Santa Simplicitas）之外，别无它意。它既非反思或思想的结果，也不足以被描绘为人类幻想的产物。幻想本身并不足以说明其歧异性和荒谬性的基础。确切地说，幻想只是"人的原始愚昧"（the urdummheit of man），由此而导致了上述的谬误和矛盾。没有这种"原始愚昧"（primeval stupidity）也就没有神话。

初看起来，这种论调似乎言之有理，然而，只要我们研究一下人类历史上神话思想的发展，我们立即面临着一个极大的困难。我们从历史上发现，任何一种伟大的文化无一不被神话原理支配着、渗透着。难道我们能够说，所有这些文化（巴比伦的、埃及的、中国的、印度和希腊的），都完全只是人的"原始愚昧"的诸多面具和伪装，以至于从根本上否认它们的一切价值和意义吗？

研究人类文明的历史学家们从来不能接受这样的观点。他们一定要寻求一个更恰当、更充分的解释。然而，在大多数情况下，他们的解答与他们的科学兴趣一样，都是多种多样的。或许，我们对他们的态度最恰当的说明就是付之一笑。在歌德的《浮士德》中有这么一幕情景，我们看到浮士德在女巫的厨房里，等待她来送酒，喝了这种酒，他将会重新变得年轻起来。站在这种能施魔法的玻璃杯前，浮士德眼前忽然闪现出一种奇异的景象，玻璃杯中荡漾着一个美丽绝顶的仙女的形影。他顿时被弄得神魂颠倒，如醉如痴。魔鬼摩菲斯特站在一旁，嘲弄着浮士德的痴情。他知道得很清楚，浮士德所看见的并非真实女人的形象，而仅仅是他自己心灵的作品。

当我们对十九世纪形形色色并彼此争议的关于解释神话奥秘的理论进行研究时，我们或许会回想起上述情景。那些浪漫的哲学家和诗人最先被神秘的魔杯灌醉了头脑。他们大有精神焕发、返老还童之感。此后，他们所看见的一切都呈现出一种清新的变幻状态。他们已无力再降凡尘，返回"世俗世界"（the world of the profaum vulgus）。对于真正的浪漫主义者来说，神话和真实并无形态的不同，其差别之细微如同诗歌与真理一样。诗歌与真理，神话与真实是互相渗透、彼此和谐的。诺瓦尼斯（Novalis）说："诗，绝对地、名符其实地是真实的，它构成了我的哲学的精髓。愈富有诗意，也就愈真实。"①

这种浪漫主义的哲学推断被谢林的《先验唯心论体系》及《神话和天启哲学讲演录》所汲取。谢林在这些著作中表述的观点与启蒙主义哲学家的判断形成一种前所未有的强烈对比。我们在这里的发现完全改变了以往全部的价值观念。原来屈居于最低层次的神话突然间被赋予至高无上的荣耀。谢林的体系是一个"同一体系"。在这个体系中，主观世界和客观世界之间无法作出明确的区分。宇宙是精神的宇宙，这个精神的宇宙构成了一个连续不断的整体。一种纯粹的抽象，只是思想的错误倾向，它导致了"理想"和"现实"的隔绝。理想与现实并非彼此对立，而是相互一致的。以此为先决条件，谢林在他的讲演录中阐发了一个关于神话作用的全新观念，这个观念综合了哲学、历史、神话与诗歌，此类综合是前无古人的。

后来的几代人对于神话的特性有了更加清醒的认识。他们不再感兴

---

① 诺瓦尼斯：残篇三十一，《著作集》，第三卷，雅各布·米纳（Jacob Minar）编，第11页。

第一章 神话思想的结构

趣于神话的形而上学，而从经验的方面来探究这个问题，并企图用经验的方法来解决它。但是，古老的符咒尚未完全消除它的诱惑力。每个学者在神话中仍可发现那些他最熟悉的对象。从根本上说，各个学派在神话的魔镜中所看到的仅仅是他们自己的面孔。在这面魔镜中，语言学家看见了一个语词和名称的世界；哲学家发现了一种"原始哲学"；精神病学家则观察到一种极为复杂又极为有趣的"神经过敏现象"。

根据科学家的观点，可用两种不同的方法来阐明这个问题。根据同样的原则，神话世界可以解释为理论的世界即科学家的世界。或者，着重点可放在相反的方面，即我们不是去寻求两个世界之间的任何相似性，而是主张它们的不可比性及它们根本不相容的差异性。凭借一种纯粹逻辑的准绳来判定这些不同学派的纷争，几乎是完全不可能的。康德在《纯粹理性批判》的某个重要章节中涉及科学阐释方法上的基本区别。在他看来有两派不同的学者和科学家。一派遵循"齐一性"的原则，另一派则依照"多样性"的原则。前者力图消减大多数差异现象来达到一个共同特性；与此相反，后者则拒绝接受这种假设的统一性或相似性，他们不是强调一般特点，而总是寻找差异。根据康德哲学本身的观点看，这两种倾向并非真正的相互冲突。因为它们并未表明任何基本的"本体论的"差别，即自然界与"物自体"存在的差别。毋宁说，它们只是表现了人类理性的双重兴趣。人类的知识只有遵从这两种方法并满足这两方面的兴趣，才能达到自己的目的。所以，它必须运用这两种不同的"调整原则"——相似性与不相似性的原则、齐一性与多样性的原则。这两种原则对人类理性功能同样是必不可少的。假设同一性的"类"的逻辑原则，是通过另一个原则即多样性的原则来平衡的，这就要求把握事物的多样性和差异性，并规定理智对于这两种原则要一视同仁。康德说：

这种区别表明了在研究自然界中的不同的思想方法，其中一些人……几乎反对多样性，总是专注于种类的同一，而另外一些人……则拼命把自然分解得支离破碎。以至于人们毫无希望来根据一个普遍原则对现象加以分类。①

康德在这里所说的关于对自然现象研究的情形，同样适用于对文化现象的研究。如果我们探索一下十九世纪及二十世纪的学者们关于神话思想的种种解释，我们将会发现上述两种倾向的鲜明事例。那些具有较高权威的学者总是倾向于否认在神话思想与科学思想之间，存在着根本区别。当然，根据已知事实的单纯的总量和大多数经验证据来看，原始的心灵远远低于科学的心灵。至于对这些事实的阐明，与我们自己思考和理解的方式则是完全一致的。这种观点比其他观点在实践中更具有连续性，它作为经验人类学这门新学科的原型。在十九世纪后半叶开始得到发展。

詹姆斯·弗雷泽爵士（Sir James Frazer）的《金枝》（*The Golden Bough*），已成为各种人类学研究的丰富宝藏。在这部多达十五卷的巨著中，囊括了从世界所有地区以及绝大多数形形色色的各类人那里搜集来的令人瞠目结舌的素材。但是，弗雷泽本人并不满足于把收集到的神话思想现象冠以一个一般的标题，而是努力去理解它们。不过，他确信，只要神话仍作为人类思想一个独立的领域，这种任务是不可能完成的。我们必须彻底结束这种隔绝。人的思想不能容忍多样性的存在，无论是从开始到终端，还是从最基本的步骤到最高的成就，它总是保持着同一。它是相似的，并且是始终如一的。弗雷泽在他著作的头两卷中，

---

① 康德：《纯粹理性批判》，第二卷，第561页以后，F. 马克斯·米勒译（伦敦，麦克米伦出版公司，一八八一年）。

把这一主导原则运用于对巫术的分析上。根据他的理论，一个操演巫术仪式的人，与一个在实验室做物理或化学实验的科学家，在本质上并无差异。一个巫术士（如原始社会的医师）与一个现代的科学家，都依据同样的原理思考和行动。弗雷泽说：

> 具有纯粹的，真正形式的神秘巫术，无论在何处，它总是假定，只要没有任何精神的，或人格的作用的干预，自然中的事件就会必然地恒常地一个跟随另一个。这样，它的基本概念与现代科学的基本概念就是一致的。巫术作为一门根本的总体的体系，它信仰自然的秩序性和统一性，只不过这种信仰是含蓄的、未经真正确定的表达而已。巫师并不怀疑，有同样的原因总会产生同样的结果，通过适当的咒符完成一定的仪式必将导致预求的结果……由此看来，关于世界的巫术观念和科学观念是颇为相似的。在巫术与科学中，事物的连续完全是有规律和确定的，都是由永恒不变的规律决定的。规律的运动能被准确地预见和推测。突变、机遇和偶然的原则完全不适用于自然的进程……巫术致命的缺陷不在于它关于规律决定事物秩序的一般假定，而在于它关于决定这种秩序的特殊规律，其本质是错误的……从总体上说，巫术的仪式都是思想的两大基本规律的这样或那样的错误使用。也就是说，或是通过类似性观念的联想，或是通过空间和时间相近性观念的联想……联想的原则自身是优越的，对于人类精神的劳作来说，它们的确是绝对必要的。它们的合理运用，便产生了科学；而不合理运用，则产生了巫术——科学的私生姐妹。①

---

① J. G. 弗雷泽爵士：《金枝——对巫术与宗教的研究》，第二部：巫术艺术与首领的演变，纽约，麦克米伦出版公司，一九三五年第三版，第一卷，第220页。

持有这种观点的人，不止弗雷泽一个。他只是继承了一种传统，这种传统可以追溯到十九世纪科学人类学的开端。一八七一年，E. B. 泰勒爵士出版了他的《原始文化》这部著作。但是，他虽然冠之以"原始文化"这个标题，却拒绝接受所谓"原始心灵"的观念。在泰勒看来，野蛮人的心灵与文明人的心灵并无本质的差异。初看起来，野蛮人的思想似乎稀奇古怪，然而，这绝不意味着它们是混乱的或矛盾的。在一定意义上，野蛮人的逻辑是无懈可击的。在野蛮人对世界的理解与我们自己的观念之间造成巨大差别的，并不是思想的"形式"即争辩和思考的规律，而是"材料"即这些规律所施于的质料。一旦我们懂得了这些质料的性质，我们也就把我们置于野蛮人的位置上，即思考他们的思想并进入他们的感情了。

根据泰勒的观点，要系统地研究原始部落，首先需要的是确定宗教的基本定义。在这个定义中，我们不能把对至高无上的上帝和末日审判的信仰，以及偶像的崇拜或祭祀的实践等包括进去。对于人类文化学材料的周密考察，使我们确信，所有这些特点都不是必要的先决条件，它们仅仅给我们提供了一个特殊的外观，而不是宗教生活的普遍概观。

这个狭隘的定义有一个错误，即它只是使宗教与其特殊发展相符合，而不是使宗教与支撑其特殊发展的较深层的动机相符合。它最好立即回到这个根源，直接要求作出一个对宗教，对精神存在物的信仰的最低限度的规定。

泰勒的这部著作以泛灵论的名义，对精神存在物的潜层思想进行了探究。这种潜层思想，具体构成了与唯物论哲学相对立的唯灵论的真正本质。①

---

① 爱德华·伯内特·泰勒爵士：《原始文化》，第十一章，伦敦，一八七一年。美国，纽约，亨利·霍尔特出版公司，一八七四年第一版，第417—502页。

第一章　神话思想的结构

这里，我们毋需涉及泰勒著名的泛灵主义理论的细节，我们所感兴趣的不是泰勒这本著作中如此众多的结论，而是它的方法。泰勒把这种方法论的原则推至极端。这一原则在《纯粹理性批判》中被称为"类似性原则"。在他的著作中，原始心灵与文明人的心灵之间的区别几乎被抹去，原始人的行为和思考简直像一个地道的哲学家。他把感觉经验的材料结合起来，并力图赋予它们一种连续的系统的秩序。倘若我们接受泰勒的描绘，必定会说，在最原始的唯灵论与最先进最深奥的哲学或神学体系之间，仅仅是一种程度上的差异。它们有一个共同的出发点，并围绕同一个中心旋转。停伫的奇迹和停伫的恐惧对于人来说（无论是野蛮人还是哲学家），在任何时候都是死亡的现象。泛灵论与形而上学只是面临死亡这一事实时，以一种合理易懂的方式阐述它时所表现出来的不同意图。证明的方法是背道而驰的，但是所祈求的目的则永远是一致的。

首先，一个活人与一个死人之间的区别是由什么决定的？醒与睡、出神与疾病，以及死亡的原因是什么？其次，那些在睡梦中和幻觉中出现的幽灵又是什么？通过对这两类现象的观察，古代的原始哲人经过浅显的推论，可能会回答第一个问题。每一个人都有两种属于他的存在，即生命与幽灵。这两种东西显然是密切联系的，生命使肉体能够感觉、思想和行动；幽灵则是肉体的影像或第二个自我。它们二者都被理解为可以脱离肉体的存在。生命能够消逝而使肉体变成无感觉的或死亡的东西，幽灵则在肉体的一定距离外向人显现。对野蛮人来说，第二个问题似乎也很容易说明。而文明人要发现这一点却似乎有如此之大的困难，以至于无法说明它。它仅仅联结着生命和幽灵。由于生命和幽灵又同属肉体，那么，它们为何不能相互隶属,共同作为同一灵魂的表现形式呢?然而,如果考虑把它们联系起来,其结果就是形成那个人所共知的观念。这个观念可以被描绘为"一个鬼魂"或"一个精灵"……这些遍及全世界的观念绝不是任意的或传统的产物。因为不可能辩解说,在远古的部落之间有某种类型的联系,使得他们达到这些观念的一致性。由于这些观念被一种清楚连贯并言之有理的原始哲学所阐明,它们也就成为以最有说服力的方式回答了人所感觉的日常迹象的教条。①

我们发现,在列维-布留尔(Levy-Bruhl)《原始思维》中对这个观念的著名描述却截然相反。在他看来,以往理论给自己规定的任务是不可能实现的,任务本身就是一个矛盾。要想在原始人的心灵与我们自己的心灵之间寻求一种共同的尺度是徒劳无益的,因为它们不属于同一种类。从根本上说,它们是相互对立的。那些相对于文明人来说是无可置疑、不能变更的规律,对原始思维来说则是完全不可知的、永远相悖的。野蛮人的心灵完全不具有弗雷泽和泰勒的理论所描绘的那些推论和思考的步骤。它不是一种逻辑的而是一种"前逻辑的"或一种神秘的心灵。甚至我们逻辑的大部分基本原理都完全不适用于这种神秘的心灵。野蛮人生活在他自己的世界中,这个世界是我们的经验所无法渗透的,对于我们思想的形式也是不可理解的。②

我们如何判断谁是谁非?如果康德是正确的,那么我们必定会说:

---

① 泰勒:《原始文化》,第一卷,第428页以后。
② 列维-布留尔,《原始社会中的精神功能》,导论,巴黎,F. 阿尔坎,一九一〇年。《土著人如何思维》英译本,伦敦和纽约,乔治·艾伦和昂温,一九二六年。

第一章 神话思想的结构

在严格意义上,没有任何客观的标准引导我们去做出判断。因为,它既不是个本体论问题,也不是个真实的问题,而是一个方法论的问题。"齐一性"的原则与"多样性"的原则,二者仅表明了科学思想的不同倾向和人类理性的不同兴趣。康德说:

> 在纯粹的调整的原理作为建设性的即作为客观的原理时,它们则变为相互抵触的;若仅把它们作为准则,则无真正的抵触。这些不过是理性的不同兴趣导致思想的不同形式而已。在现实性上,理性只有一种兴趣,它的准则的冲突仅仅产生了满足兴趣的不同方法及其相互间的制约。所以,一个哲学家偏重于差异的兴趣(根据多样性原理),另一哲学家则偏重于同一的兴趣(根据集合性原理)。每一个人都自信根据他对于对象的洞察而达到了自己的判断。实际上,他仍然或多或少地偏执于两种原理之一而已,并且,这两种原理都不以客观根据为基础,而仅以理性的某一兴趣为基础。因此,它们被称作准则而不是原理……它们的矛盾完全起源于理性的双重兴趣,一方醉心于一种兴趣,而另一方则倾心于另一种兴趣……但是,只要寻求一种方法来调和相反的兴趣,从而使理性得以满足的话,自然中的多样性和同一性这两种准则的差异,则很容易得到调整。然而,只要它们作为客观的知识,它们就不仅产生争议,而且在实际中成为阻止真理进步的障碍。①

其实,只要不把这两种貌似冲突的思想倾向(其中一方面被弗雷泽和泰勒表述,另一方面被列维-布留尔表述)结合起来,要达到对神话

---

① 康德:《纯粹理性批判》,《全集》,第三卷,E. 卡西尔编,第455页。F. 马克斯·米勒英译本,第二卷,第571页以后。

思想性质的内在洞察是完全不可能的。在泰勒的著作中,野蛮人被描写成一个发展了形而上学或神学体系的"原始哲学家"。泛灵主义被宣称为从野蛮人发展到文明人的宗教哲学的基石。"虽然初看起来,它只提供了关于宗教的细微空乏的规定,但在实践中,它却被发现是有效的。因为无论根植于何处,枝叶都会在何处繁盛茂密……",泛灵主义确实是一种"以信仰为理论,以崇拜为实践的世界范围的哲学。"它既归属于"古代野蛮的哲学家们",同时,也归属于最精致,最深奥的形而上学思维的概念。[①]

很明显,在上面的描述中,神话思想已经失去了它最主要的特性之一,它完全被理智化了。倘若我们接受它的前提,那么,我们就必定接受它的全部结论。因为这些结论确实会以一种完全自然的、不可避免的方式从原初的材料中产生出来。凭借这个概念,神话将变成(正如它曾经是)一条遵循所有已知的演绎推理规则的三段式锁链。在这种理论中,它完全忽视了神话中的"非理性的"因素——即情感的背景,只有在这种背景下,神话才得以发源,只有借助这种背景,神话才有兴旺和衰落。

另一方面,列维-布留尔的理论显然误入相反的方向。如果这种理论是正确的话,那么,任何神话思想的分析都将是不可能的。除了试图理解神话以外,也即把它变成某些其他的心理学的事实或逻辑学的原则,这种分析究竟是为什么呢?如果失去这些事实或原则的话,如果在我们的心灵与前逻辑神秘的心灵之间没有任何连接点的话,我们就不得不放弃寻求接近神话世界的全部希望。这个世界对于我们将永远是一部无法启封的天书。然而,列维-布留尔自己的理论不正是阅读这部书而

---

① 泰勒:《原始文化》,第 426 页以后。

第一章 神话思想的结构

力图揭示神话的奥秘吗？的确，我们不能奢望在我们思想的逻辑形式和神话思想的形式之间存在任何完全的吻合，但是，如果它们之间毫无联系，而且分处于截然不同的层次的话，那么，任何努力理解神话的企图都将终归失败。

并且，还有另外一些理由使我们确信，列维－布留尔的著作中关于原始思维的描述在一个基本点上仍然是不充分的，缺乏说服力的。列维－布留尔承认并强调，在神话与语言之间有一种密切的联系。在他的著作的一个特定部分中涉及到语言问题及野蛮部落的口语。在这些语言中，列维－布留尔发现了他曾经归因于原始思维的所有那些特征，它们充满了与我们自己的思想形式截然相反的原理。① 但是，这个判断与我们的语言经验并不相符。在这一领域中，那些竭尽毕生心血钻研野蛮部落的最优秀的专家们，也得到了相反的结论。在现代语言学中，甚至连原始语言的这一术语和概念也变得极为可疑。迈尼特（A. Meillet）写了一部论世界语言的专著。他告诉我们，原始语言本身究竟怎样，没有任何一种已知的地方语言能给我们提供哪怕一丝最微弱的思想。语言总是既通过它的声音系统，也通过它的词法系统，向我们展现一种确定的彻底的逻辑结构。关于"前逻辑的"语言，我们没有任何证据足以证明它究竟是什么。依据列维－布留尔的理论，它完全只能与前逻辑的思维状态相一致。当然，我们不能在一种太狭隘的意义上来理解"逻辑的"概念。但是，我们绝不能期望用亚里士多德的思想范畴或我们语言系统的若干原理，用我们希腊语和拉丁语的句法规则，来研究美洲土著部落的语言。这些期望必将导致失败。但这并不足以证明这些土著语言的"非逻辑"意义，或证明它们比我们的语言缺乏逻辑。如果它们不能表

---

① 参见《原始思维》（*La mentalite primitive*），巴黎，一九二二年；《原始精神》（*L'âme primitive*），巴黎，一九二八年。

15

现一些对我们来说似乎是基本的和必要的差别的话,那么,另一方面,它们这种差别的繁多和微妙却常常使我们感到惊诧。在我们自己的语言中是找不出这些差别的,但这绝不意味着它们是无意义的。两年前去世的伟大的语言学家和人类学家弗朗兹·博厄斯(Franz Boas),在他逝世前出版的一篇论文《语言和文化》中,曾诙谐地说到:倘若我们的语言像印第安方言(Kwakiutl)一样,能驱使我们说,一篇报道是否以自我经验去推论,或以道听途说为根据,或作者是否曾梦想过它,那么,我们在阅读报纸时,就能得到极大的乐趣。①

适用于"原始"语言的,同样也适用于原始的思想。它的结构对我们来说似乎是奇怪的和荒谬的,但是,它绝不缺少确定的逻辑结构。甚至,一个未开化的人不经过持久的努力来理解这个世界的话,他是无法生存于这个世界中的。并且为了这个目的,他不得不完善和运用某些思想的一般形式或范畴。可以肯定,我们不能同意泰勒关于"原始的哲学家"能以一种纯粹的思辨方法来达到他的结论的描述。野蛮人既没有任何能推论的思想家,也没有辩证法家。然而,我们却在野蛮人身上同样发现一种在不成熟的,含蓄的状态中的分析与综合、辨别与统一的能力。在柏拉图看来,这种能力构成并赋予辩证法以艺术特征。当研究宗教和神话思想的某些特殊的原始形式(例如图腾社会的宗教)时,我们会惊异地发现,原始心灵对于它周围自然力量的辨别和划分,赋予它秩序和类别,其感受的愿望和需要已经达到一种很高的程度。几乎没有任何事情能够逃脱原始精神要求分类的坚定的强烈的欲望。不仅人类社会被划分为形形色色的阶级、种族,有不同功能的部族、不同的习俗,以及不同的社会责任;并且,这种划分也同样存在于自然界的任何地

---

① 见罗曼·雅克布森,"弗朗兹·博厄斯对语言的探索",《美国语言学国际期刊》,第十册,第四期(一九四四年十月)。

方，可以说，物理的世界完全是社会的世界的复制和摹本。植物、动物、有机物和无机物的自然客体，其实体和性质都同样受到这种分类的影响。罗盘针的四个方向：东、南、西、北，不同的颜色，不同的天体——所有这些都属于一个特定的层次。在澳大利亚的一些部落中，所有的男人和女人或者属于大袋鼠氏族，或者属于蛇的氏族。据说，云彩属于前一个氏族，太阳则属于后一个氏族。所有这一切，对我们来说，仿佛完全是任意的、异想天开的。然而我们必须记住，每一种划分都是以一种"基础的划分"为先决条件的。作为自在之物的自然界是不可能给予我们这种主导原则的，这种原则完全依赖于我们理论和实践的兴趣。显然，这些对世界的最初原始划分，与我们的科学分类法在兴趣上是不尽相同的。但是问题的关键不在这里，即问题关键不在内容，而在于分类的形式；并且，这种形式完全是逻辑的。我们在这里所发现的，并不意味着一种秩序的缺乏；恰恰相反，是"分类本能"的某种过度膨胀、优越及其充沛的生机。① 这些分析和系统化感觉经验世界的最初企图的结果，与我们现代人是大不相同的。但是，它们的步骤却非常相似。因为，它们表达了人类本性的共同意愿，即企图达到真实，生活在一个富有秩序的宇宙之中，克服那种天人无分、缥缈不定的混沌状态。

---

① 这些原始分类方法的具体事例请参见我的论文《神话思想的概念形式》（*Die Be-griffsform im mythischen Denken*），见《瓦堡图书馆研究》（*Studien der Bibliothek Warburg*），第一卷，莱比锡，一九二二年。另参见埃米尔·杜克海姆和马塞尔·莫斯：《论原始人分类的某些形式》（*De quelques forms primitives de classification*），见《社会学年刊》，第六期。

第二章 神话与语言

泰勒的《原始文化》提出了一种以一般生物学原理为基础的人类学理论。他是首次将达尔文理论应用于文化领域的人之一。"自然无飞跃"（Natura non fucit saltus）原理不容有任何例外。这一原理既对有机世界有效，又对人类文明世界有效。文明人与非文明人都属于同一种类，即人类（the species homo sapiens）。人类的基本特性在任何变化中都是同一的。倘若进化论是真实的话，我们就不能承认在人类文明的较低或较高的阶段之间有任何的"断裂"（hiatus）。我们经过异常缓慢，几乎难以察觉的变迁，从一个阶段走向另一阶段，并且我们从未发觉一个连续性的间断。

关于人类文明的不同概念曾在出版于一八五六年的一篇论文中得到过论证，它比达尔文的著

第二章 神话与语言

作《物种起源》要早三年。在《比较神话学》① 中，马科斯·米勒以这样一个原理为起点：只要我们把神话当作一种孤立的现象，就绝不可能达到对神话的真正理解。并且，从另一方面看，没有任何自然现象，也没有任何生物学原理能够在考察中为我们指引方向。在自然现象与文化现象之间，没有任何真正的相似性。必须依据特殊的方法和原理来研究人类文化。对于这种研究来说，我们还能在哪儿发现一种比人类语言——人们在语言环境中生活、活动并获得自己的存在——更好的向导呢？作为一个语言学家和语文学家，米勒确信研究神话唯一科学的探求只能是语言的探求。但是唯有在语言学发现自己的方法之后，在语法学和语源学奠定并稳固自己的科学基础之后，这一目标才能达到。直到十九世纪上半叶，这一伟大的步伐才刚刚迈出。在语言与神话之间，不仅存在一种亲密无间的关系，而且存在一种真正的一致性。如果我们懂得这种同一性的本质，我们也就把握了步入神话世界的金钥匙。

在我们历史意识的发展中，并且在全部文化科学的演变中，梵文及其文献的发现是件重大事情。就其重要性和影响力而论，它可以同哥白尼体系在自然科学领域带来的伟大的理智革命相媲美。哥白尼的假设颠覆了宇宙秩序的旧概念：地球不再是宇宙的中心，它变为一颗"众星中的星体"。物理世界中的地球中心理论被摒除了。从同样的意义说，梵语文学的发现结束了这样一种观念，即认为人类文化的唯一真实的中心只存在于经典的古代世界。从此，古希腊、古罗马世界只能作为人类文化领域的一个单独部分或一个小扇面。历史哲学不得不建立在一个全新的，更广阔的基础之上。黑格尔把希腊语和梵语的相同起源的发现，称

---

① 第一次发表在《牛津论丛》（伦敦，约翰·W·柏克父子出版公司，一八五六年），第1—87页；后又被收入《语言，神话和宗教论文集》（伦敦，朗曼，格林出版公司，一八八一年），第299—451页。

第一编　什么是神话？

为一个新世界的发现。十九世纪比较语法学的学者们也以同样的思想来看待他们的研究工作。他们坚信，他们已经发现只有巫术咒词才能打开理解人类文明史的大门。马科斯·米勒宣称，比较语文学带来了人类神话和神话创造的时代。迄今为止，人类一直掩藏在黑暗帷幕中，现在终于在科学研究的光辉照耀下走进了纪实历史的范围。它在我们的手中放置了如此巨大功率的望远镜，从前我们只能看到朦胧的云雾，现在则发现了清晰的形式与概貌。不仅如此，它甚至向我们提供了可以称之为当代证据的那些东西，借以向我们展示这一时期——即梵语尚未成为梵语，希腊语尚未成为希腊语，此外，连同拉丁语、德语以及其他雅利安土语还只是作为一种尚未区分的语言而存在时——思想、语言、宗教及文明的状态。神话的雾霭将逐步消逝，使我们能够在思想与语言之黎明的浮云背后，发掘出被遮蔽和隐匿如此之久的神话的真正本质。[①]

另一方面，语言与神话的联结——这种联结可望对这古老的谜获得一种清楚确定的解答——包含了一个极大的困难。确信语言与神话有着共同的根源，绝不意味着它们的结构是同一的。语言总是向我们展现出一种严格的逻辑特征；而神话则似乎排斥一切逻辑规则，它是非连贯的、变幻莫测的和非理性的，我们如何才能将这两种泾渭分明的原理聚拢在一起呢？

为回答这一问题，马科斯·米勒与其他属于比较神话学派的作家们制作了一套非常巧妙的方案。他们宣称，神话实际上仅是语言的一个方面，除此而外，它什么都不是。但是，神话只是语言的消极方面而非积极方面；神话不是源于语言的长处而是源于其短处。毫无疑问，语言是

[①] 米勒：《比较神话学》，引同前节，第11页、第33页、第86页；《论文集》第一卷，第315页、第358页，及第449页以后。

逻辑的、理性的；但另一方面，它也是幻觉与谬误的根源。语言由"一般的"（general）名词构成，但是"一般性"（generality）总是意味着"模糊性"（ambiguity）。语词的异义与同义不是语言的一种偶然特性，而是由语言自身的本性所决定的。正如大多数物体具有一个以上的属性，在不同的方面，此种或彼种属性似乎更适于名称的制定。这也就必然导致在人类语言的早期，大多数物体都不只有一个名称。一种语言愈是古老，它的同义词也就愈丰富。另一方面，这些同义词的经常使用也就必定自然而然地产生大量的同音同形的异义词。倘若我们用表达不同性质的五十个名称来称呼太阳，那么，我们也可以用其中部分名称来表达其他偶然具有相同性质的物体。因此，当这些不同的物体都以相同的名词来称呼时，这些名词也就变成了同音同形的异义词。这正是语言的弱点所在，这些弱点同时构成了神话的历史根源。马科斯·米勒问道：人类精神创造出诸神与英雄（包括戈耳工与喀迈拉①）的超凡脱俗的动人故事（对于这些事物，人类的眼睛从未见过，人类的心灵在健全状态下也绝难想象），我们如何才能解释人类精神状态的底蕴呢？如果这个问题得不到解答，那么，我们坚信人类理智在所有国家历经万世正常持续的进步，这样一种信念就必须作为一种错误的理论而被抛弃。然而，在比较语言学发现以后，我们已处于这样一个位置，即能够避免对上述信念的怀疑主义，并能够搬掉这块绊脚石。我们看到，语言本身的进步（它是人类文明中最伟大的事实之一）不可避免地导致另一现象，即神话现象。在这里，同一对象存在两种名称，两个人能够十分自然地，实际上不可避免地源于两个姓名，这正如同样的故事能有两种说法，它们

---

① 戈耳工：希腊神话中的蛇发女妖，任何人见到戈耳工的头都要变成石头；喀迈拉也为希腊神话中的怪异精灵，有狮子的头颈，山羊的身躯，巨蟒的尾巴。——译注

之间的关系好似兄弟与姐妹、父母与孩子的关系一样。①

如果我们接受上述理论,困难就消除了。我们能够非常清楚地解释人类语言的理性活动是如何导致神话的非理性与玄奥性。人的精神总是以一种理性的方式活动着。甚至原始精神也是一种健全与合理的精神;但另一方面,原始精神又是不成熟的,缺乏经验的精神。如果这种精神经常面临着巨大的诱惑(即语词的谬误与模糊),那么,对于它的屈从是不足为怪的。这就是神话思想的真正源泉。语言不仅是智慧的学校,而且也是愚昧的学校。神话向我们揭示的是语言的后一方面,神话仅仅是由语言投射到人类思想世界的黑暗阴影。

这样看来,神话学就同时在它的起源和本质上被解释为一种病态的东西。它是这样一种疾病,最初开始于语言领域,然后经过危险的传染,遍及于人类文明的整个机体。神话虽虚妄不实,却包含着一种方法。在希腊神话中,正如在许多其他神话中一样,我们发现,例如,诺亚方舟的故事:巨大的洪水吞没了人类种族,仅一对夫妻,丢卡利翁与他的妻子皮皮拉逃脱出洪水,被宙斯送到赫拉斯。他们把船停泊在帕耳那索斯山峰,这里(忒弥斯)的神谕劝告他们把"他们母亲的骨头"扔在他们的身后。丢卡利翁领悟到这条神谕的真正意义,他从地上捡起石头并把它们扔向背后,于是,从这些石头中诞生了包括男人和女人的新的种族。马科斯·米勒问道:还有什么能比这种对于人类种族创造的神话的解释更为荒唐呢?通过比较语源学这门学科所提供给我们的钥匙,现在它已变得很容易理解了。整个故事原来纯粹是一个双关语——即两个同音同形名词"人"和"石头"的混淆②。根据这样的观点,这就是神话的全部奥秘。

---

① 米勒:引同前书,第 44 页以后;"论文集",第一卷,第 378 页。
② 《比较神话学》,引同前书,第 8 页;《论文集》,第一卷,第 310 页。

第二章　神话与语言

假如我们分析一下这种理论，我们将会发现它是理性主义与浪漫主义的一种奇妙的混合物。浪漫因素是很明显的，它似乎占了优势。马科斯·米勒是作为诺瓦尼斯（Novalis）或施莱尔马赫（Schleiermacher）的学生来说话的。他排斥那种认为宗教起源只能在泛灵论或在对巨大自然力量的崇拜中寻求的理论。的确，存在着一种自然的或物理的宗教，例如对火、太阳、月亮以及晴朗天空的崇拜，但这种物理的宗教仅是一个单独的方面和一种派生的现象。它不能向我们提供整体，也不能引导我们达到最根本的源头。宗教的真正起源，只能在思想及感情的深层结构中寻觅。首先使人们神魂颠倒的不是他们周围环境中的物体，唯有作为整体的自然界壮美的奇观，才能使原始的精神留下难以磨灭的印象。从已知的辨析出自然是未知的，从有限的辨析出自然是无限的；恰恰是这种情感，远自太古起便提供了产生宗教思想和语言的冲动。从起源上说，"无限的直观"构成了全部有限知识的一个组成部分和必要的补充。后来神话的、宗教的、哲学的表达的雏形一开始就已经存在于"无限"给我们感官带来的重负之中，并且这种重负是我们一切宗教信仰的最初的和真正的源头。① 马科斯·米勒说道：古代的语言与生活的韵律共同震颤，迷恋于色彩，与我们现代思想灰暗的基调相反，它们突出展现了这些自然的生动活泼的形式，使之具有人类的力量，甚至超人的力量。因为，太阳的光芒总是比人类眼睛的光芒要更加明亮；雷霆的咆哮总是比人类声音的呼叫更为响亮。那么，我们为何还要对古代民族的语言感到惊异与困惑呢？② 这些话听起来极富浪漫情趣，但是我们不能被

---

① F. 马科斯·米勒：《自然宗教》，《吉福德演讲集》（伦敦和纽约，朗曼，格林出版公司，一八八九年），第五篇，"我本人对宗教的规定"，第103—144页。《物理宗教》，《吉福德演讲集》，一八九〇年（朗曼，格林出版公司，一八九一年），第六篇，《物理宗教：自然的与超自然的》第119页以后。

② 《比较神话学》，引同前书，第37页；《论文集》，第一卷，第365页。

马科斯·米勒的形象而生动的风格所蒙骗，严格地讲，从总体上看他的理论，仍是理性主义和理智主义的。

　　根本说来，米勒的神话的概念与十八世纪的启蒙运动的思想家的差距并不大。[①] 诚然，他不再把神话与宗教看作一种纯然专断的发明，即一种狡诈的教士们的诡计；但是他仍坚持认为，神话不是别的，终归只是一种名符其实的幻象，即一种不是有意识而是无意识的欺骗。它完全是人类精神的本性，并且首先是人类语言的本性所产生的一种欺骗。神话总是保持某种病态。然而，现在我们已经达到这一步，即无须诉诸人类精神本身一种有缺陷的悬设就可以理解神话病理学。如果语言被认为是神话的源泉，那么，甚至神话思想的抵触与矛盾也将变成普遍的、客观的，这样，它也就完全成为一种理性的力量。

　　这种理论的影响远不仅于此，一位抱几分批判与保留态度的哲学家接受这一理论。他是第一个力图创立一种"综合的哲学"的思想家。这种哲学拟对建立在严格的经验原则和进化论原则上的人类精神的全部活动作一番系统的、透彻的俯瞰。赫伯特·斯宾塞（Herbert Spencer）在祖先崇拜中发现了全部宗教最初的根源。他宣称，最初的迷信并非对自然力量的迷信，而是对死人的迷信。[②] 然而，为了理解从祖先崇拜到人格神的转变过程，我们必须引进一个新的悬设。在斯宾塞看来，这就是语言的力量及其持久的影响，它使上述转变成为可能的，甚至是必然的。人类语言在它的根本性质上是隐喻式的；它充溢着微笑与比拟。原始精神不能在一种纯粹的、隐喻式的意义上领悟这种微笑。原始精神把

[①] 这是一个显著的事实：马科斯·米勒理论的基本原理可以在一个伟大的理性主义者的作品中发现。博涅（Boileau）在他的讽刺作品《论暧昧》（*Sur L'equivoque*）中已经提出语词的模糊性是神话的真正源泉这一理论。

[②] H. 斯宾塞：《社会学原理》，第二十章（一九七五年）（纽约，D. 阿普尔顿出版公司，一九〇一年），第一卷，第285页以后。

它们当成了实在,并遵循这一原则来思考与行动。正是对这些隐喻式的名词(它们导源于祖先崇拜的最基本形式与人类存在的崇拜)的文字理解,导致了植物和动物崇拜。在原始社会中,依据植物、动物、星体或其他自然物体为出生的孩子命名,是一种寻常而广泛的习俗。男孩的名字或是"老虎"、"狮子",或是"渡鸦"、"狼";而女孩的名字则或是"月亮",或是"星星"。从它们的起源来看,这些名字不是别的,只是"外加的装饰"(epitheta ornantia),它们表达了某些人格的特性,这些特性被用于人类的存在。由于原始精神有企图在一种文字意义去理解所有名称的倾向,对这些互补的名词和隐喻式的称呼的曲解,就成为不可避免的了。这就是自然崇拜的真实根源。一旦"拂晓"被作为一个实际的名字而用于某个人时,在无批判力的原始精神那里,这个被命名的人依照惯例,就被混同于"拂晓";并且,这种冒险活动按照习俗,被看作是拂晓现象最适宜的表现。进一步说,这个名字的产生或起于邻近部落的成员,或起于生活于不同时代的同部落成员,在那些地区将会导致种种关于"拂晓"的自相矛盾的语言系统和彼此冲突的冒险活动。[①]

多神主义的万神殿,作为神话现象,在这里再次被解释为一种纯粹的病态。对引人注目的物体的崇拜,正如人们所想象的那样,均源于语言的谬误。显然这种理论一般都具有这些严重缺陷。神话是人类文明中最古老、最伟大的力量之一。它与人类的全部活动紧密相联,它与语言、诗歌、艺术以及早期历史思想是不可分割的。甚至科学在它能够达到逻辑年代之前,往往也得经历一个神话年代:炼金术开化学之先河;占星术则为天文学之先导。倘若马科斯·米勒和赫伯特·斯宾塞的理论是正

---

① 《社会学原理》,第一卷,第二十二章至第二十四章,第329—394页。

确的话,我们将不得不作出如下结论:总之,人类文明史应归于一种简单的误解,即一种对语词和语句的误解。把人类文化看成一种纯粹幻想的作品,即一种语词的杂耍和一种名称的儿戏——这是一种令人极不满意的、似是而非的假设。

第三章 神话与情感心理学

到目前为止,我们所论及的神话理论虽有许多重大差异,但它们也有一个共同特点。泰勒与弗雷泽的理解,以及马科斯·米勒与赫伯特·斯宾塞的阐述,全部开始于这一预想上:首先,神话是一组"观念",一组表象,一组理论信仰与判断。由于这些信仰与我们的感觉经验公然对立,并且不存在任何与神话相一致的物理对象,这必然推论出神话是一种纯粹的"幻象"(phantasmagoria)。问题是,为什么人们如此固执顽强地纠缠于这种幻象,为什么他们不直接达到事物的真实性,并面对面地认识它呢?为什么他们更情愿生活在一种虚假的、幻觉的以及迷梦的世界中呢?

现代人类学和心理学的进步已为回答这一问题指明了一条新的思路。我们必须同时研究两个方面,因为这两个方面互相说明和补充。人类学研究已经导致这样一个结论,为了达到对神话的充分理解，我们必须从不同的角度开始考察。在神话概念的背后或其底蕴中，已经被发现有一个更深层的结构。它是以前被忽略了的或者至少没有完全认识到它的重要性。希腊文学和宗教的研究者们总是或多或少受到希腊词条"神话"的语源学的影响。他们只是把神话看作一种故事或一种故事体系，这些故事叙述了诸神或英雄的祖先们的冒险的事迹。只要这些学者们主要地关注于文学根源的研究和解释，并且只要他们的兴趣高度集中于文明的开化阶段，即集中于巴比伦的、印度的、埃及的以及希腊的宗教的话，那么，这种理解似乎是充分的。现在，有必要扩大这一范围。有许多原始部落，在它们中间我们发现没有成熟的神话，没有诸神业迹的传说，也没有诸神的谱系。尽管这些民族展示出一种生活方式（神话动机深深地渗透并完全决定着这种生活方式）的全部已经熟知的特性，但是，在确定的思想或观念中，这些动机的表达远不如在行动中充分。行为因素明显地支配着理论因素。目前在民族学家和人类学家中，这一准则已被普遍接受，即为了了解神话，我们首先要从研究宗教仪式入手。根据这种方法，野蛮人再也不是一个"原始的哲人"。在举行宗教典礼或仪式时，人不是处于一种纯然思辨的或沉思的情调中，也不是沉缅于一种自然现象的冷静分析中，而是过着一种感情的、并非思想的生活。在人的宗教生活中，祭祀相对于神话是一种更为深刻、更为持久的因素，这已经很清楚了。法国学者杜特（E. Doutté）说："在信条改变的同时，宗教祭祀则沿袭下来，就像那些已经灭绝的软体动物的化石，这些化石对我们来说只适合划分地质纪年。"[①]

对较高阶段的宗教的分析更加证实了这种观点。罗伯森－史密斯

[①] E. 杜特：《北部非洲的巫术与宗教》（*Margie et religion dans L'Afrique du Nord*），阿尔及尔，阿道夫·乔丹印刷所，一九〇九年，第602页。

(W. Robertson – Smith) 在其权威性著作《闪米特人的宗教》(*The Religion of the Semites*)① 中,最充分地运用了这一方法论的原则,即研究宗教"表象"(representations)的正确方法是从研究宗教"行为"(actions)开始。按照这种观点,就使希腊宗教处于一种优越地位而完全呈现在一种清澈明晰的光亮之中。简·艾伦·哈森(Jane Ellen Harrison)小姐在她的《希腊宗教研究导论》(*Prolegomena to the Study of Greek Religion*)的序言中写道:

> 在通常的手册甚至在颇有气势的专题论文中,希腊宗教迄今主要是一种神话学的事情,并且对这种神话的考察仅以文学为中介……根本没有打算去认真地考察希腊宗教的仪式。然而,宗教仪式的事实无疑较为容易弄清,较为持久,至少同样重要。就人与诸神的关系,他"做"什么,相对于他"想"什么,必定总是一条线索,或许是最令人满意的线索。对希腊宗教任何科学的理解,第一步必须细致地考察它的宗教仪式。②

无论如何,这条原则的应用遇到极大的障碍。原始宗教仪式的情感特征是清楚不过的。只要十九世纪的心理学仍然停留在传统的状态中,要想以一种科学的方法来分析和描绘这种特征,是非常困难的。从古代开始,哲学家和心理学家一直努力创立一种一般的情感理论。但是所有这些努力都遭到阻滞,并且在很大程度上,由于这一事实,即认为唯一

---

① W. 罗伯森·史密斯:《闪米特人宗教讲演集》,爱丁堡,A. 布莱克和C. 布莱克,一八八九年。
② 简·艾伦·哈里森:《希腊宗教研究导论》(牛津大学出版社。一九〇三年),第7页。

可能的探索纯粹是理智的，而成为徒劳无益的。"情感"（affections）通常被设想为按照"观念"（ideas）的意义去加以规定。要对各种感情（emotions）事实本身作出恰如其分的说明，这似乎是唯一的方法。斯多葛学派的伦理学是以这一原则为根据的，即认为"感情"（passions）是病态的事实，它们被描述为一种精神的疾病。十七世纪的理性主义心理学还没有走到这一步。感情不再被当作"病态的"，它们被宣称为身体与灵魂之间交感的自然的和不可避免的结果。根据笛卡尔和斯宾诺莎的理论，人类感情在暗昧的和不充分的观念中有其根源。甚至英国经验主义的心理学也不改变这种一般的理性主义的观点。因为这里所说的"观念"反被理解为感觉印象的摹本，而不是逻辑的观念，它仍然是心理学感兴趣的核心。在德国，赫伯特和他的学派把感情看作是知觉、表象与观念之间的一种确定的联系。由此，他们创立了一种机械论的情感理论。①

　　直到里博特（Th. Ribot）创立一种新的理论，这种状态才得以改观。与古老的"理智主义的"论题截然不同，他把它们描述为"生理学的"命题。里博特在他的著作《论情感心理学》的序言中认为，在与心理学研究的其他部门相比较时，感情状态的心理学仍然是混乱的、落后的。其他诸如知觉、记忆和想象等方面的研究则居于领先地位。在里博特看来，把情感状态比附于理智状态，认为它们是类似的，甚至认为前者依赖于后者，这种占优势的偏见只能导向谬误。情感状态不完全是次要的和派生的，并且它们也不纯粹是认知状态的性质、方式或功能。相反，它们是第一性的、自发的，不能把它们等同于理智，它们在

---

① Th. 里博特：《情感心理学》（*La psychologie des Sentiments*），巴黎，一八九六年。《情感心理学》英译本（*The psychology of the Emotions*），纽约，查尔斯·斯克里布纳父子出版公司，一九一二年，序言，第7页以后。

理智之外或没有理智，也能够独立存在。这种学说源于一般生物学的思考。里博特努力把情感的全部状态与生物学的条件联系起来，并把它们当成植物性生命的直接而非间接的表现。

从这一立足点出发，感情和情感不再是一种表面的现象，一种单纯的流溢；它们沉浸于个人的深处；在需要和本能中，也即在思想动机中，它们具有自身的根源……企图把情感状态看作清楚确定的观念，或者通过这种过程想象我们能够规定它们，这完全是误解了它们，并且预先宣告了我们的失败。①

詹姆士（W·James）和丹麦心理学家朗格（C. Lange）持有相同的观点。他们俩人根据各自的独立思考都达到了同样的结论。他们坚持情感中心理因素的至上重要性。为了理解情感的真实特征，正确评价它们生理学的功能和价值，他们宣称，我们必须从身体的症兆开始。这些症兆存在于肌肉神经支配的变化和血管舒缩的变化中。朗格认为，由于血液循环的内部变化改变着大脑和脊椎骨髓的功能，所以前者更为基本。脱离肉体的情感只是一种虚妄不实的情感，它是一种单纯的抽象实体。有机体和神经运动的现象不是附属物，对它们的观察只是研究情感的某个部分或局部。当我们分析恐惧的情感时，我们发现了什么呢？我们首先发觉血液循环的变化，血管收缩，心跳加剧，节律更为频快。恐惧的情感并不先于这些身体上的反应，而是继这些反应之后。它们正在发生或已经发生时，这便是对这些心理状态的意识。倘若我们能通过某种精

---

① C. 朗格：《论情感活动》（Über Gemüts Bewegungen），H·库勒拉（Krurella），德译本，莱比锡，一八八七年。《情感》英译本，《心理学经典著作》，第一卷，巴尔的摩，威廉和威尔金斯出版公司，一九二二年。

神的实验,以使恐惧的情感脱离所有的身体的症兆(如脉搏的跳动,皮肤的颤抖,肌肉的哆嗦),那么,恐惧也将无影无踪,悄然逝去。正如威廉·詹姆士所表述的,没有任何"精神质料"可以分离和独立于情感所由以构成的东西。因而,我们一定要推倒那种迄今既为常识又为科学心理学所接受的规则。

  常识说,我们失去了自己的财富,因悲伤而哭泣;我们遇到一只熊,因惊恐而逃遁;我们受到一个仇敌的侮辱,因愤怒而拼击。这里所被辩护的前提,表明这种因果顺序是错误的。一种精神活动不是直接产生于另一种精神活动,身体的现象一定首先介于两种精神活动之间。较为合理的表述应该是,我们感到悲伤是由于我们哭泣,我们感到愤怒是由于我们拼击,我们感到害怕是由于我们哆嗦。而不是因为我们悲伤,愤怒或恐惧,而随机应变地哭喊、拼击或颤抖。知觉之后如不伴随相应的身体状态,那么,知觉在形态上将成为纯粹认识的、苍白的、黯淡的、缺乏情感的温暖。这样,我们或许在遇到熊之后,再判断最好是逃跑;在受到侮辱之后,再考虑应当反击。但是,事实上我们并不真正地感觉惊恐或愤怒。①

  毋庸置疑,这的确是生物学意义上的说法,感情是一种最通常不过的事实,与精神的全部认识活动相比,它属于一种更早的、更基本的结构。根据属于认识领域的思想方法来解释情感状态,在一定意义上,这是一种"逆向论法"。在情感状态中,运动神经活动和内驱冲动是首要的,感情方面的现象是次要的。正如里博特所指出的那样,感情生活的

---

① 詹姆士:《心理学原理》,第二卷,纽约,亨利·赫尔特出版公司,一八九〇年,第449页以后。

基础或根源,应该在神经活动的分布和内驱冲动中寻觅,而不是在愉快或痛苦的意识中寻觅。"愉快和痛苦仅仅是效果,它们只是引导我们去寻求并判定隐匿在本能部位中的原因。"单纯相信"意识的证据",相信"一件事的意识是其主要部分",因而"假设伴随全部感情活动的身体现象对于心理学是微不足道的、物质的和外部的因素,并与它毫不相关。这是一个根本性的错误。"①

随着这种新的探索的进展,迄今在心理学与人类学之间一直存在着的沟壑被弥补了。在传统心理学中,一直把全部重心放在精神活动的概念化方面,人类学几乎从中得不到多少帮助,因为它的新的兴趣是在宗教祭祀中,而不是在神话中。宗教祭祀确实是精神生活的神经活动的现象,它们所显露的是某些基本的倾向、嗜好、需要和愿望,而不单纯是"表象"或"观念"。并且,这些倾向转化为运动,即转化为有韵律的、神圣的活动或原始的舞蹈,转化为有秩序、有规则的祭祀活动或放荡、狂乱的感情迸发。在原始宗教生活中,神话是"史诗般"(epic)的要素,宗教仪式则是"戏剧般"(dramatic)的要素。为了理解前者,我们必须从研究后者开始。诸神或英雄的神话故事本身是不能向我们揭示宗教奥秘的,因为它们不是别的,而仅仅是对祭祀的"解释"。它们只是试图说明:在这些宗教仪式中,表演着什么,直接地看到什么和在做些什么。它们为宗教生活的行为方面增添了"理论的"观点。我们很难提出这样的问题:这两方面何者为第一性的,何者为第二性的。因为它们不能分裂存在,而是相互关联、彼此依赖,并互为基础、互相解释的。

这种研究的进一步发展,便是"神话的精神分析理论"的产生。

---

① 里博特:《情感心理学》,第3页。

当西格蒙德·弗洛伊德（Sigmund Freud）于一九一三年开始发表他的论文《图腾与禁忌》时，① 神话问题已到了决定性的关节点上。语言学家、人类学家和民族学家都提供了关于神话问题的不同理论。所有这些理论对于阐明这个问题的某一确定部分都是有效用的；然而它们都没有包容全部领域。弗雷泽在巫术中看到一种原始的科学；泰勒把神话描述为野蛮人的哲学；马科斯·米勒和斯宾塞在神话中发现一种语言的疾病。所有这些理解为严厉的批判主义开了方便之门。他们的对手要想挑剔这些理论的弱点毫无困难。迄今为止，这个问题既没有在理论中，也没有在经验中得到解答。但是，弗洛伊德理论的问世改变了这种状况。总之，这是一种新的观念，它展现出一幅广阔的视野，提供了一种更壮观的鸟瞰。神话不再被看作一种孤立的事情。它与那些众所周知的现象联结起来，这些现象可以通过一种科学的方法来研究，并能为经验所证实。这样，神话就完全变成逻辑的（甚至太逻辑了）。它不再是最离奇古怪、最不可思议的事情，不再是混沌一片，而变成了一个系统。它能够被归结为一些非常简单的元素。诚然，神话仍旧是一种"病理"的现象。然而，精神病理学同时也取得了巨大的进展。病理学家不再把精神的或神经机能的病症看作仿佛是"在某种状态中的另一种状态。"他们已经学会把它们归结到适用于正常生活过程的同一普遍规律之下。当心理学家从一个领域过渡到另一领域时，不一定非得改变他的观点。他能够运用同样的观察方法并能够证明同样的科学原则。在"正常的"与"变态的"精神生活之间，不再存在本质的差异和不可逾越的鸿沟。

当这种原则运用于神话时，它立即孕育着重大的成果并预示广阔的前景。神话不再隐蔽于神秘的迷雾之中。它能够置于科学研究的清晰而

---

① 首先发表在 S. 弗洛伊德主编的《意象》（*Imago*）杂志第一期上。

第三章 神话与情感心理学

强烈的光明之中。弗洛伊德站在神话的"病床"前,他的态度和情感恰似他站在一个普通病人的病榻前一样。他在这儿的发现丝毫也不令人惊讶或使人不安。他看到的是同样的、人所共知的病症,经过长期的观察,他对此早已熟悉。当我们阅读弗洛伊德的第一批论文时,最能震撼我们心灵的,就是他在论证自己观点时所表现出来的明晰与直率。我们并不想从这里找到弗洛伊德后来的追随者及学生以他的思想为根据而论述的那些高度复杂的理论,同样我们也不想找到那些后期心理分析著作中极具鲜明特征的独断式的自信。弗洛伊德从未自诩他已解决了古老的历史之谜。他仅仅想在原始人的精神生活与神经病患者之间划出一条平行线,这条平行线或许能够阐明某些事实,这些事实在其他方面则保持其暧昧与隐晦。他宣称:

> 读者无须担忧,精神分析……只是想尝试着像宗教那样从一个简单的来源中去推演出一切极为复杂的事物。如果精神分析不得不(自然是基于责任的范围内)将所有的重点放在某一特殊来源时,并不意味着这一来源是唯一的,或者是在几个同时发生的因素中占据着重要的位置。唯有来源于对不同研究领域的一种综合才能够判定,在宗教的起源上的何种相对重要性将被归因于我们将要讨论到的机械论;但是这种目标超越了手段,精神分析学家的意图也是如此。①

作为一个心理学家,弗洛伊德相对于他的大多数先行者,事实上处于一个较为优越的位置上来建立他关于神话的系统理论。他坚定不移地

---

① 弗洛伊德:《图腾与禁忌》,第四章,维也纳,一九二〇年;第一次出版于《意象》(一九一二至一九一三年),莫法特·布里尔,英译本(纽约,亚德出版公司,一九一八年;现由纽约多德·米德出版公司出版),第165页。

确信，进入神秘世界的唯一线索必须在人的"情感"生活中寻求。因而，另一方面，他创立出一套崭新的、独创性的情感理论。以往的理论总是偏执于一种"没有灵魂的心理学"的观念。里博特说，在所有的情感中，最基本的不是精神的活动，而是运动神经现象——（倾向和欲望）转化为活动。因为，对于这些活动的解释，我们无须借助于"具有吸引力的模糊的'精神'或令人厌恶的'倾向'"。我们必须清除心理学中所有人格化的因素，并把它建立在一种严格的客观基础上，建立在化学的和生物学的事实上。所谓的"灵魂"因素必须消灭掉。但是在这种消灭之后，"仍然保留生物学的倾向，也就是说，运动神经因素在某种程度上从它的最大极限上讲并非总是十分必要的"。①

然而，清除全部"灵魂"概念绝不是弗洛伊德的奢望。他为一种严格的机械论观点辩解，但是他并不认为它能把人的情感生活归结为简单的化学的或生物学的原因。我们可以，的确也必须继续把情感的机械论说成是一种"心理的"机械论。但是，心理的生活不能与意识的生活混淆起来。意识是不完整的，它仅仅是心理生活中很小的、正在消失的碎片；它非但不能暴露，反而给它的存在蒙上面具和伪装。

从我们对这个问题的观点来看，诉诸"无意识"无疑是一个重要的步骤。它要求对全部问题重新陈述。在许多以往的理论看来，神话归根到底只是作为一种非常肤浅的事物而出现的。它被宣布是一种简单的"混乱"（quid pro quo），即一般联想律的误用或某些名称、术语的错释。弗洛伊德理论把所有这些相当天真幼稚的假定清扫得一干二净。它已从一个新的角度接近于，并在一个新的深度窥见到问题的症结。神话深深地植根于人类本性之中；神话建立在根本的和不可违背的本能之

---

① 里博特：《情感心理学》，第 5 页以后。

上。通过本能，神话的本质和特点才得到规定。但是，一种"经验的"回答还不能解决这个问题。在弗洛伊德最初的分析中，他是作为一个内科医生和经验思想家在说话。他似乎完全沉浸于对那些非常复杂和极为令人感兴趣的精神病状的研究中。然而，即使在他的最初研究中，他也不仅是满足于收集事实。他的方法是演绎的而非归纳的。他要求一条普遍的原理，根据这条原理，事实才能被推演出来。弗洛伊德的确是一个天才的敏锐的观察家。他揭示了迄今尚未引起内科医生兴趣的那些现象，并同时开始创立解释这些现象的完整的"精神技术"。然而，在弗洛伊德的早期研究中，他也有许多现象没有看到。他的方法决不意味着单纯的经验归纳。弗洛伊德努力揭示的只是掩藏的"动力"，这种力量隐蔽在可观察到的事实后面。为了这一目的，他不得不立即改变他的方法。在他继续作为一个内科医生和病理学家说话的同时，他还作为一个坚定的形而上学家在思考。

如果我们想要理解弗洛伊德的形而上学，就必须追溯它的历史渊源。弗洛伊德受到十九世纪德国哲学的熏陶。他发现，人类本性与人类文化这两个概念是根本对立的：一个为黑格尔表述，另一个则由叔本华表述。黑格尔曾经把历史的过程描绘成一种基本上是理性的和有意识的步骤。黑格尔在他的《历史哲学演讲集》导论中说："理解积极理性的丰富产品的时间最终必将来临，它是世界历史提供给我们的……它必定在起先被注意到，即我们所考察的现象——普遍的历史，它是属于'精神'王国的……我们正在关注的普遍历史的舞台上，精神在其最具体的现实性中展现其自身。"[①] 叔本华嘲弄黑格尔学说的这一概念并且加以驳斥。在他看来，这种关于人类本性和人类历史的理性主义和乐观主义

---

① 黑格尔：《历史哲学演讲集》，西布瑞英译本，伦敦亨利·G·博恩，一八五七年，第16页以后。

观念不仅荒谬，而且极为有害。世界不是理性的作品，在其本质与根源上，它是非理性的，是一种盲目意志的产物。理智本身不是别的，仅仅是这一盲目意志的结果，盲目意志创造了理智并把它当作服务于自身目的的工具。但是，在我们的感性世界中，在感官经验世界中，我们在哪里才能发现这种意志呢？作为一种"自在之物"，它是超越人类经验范围的。它似乎是完全不能认知的。无论如何，有一种现象，它立即会引起我们对其本质的注意。意志的力量这种世界的真正原则，清楚无误地表现在我们的"性欲冲动"中。我们无需其他解释，在这儿所发现的东西，一眼看去就极易理解。因为在任何时刻我们都能够感觉到它所具有的充分而不可抗拒的力度。像黑格尔那样，把理性说成"本源的力量"即"世界的君主"，是极为荒谬的。真正的君主（自然生活和人类生活都围绕这个轴心转动）只是性欲的冲动。正如叔本华所说的，这种冲动是"人类的恶魔"（the Genius of the species），它把个人当成实现它自身目的的进步的工具。这些思想在叔本华的《作为意志和表象的世界》最精采的一章中得到了充分的论述。① 它为我们提供了一般的形而上学的背景。在一定意义上，它构成弗洛伊德学说的核心。

为了研究神话思想，在这儿我们仅关心这一学说的结论。从一种纯然"经验的"观点来看，精神分析法运用到神话领域遭到极大困难。毋庸置疑，事情并非是直接明了的。弗洛伊德所运用的全部论证主要是通过悬设和推测。他所研究的这一现象——即禁忌法规和图腾崇拜系统的历史起源是鲜为人知的。为了弥补这一缺陷，弗洛伊德不得不回过头去求助于他的一般情感理论。他宣称，图腾崇拜制度的唯一源泉是原始

---

① 《作为意志和表象的世界》"论情欲的形而上学"（"uber die Metaphysik der Geschlechtsliebe", Die Welt als Wille und Vorstellung），对第四篇的补充，第四十四章。

人对乱伦的恐惧。正是这一动机导致了异族通婚。由同一图腾繁衍出来的后代都是有血亲关系的。它们是一个家庭，在这一家庭中，隔了许多代的亲属关系，仍被看成是两性关系的绝对不可逾越的障碍。但是那些曾经仔细研究过这一问题的人类学家们却得出一个截然不同的结论。弗雷泽曾就此主题写下了四卷本的著作，他宣称，图腾崇拜和异族通婚这两种制度尽管常常被联结起来，但事实上是有差异的，并且是独立的。① 在阿朗塔（Arunta）部族中，他们的图腾崇拜制度决定了全部的宗教生活和社会生活，但这种制度对于婚姻和血亲没有丝毫影响。传统的迹象似乎表明，在那时，一个男子总是与自己同一图腾的女子结婚。② 经过几年的研究，弗雷泽的论述中最有价值的就是，异族婚姻的最初起源以及关于乱伦的法则仍如过去一样，几乎还是一个处于黑暗中的疑窦。③

为了达到他的结论，弗雷泽不得不放弃这种谨慎的批判态度。最能触动他的是这样一件事实，图腾崇拜的两条戒律——不能杀害图腾崇拜的动物和不能与属于同一图腾的妇女发生性关系，与俄狄浦斯（Oedipus）的两种罪恶在内容上是一致的，他杀死了自己的父亲并娶了自己的母亲作妻子。另一方面，它们与儿童的两种主要愿望也是一致的，即他的难以忍受的压抑或他的重新觉悟构成了几乎全部精神病的核心。④ 这样，恋父情结和俄狄浦斯情结就被宣称为开启神话世界的"芝麻开

---

① 弗雷泽：《图腾崇拜和异族通婚》，第一卷，第十二章，伦敦；麦克米伦出版公司，一九一〇年。
② 鲍德温·斯宾塞爵士与 T. 吉伦：《澳大利亚中部土著部落》，伦敦和纽约，麦克米伦出版公司，一八九九年版，一九三八年再次印刷，第419页。
③ 弗雷泽：引同前书，第一卷，第165页。
④ 弗洛伊德：《图腾与禁忌》，第236页以后。

门",① 这一公式似乎能够说明一切事情。根据精神分析的"转换"原理,全部联合都将成为可能。弗洛伊德自己也常常对这一原理的适应性表示诧异。他告诉我们,儿童所表示出的那些最初愿望(这些愿望常以一种极明显的伪装和颠倒方式表现出来),构成了几乎所有的宗教。②

这里,我们不得不产生的第一个疑问,不是事实问题而是方法问题。让我们假设一下,精神分析学说所依赖的全部事实都已被稳定地建立起来。我们承认在原始人的精神生活与精神病患者的精神生活之间不仅有着一种相似或类似之处,而且有着根本的同一;我们也承认弗洛伊德已成功地证明了他的观点,即神话思想的所有动机与我们所发现的精神病的某些形态——如冲动型精神病、"触觉谵妄"(délire de toucher)、动物恐惧症、成见性禁忌等等——都是一致的。即使在这种情况下,问题也不能得到解决,它只是以一种新的形式重新发生。因为它不足以清楚地显示神话的主题,而达到对神话特点和本质的理解。

乍然一看,弗洛伊德的方法似乎是相当具有独创性的,在他之前没有一个人从这一角度来探究问题;但是,仍有一个共同特征把弗洛伊德的神话概念与他的先驱者们的神话概念联结起来。像大多数人一样,弗洛伊德确信,理解神话"意义"的唯一确定的方法就是描述出神话的"对象",把它们罗列出来,排列有序并予以分类,并且,甚至假定我们知道并理解神话所涉及的全部事情。这些难道对于我们更多地理解神话的"语言"能够有所裨益吗?像诗歌和艺术一样,神话是一种"符号形式",所有符号形式的一个基本特征是:它们能够应用于任何对象。对于它们来说,没有任何事物是不可达到或不可浸透的,一种对象的特殊品质并不能影响它们的活动。语言哲学、艺术哲学或科学哲学一开始

---

① 指阿拉伯故事《阿里巴巴与四十大盗》中的打开宝库的咒语——译注。
② 弗洛伊德:《图腾与禁忌》,第 241 页以后。

就列举出那些可能成为谈论或艺术表现和科学研究的全部主题，对此，我们有何想法呢？在这里，我们从未期望找到一个明确的界限，甚至我们不可能找到它。任何事物都有一个"名称"，任何事物也都可以成为一件艺术作品的主题。神话也是如此，自然万物"凡举那在天空中，在地底下，在水中的东西"，无不有其相似之处。这样，我们对神话主题的研究或许会有极大的兴趣，并能够激发起我们的科学好奇心。但是它本身是产生不了明确答案的。因为我们希望知道的并非神话的纯粹的内容，而是神话在人的社会和文化生活中的功能。

在这方面，以往的绝大多数理论是不充分的，因为它们没有把握真正的问题所在。它们几乎涉及了所有方面，并在一定意义上，它们又都遵循了同一的方法。当我们将比较神话学的陈旧方法与精神分析理论的最新方法进行比较时，就可发现一种惊人的相似性。在神话的自然主义理论中，有马科斯·米勒介绍的，并由后来的弗罗贝留斯（Frobenius）更新的太阳神话学；还有阿德尔伯特·库恩（Adalbert Kuhn）所描述的风和天空的神话学。每一学派都热切而顽强地为其特定的对象而战斗。乍看起来，我们并不打算在关于塞妮涅（Selene）和恩底弥翁（Endymion）、厄俄斯（Eos）和提托诺斯（Tithonus）、刻法罗斯（Cephalus）和普洛克里斯（Procris），以及达佛涅（Daphne）和阿波罗（Apollo）等古希腊传说之间寻求任何相似或类同。但是，在马科斯·米勒看来，所有这些神话都只意味着同样的事情。它们只是被一再重复的一种同类神话主题的多种不同的表达形式。这一主题只是太阳的升起和落下以及光明与黑暗之间的格斗。每一种新的神话都是以一种新的不同的视野来描绘同一种现象。例如，恩底弥翁并不是具有福波斯（Phoebus）神圣品格的太阳，而是表现太阳在他的日常路程中的一种思想，象征着它清晨从黎明中孕育出来，经过短暂而灿烂的旅途，走向黄昏，永远不再返回其世俗生活。黎明降临并震颤着整个天宇,并在辉煌的朝阳突然出现的瞬间黯然逝去,除此而外,达佛涅受到阿波罗的困扰的传说还意味着别的什么呢?赫耳库勒斯(Heracles)之死的传说证明了同样的道理。得伊阿尼拉(Deianira)送给太阳神的外套象征着那从水中蒸发的云,它像一件黑色的衣饰,裹绕着太阳。赫耳库勒斯竭力扯下它,然而除非他把自己撕成碎片,否则没有其他办法。他那光辉的身躯最后终于在熊熊的烈火中融化。①

但是,从这些陈旧的自然主义解释中发出的遥远的呼喊,对于我们现代精神分析学说来讲,已经变得软弱无力。虽然它们在其过程上不尽相同,但却表达了思想的同一基本倾向。并且,我敢断定,几十年后,"性欲神话"将会重陷太阳或月亮神话的厄运,因为它们都具有同样的缺陷。认为一种事实在整个人类生活中已打上它的不可磨灭的痕迹以把它转化为特殊而单一的动机,这并不是一种令人满意的解释。人的精神生活和文化生活不是由如此单纯同一的基质构成的。对于神话的比较研究,弗洛伊德相对于马科斯·米勒以及所有其他社会学者,并不能进一步证明他的论点。在两种情况下,我们发现了同样的教条主义。比较神话学研究者谈论着太阳、月亮、星辰、风和云,仿佛它们是神话想象的唯一主题。弗洛伊德完全改换了神话故事的场景。在他看来,神话不是自然伟大的戏剧的表演,它们所告诉我们的,只是人的性欲生活的永恒故事:从远古至现代,人总是被两种基本欲望所驱使着,这就是希望杀害他的父亲并与他的母亲结婚。这两种欲望表现在人类历程的童年时代,并以最奇异的伪装和面具同样表现在每一个个体儿童的生活当中。

---

① F. 马科斯·米勒:《比较神话学》,牛津论丛,第 52 页以后(选集第一卷,第 395 页以后,398 页以后);和《语言科学讲演录》第二卷,第十一讲,伦敦,朗曼,格林出版公司,一八七一年,《黎明的神话》,第 506—571 页。

第四章　神话在人的社会生活中的功能

在世界上所有的事物中，神话大概是最不连贯也最变动不居的。从它外在的价值上判断，它或许是一张由极不匀称的线条织成的乱糟糟的网。难道我们能够希望在最野蛮的祭祀仪式与荷马史诗所描述的世界之间寻求出哪怕是一丝联结吗？换言之，我们能够从原始部落狂欢的宗教祭祀中、亚洲萨满教士的巫术仪式、以及具有奥义教的宁静与沉思深度的伊斯兰教苦修士的精神狂乱的舞蹈旋转中，找出一个共同起源吗？要想用一个名称来描述如此广泛歧异而且完全不相容的现象，并把它们归类于同一概念之下，似乎是极为任性专断的。

无论如何，当我们从不同的角度触及问题时，问题也就在不同的光亮下显现出来。神话主题与宗教典礼的操作具有无限的多样性。它们是不可胜数、深不可测的。但是，在一定意义上，神话思想与神话想象的动机都是共同的。在全部人类活动和全部人类文明形式中,我们发现有一种"多样性中的统一性"。艺术给予我们一种直观的统一性;科学给予我们一种思想的统一性;宗教和神话则给予我们一种情感的统一性。艺术向我们敞开一个"生活形式"的宇宙;科学向我们展示一个规律和原则的宇宙;宗教和神话则开始关注生活的普遍性和根本的同一性。

要以一种人格的形式来想象这种无所不在的生活是没有必要的。有些宗教向我们表达了一个"低于人的"(infra-personal)或"超于人的"(supra-personal)上帝概念。在"前泛灵主义的"宗教中,我们发现它仍旧缺乏一种人格的意义。① 另一方面,我们发现在高度发展的宗教中,人格的因素被遮蔽了,最终则完全被别的动机包藏起来。在东方的主要宗教,例如婆罗门教、佛教和儒教中则有一种"非人格的趋向。"② 奥义教所思考的同一性是一种形而上学的同一性,它意味着一种自我与宇宙、"灵魂"与"婆罗门"的根本统一。在原始信仰中是没有这种抽象同一性存在的余地的。我们在这儿发现了某些十分不相同的事情。这就是一种要求把个体与群体生活,以及自然生活统一起来的深刻而炽烈的欲望,宗教祭祀满足了这种欲望。在这里,个人融化进一种不可区分的整体之中。倘若在一个野蛮部族中,男子正忙于战争事务或别的任何危险事业,女子则留在家里通过她们的宗教仪式的舞蹈来帮助他们——根据我们的经验和"因果规律"的标准来衡量的话,这似乎是荒唐的不可思议的事情。但是,只要我们根据我们的社会经验而不是根据我们的身体的经验来看待并解释这种行为的话,它立刻完全变得清

---

① 前泛灵主义问题详见 R. R. 马雷特:"前泛灵主义宗教",《宗教的极限》,伦敦,梅休因出版公司,一九〇九年版。
② 参阅 A. A. 鲍曼:《宗教哲学研究》,第一卷,伦敦,麦克米伦出版公司,一九三八年,第107页。

楚明白了。在她们为战争而进行的舞蹈中，妻子把自己与丈夫融为一体。她们分担着他们的希望与恐惧、危险与威胁。这种属于"交感"，而非"因果"的联结，是不会由于他们之间地理位置的隔离而减弱分毫的，相反会得到增强。两种性别组成一个有机统一的个体，某件事物只要涉及这一有机体的一半，那么另一半同样受到影响。大多数肯定或否定的命令，无论是法规还是禁忌，都不是别的，而只是这样一种一般规律的表达和应用，这一规律不仅适用于两种性别，而且还适合于部族的全部成员，当一个达雅克部落①出外在森林中打猎时，那些留在村里的人都不能用手接触油和水。因为假如他们接触的话，猎手们都会手气不佳，猎物将会在他们的手下逃脱。② 这不是一种因果的联结，而是一种情感的联结。这些事情不是原因与结果之间的经验关系，而是所感受到的人的关系的强度和深度。

因此，上述特征也同样出现在人的亲属关系的其他形式中。在原始思想中，不能以一种纯粹生理的方式来说明血缘关系。人的出生是一种神话的而非肉体的行为。性别产生的规律是不可知的。于是，出生总是被看作一种肉体的再生。澳大利亚中部的阿朗塔人就相信，那些属于他们同一图腾的死人的精灵，在确定的地点等待再生，他们钻进那些经过这一地点的妇女的身体中。③ 甚至父子关系也不能看成一种纯粹的肉体关系。在这里，真实的同一性再次取代了因果性。在图腾崇拜系统中，当前的一代人不仅繁衍于动物祖先，而且也"是"这些动物祖先的化身。阿朗塔人在庆祝他们最重要的宗教节日时，当他们举行"因梯修

---

① 婆罗洲内地的土著人——译注。
② 《金枝》，第一篇：巫术，第一卷，第120页。
③ 弗雷泽：《图腾崇拜和异族通婚》，第四卷，第59页以后。斯宾塞和吉伦：引同前书，第十五章。

玛"（Intichiuma）典礼时，不仅再现或模仿祖先们的生活、业迹和冒险，并且他们的祖先也将再现于这些典礼中，而且立刻可以看到和感受到他们的存在、他们慈爱的影响。没有这种持久的影响，自然和人类生活将会停滞不前。天空不再下雨，土地不再结出果实，整个家园将会变成一片荒漠。他们通过同一化的第一种活动而确信与其自身或与动物祖先的根本统一；通过同一化的第二种活动而把自己的生活与自然的生活统一起来。事实上，在两个领域之间不可能有截然的区别。它们处于同一水平线上。因为，对于原始精神来说，自然本身不是由物理规律支配的一种物理的存在。同样一个社会，即生活其中的社会——包含或囊括了所有有生命的和无生命的存在。① 在祖尼人（Zunis）② 看来，不仅自然的东西，甚至手工制作的东西；不仅太阳、土地、海洋，而且人所制造的工具，都属于同一个伟大的生活体系。③

如果这种生活被保留下来，就必须不断地加以更新。然而，这种更新不能只从纯粹生物学方面理解。即使在这里，人类种族的延续也并不是建立在生理行为上，而是建立在社会行为上。这种一般信念的最清晰的表达，可以在加入团体的典礼中发现。这种典礼在全部原始社会中是一个重要的、必不可少的因素。儿童到了一定的年龄，即长到青春期时，仍被当作一个纯粹"自然"的存在来对待，负责他全部自然需要的母亲，把他置于自己的照料之下。但是，随之而来的就是这种自然秩序的一种突然转向。儿童不得不变成一个成人——社会的一个成员。最强烈的、最深刻的宗教祭祀仪式往往标志着人的一生中的这个关节点，

---

① 详见 E. 卡西尔：《人论》，纽约，耶鲁大学出版社，一九四四年，第82页以后。
② 居住于美国新墨西哥州西部印第安村落的土著人。——译者注
③ 见弗朗士·汉密尔顿·库欣：《祖尼人概况》（美国民族学官方年度报告）第十三期，华盛顿，第9页。

第四章　神话在人的社会生活中的功能

标志着这起重大的事件。倘若一个新的社会存在物诞生了，那么在一定意义上，一个自然存在物也就同时消亡了。一个将被引进社会大门的年轻人因而不得不经历最严峻苛刻的磨炼。新入会者必须离开他的家庭，在一个完全隔绝的地方住一段时间。他不得不忍耐最强烈的痛苦和残酷的折磨，有时甚至不得不出席自己的葬礼。但是，当他经受住全部考验时，伟大的时刻便来临了，他被接纳进男人们的伟大而神秘的社会联合体中。这种承认意味着一种新的更高形态的生活的开始。①

那种出现在人类社会并构成其本质存在的周期，同样出现在自然之中。季节的循环并非由纯然的物理的力量带来的。它是与人的生活不可分割地连在一起的。自然的生与死只是人的死亡与复活的壮烈的戏剧中的部分或片断。就这点而言，几乎从所有的宗教中，我们都可以发现的植物生长的祭典非常类似于入会仪式。甚至大自然也需要不断地更新，它必须死亡以便获得新生。对阿提斯（Attis）、阿多尼斯（Adonis）和俄西里斯（Osiris）的崇拜就是这种基本的、根深蒂固的信念的见证。②

希腊宗教似乎远远不同于这些原始观念。在荷马史诗中，我们不再看得见巫术祭典，以及精灵、鬼怪和对死亡的恐怖。对于荷马世界，我们可以应用温克尔曼（Winckelmann）的著名定义，根据这一定义，希腊时代精神显著的标记就是它的"高贵的纯朴和静谧的尊严。"但是，现代宗教史告诉我们，这种"静谧的高贵"从来没有受到骚扰。简·艾伦·哈里森小姐在前已提及的她的著作导言中说："荷马的奥林匹斯

---

① 详见斯宾塞和吉伦：引同前书，第六章；A. 冯·盖内普：《人生阶段的仪式》（*Les rites du passage*），巴黎，E. 诺尼，一九〇九年。
② 弗雷泽：《金枝》，第四篇，见《阿多尼斯，阿提斯，俄西里斯》，第一卷和第三卷。纽约，麦克米伦出版公司，一九三五年第三版。

诸神绝不会比他的六步韵诗更为原始。在这种华丽的外观下，隐藏着一种宗教概念的结构。原罪、涤罪和赎罪的观念。然而荷马忽略或压抑了这些。不过，它们却重现在以后的诗中，并在埃斯库罗斯那里表现得尤为显著。"希腊文化和希腊宗教生活随之而发生了深刻的危机。在这种危机中，全部荷马史诗的概念遭到彻底毁灭的威胁。奥林匹斯山诸神的素朴与宁静似乎突然消逝了。宙斯—朗朗天宇之神，阿波罗——太阳神，他们已经没有能力抗拒和消除表现在对狄奥尼索斯崇拜中的毁灭性力量。荷马史诗中，狄奥尼索斯在奥林匹斯山诸神中尚没有一席立足之地，他只是作为一个陌生人和一个迟到者，作为一个北方来的移民神，出现在希腊宗教中，他的起源只能在色雷斯寻找，在亚洲人宗教崇拜的全部可能性中寻找。我们看到在以后的希腊宗教中，两种对立的力量不断地进行冲突。对于这种冲突的古典的表达在欧里庇得斯的悲剧《酒神》（*Baccliae*）中得到充分的体现。如果我们读过他的悲剧，对于它所包含的新的宗教感情的那种强烈、狂暴和不可抗拒的力度来说，无需再作别的陈述。

在狄奥尼索斯神的崇拜中，我们无法找到丝毫希腊精神的特殊品性。这里所显现的是一种基本的人类感情，一种相对于最原始的祭祀和高度精神化的神秘的宗教共同感情。这是一种个人的内在欲望，它要求自由地摆脱其个体性的桎梏，使其沉浸在宇宙的生命之流中，扬弃其本性而与整个自然融为一体。波斯诗人鲁米（Mualāna Talāluddin Rūini）在他的诗中表达了同样的欲望："懂得舞蹈力量的人与上帝同在。"舞蹈的作用在于它是走向上帝的神秘而真实的途径。在舞蹈和狂欢祭祀的猛烈旋转中，我们有限的受束缚的自我消逝了；"自我"——"黑暗的暴君"（正如鲁米所称呼的）死亡了，上帝诞生了。

希腊宗教尚未简单地返回这些原始的感情。虽然这些感情已改变了性格，但还没有失去它们的力量。希腊精神是一种完美的逻辑精神。它的逻辑欲望是普遍的。甚至没有经过一种理论的解释和判别，就拒斥了崇拜狄奥尼索斯神这种十分"非理性的"原理。然而，俄耳甫斯教的神学家们却作了这种判别。俄耳甫斯教义成为一种"体系"，从本义上讲，它充斥最粗陋、最野蛮的原始宗教仪式。① 俄耳甫斯神学创立了狄奥尼索斯·扎格柔斯（Dionysus Zagreus）的故事。狄奥尼索斯被描绘成宙斯和塞墨勒的儿子，他得到他父亲的宠爱和养育，但是却受到赫拉的仇恨与妒忌的伤害。赫拉催促提坦（Titans）把狄奥尼索斯杀死在襁褓之中。狄奥尼索斯屡次改头换面试图逃离他们，但是最后当他变成一头牛时还是被杀害了。他的身体被撕成碎片，并立刻被他的仇敌所吞食。作为对他们罪恶的惩罚，提坦遭到宙斯施放的雷电的轰击而化为灰烬。在他们的灰烬中，诞生了人类的种族。与这种人类起源说相适应，在其种族中，来自狄奥尼索斯·扎格柔斯的善良与来自提坦的罪恶和凶残的因素，是混为一体的。

　　狄奥尼索斯·扎格柔斯的传说，是关于神话故事的起源及其意义的一种典型的范例。这里所涉及的既非自然现象，也非历史现象；既非一种自然的事实，也非一种对一个英雄祖先的业迹或遭遇的追忆。传说不是单纯幻想的故事，它有一种"事物的根据"（fundamentum in re），它所涉及的是某种"真实性"。但是这种真实性既不是自然的，也不是历史的，而是仪式的。在狄奥尼索斯崇拜中所看到的东西在神话中得到了解释。狄奥尼索斯崇拜往往导致一种"神的显现"。当酒神的狂女迈那

---

① 关于这种存在于希腊宗教和文化生活中的俄耳甫斯教团体，可参见哈里森：引同前书，第九章、第十章；欧文·罗德：《心理》第二篇，第十章，W. B. 希利斯英译本，纽约，哈考特，布雷斯出版公司，一九二五年，第335页以后。狄奥尼索斯·扎格柔斯传说请见罗德：引同前书，第340页以后。

得斯的欢悦达到极点时,她们呼唤着神,乞求着神向其崇拜者们显现:

> 啊,狄奥尼索斯,让我们看看您吧!
> ——变成一头牛,
> 或变成一条龙,一只多头的巨兽,
> 或变成一个蜷曲着四肢,闪耀着绚丽光芒的雄狮。①

上帝倾听着祈祷者的呼唤,答应了他们的请求,显现了自己的面目并亲自参加了祭礼,分享了他的爱慕者的神圣的欢悦,他亲自降临选择作为他的祭品的牺畜,抓着牺畜滴血的肉块,生吞活剥地享用起来。

所有这些都是野蛮的、虚幻的、放肆的和不可思议的。但是它体现了神话的功能,这种功能为狂荡的宗教崇拜增添了新的内容。在俄耳甫斯神学中,"狂喜"(ecstasis)不再被理解为纯粹的疯狂,它成为一种"神狂"(hieromania),成为一种灵魂脱离肉体而展翅高飞与上帝融为一体的神圣的疯狂。② 一个神圣的存在由于罪恶的力量,由于提坦对宙斯的反叛,而被分化为这个世界事物的多重性,分化为人的多重性。但是它仍未失去它的神圣存在,仍要返回其天真纯朴的状态。然而唯有当人牺牲其个体性,并摧毁设置在他自身与生活的永恒统一之间的全部藩篱时,这才是可能的。

这里,我们把握了一条神话的最基本的原理。神话不仅仅是产生于理智的过程,它深深地萌发于人类的情感。另一方面,所有那些不注重

---

① 欧里庇得斯:《酒神》,诗集,第 1017 页以后。阿瑟·S·韦英译本(露白经典丛书)第三卷,剑桥,马萨诸塞州理工学院,哈佛大学出版社,一九三〇年,第 89 页。

② 罗德:《心理》,第 257 页以后。

情感因素的理论都忽略了一个基本点,神话不能被看作是缺乏情感的,它恰恰是情感的某种表达,但这种表达尚不是感情自身,只是由感情转化的一种想象。这一重要的事实隐含着一个根本的变化,迄今被朦胧地模糊地感受的东西呈现出一种确定的形状,一种消极的状态却变成了一个积极的过程。

理解上述转化,对于明确区分两类表达,即物理的表达与符号的表达,是十分必要的。关于人和动物的情感表达,达尔文曾写过一部经典著作。从这部著作中,我们得知,所谓"表达"这种活动具有非常广阔的生物学基础。它绝不是人的一种特权。它可扩及整个动物世界。倘若我们上升到动物生活的更高阶段,它将不断地在力量和多样性上取得胜利。R. M. 耶基斯说,大多数(如果不是全部)人类表达情感的主要范畴都可在黑猩猩的行为中表现出来。黑猩猩的情感表达是颇为迷人的,而且它的复杂性和变异性也是十分令人困惑的。[①] 低等动物的情感,以及与这些情感相适应的表达也具有相当广阔的范围。例如,脸发红或变白,就常被看成只有人才具有的,其实,这样一种现象也能够在动物界中得到证实。[②] 甚至最低等的有机物也必定有某种手段,在一定刺激间做出区别,并对它们作出不同反应,这是确定无疑的。如果它们在其行为中不能辨别什么是有利的,什么是不利的,什么是有益的,什么是有害的,那么,它们就无法生存下去。任何一种有机物都要"寻求"某种东西并"躲避"另一种东西。一个动物总是搜寻它的猎物而逃离它的敌人。一整套复杂的本能和内在冲动的网络调整着全部上述行

---

① 罗伯特·M·耶斯基:《黑猩猩——一个实验地》,纽黑文,耶鲁大学出版社,一九四三年,第29页。
② 参阅安杰洛·莫索:《恐惧》,E. 洛夫、F. 基骚英译本,伦敦,纽约,朗曼,格林出版公司,一八九六年,第10页以后。

为，而它们本身无需任何有意识的活动。正如里博特所指出的，有机物的第一阶段是具有细胞质的、生命的、前意识的感觉能力。有机体有它的"记忆"，它贮存某种印象，某种标准或病理调节。"同样的道理，存在一种低等的无意识的形式——有机的感觉力——它是高等的、有意识的情感生物的基础和雏型。按照记忆的一般意义，生命感觉能力相对于有意识的情感，也就是有机体的记忆。"① 假如在高等动物中，意识介入并开始发挥一种主导作用，我们不能按照概念或"观念"以一种拟人的方式来描绘它。动物行为似乎更像被某种"情感的特性"决定着，这种特性激发它的"熟悉"或"神秘"，"关注"或"厌恶"的情感。W. 科勒在《黑猩猩心理学》的一篇论文中问道：

> 事物的一定形状和外观本身具有神秘和恐怖的性质，不是由于我们自身之内有任何特殊的机制使它们产生；而是由于我们的一般本性和心理，使一些形状必然地具有恐怖的性质，而另外一些形状则不可避免地或具有优雅，或具有粗陋，或具有活力，或具有确定的特征。这些，难道不是一个能加以接受的假设吗？②

注意到这些不同的情感特点，既不能先前假定一种反省的行为，也不能以动物的个体经验来解释它。小鸟一出世，立刻就会对鹰和蛇感到恐惧。无论如何，这种恐惧仍然是非常一致的。小鸡蜷缩着身体，不仅害怕捕食的鸟的存在，也害怕任何在它们头上飞行的大家伙。这种本能

---

① 里博特：引同前书，第 3 页以后。
② W. 科勒："黑猩猩的心理"（Zur Psychologie der Schimpansen），《心理学研究》，第一卷，第 39 页。埃拉·温特：《猿的心理》，英译本附录（*The Mentality of Apes*），伦敦，基根·保罗；纽约，哈考特·布雷出版公司，一九二五年，第 335 页。

第四章 神话在人的社会生活中的功能

的情感没有什么特殊之处，与某种危险性质的对象没有什么关系。

随着人类的发展，一个新的阶段产生了。首先，情感变得越来越特殊化了。它们不再是朦胧、模糊的情感。它们相关于"对象"的特殊种类。毫无疑问，尽管还有数不清的人类反应在本质上与动物反应是一致的，但是仍有另一种特性，除了在人类世界之外，我们在任何地方都不能发现它。倘若一个人在受到侮辱时，他就会皱起眉头或捏紧拳头，他的行为恰好像一个动物的行为一样。当一个动物看到它的敌人时，也会呲牙咧嘴。但是一般来说，人的"反应"属于一种完全不同的类型。把他们与动物的反应加以区分的东西是他们的"符号"特征。[①] 在人类文化的兴起和发展中，我们一步一步地经历了这一根本意义的变化，人类发现了符号表达这种新的表达方式。在人类所有文化活动中，这是一个共同的特性：它表现在神话和诗歌中，表现在语言和艺术中，也表现在宗教和科学中。

这些活动差别很大，但是它们都在履行一个共同职责，即"对象化"的职能。在语言中，我们对象化我们的感觉表象。在言语表达行为中，我们的表象呈现出一种新的形式。它们不再是孤立的质料；它们放弃了它们个体的特征；它们被置于由一般名称所规定的类概念之下。"命名"行为对于一个当下的事物，即对于一个以前已熟悉的对象，不只是增加一个单纯的、约定的符号；毋宁说它是关于客体概念的先决条件，也是关于一个客观的经验的实在观念[②]。

神话不仅远离这种经验的实在，在一定意义上，它甚至公然无视这

[①] 关于这个问题的详细讨论，请见 E. 卡西尔的《人论》，第三章，第 27 页以后。
[②] 详见我的文章"语言和客观世界的结构"（Le langage et la construction du monde des objets），《常态与病态心理学杂志》（Journal de psychologie normale et pathologique），XXXe Annee (1933)，第 18—44 页。

种实在。它似乎建立了一个完全神秘的世界。虽然神话有某种"对象的"形态和某种确定的对象功能。语言的符号化导致一种感觉印象的对象化；神话的符号化则导致一种情感的对象化。在巫术祭祀和宗教典礼中，人是由内在的个人欲望和猛烈的社会驱力的压迫而行动的。他进行这些活动然而并不知道其动机。他们完全是无意识的。但是只要这些仪式转化为神话，一种新的因素就出现了。人对于他所做的某种事情不再感到满意，产生了这些事情"意味"着什么这样的问题，还要追究它们的来龙去脉，企图去理解它们从哪里来并向哪里去。他对所有这些问题的回答或许是不恰当的，荒唐的，但是重要的并不是对这些问题本身的回答。一旦人开始对他的行为产生彷徨时，他便跨出了关键的一步。他已经走向了一条崭新的道路，这条道路最终将把人引向远离他的非自觉的本能的生活。

任何一种情感的表达都有一定的慰藉的作用，这是一个众所周知的事实。拳头的打击可以平息我们的心头之火；眼泪的迸发可以减轻我们的悲痛和忧伤。从生理学和心理学的角度考虑，所有这些都是十分容易理解的。从生理学上讲，可以用这样一条原理，即赫伯持·斯宾塞所宣称的"神经发泄规律"来说明它。在某种意义上，这一"发泄规律"也同样适用于全部符号表达。然而我们在这里遇到一种全新的现象，在我们的身体反应中，一种突如其来的爆发之后总是跟随一种宁静的状态。并且一旦爆发消失之后，情感也就走向它的尽头而不留下任何持续的迹象。但是如果我们通过"符号"行为来表达我们的情感，情况就大不相同了。这样一种行为具有双重作用，即束缚作用和解放作用。即使这里的情感是向外的，但是它们没有消失，而相反是被集中起来，在自然反应中，与某种情感相适应的身体的运动变得愈来愈广泛了。它们适应一个更加广阔的领域。在斯宾塞看来，这种范围和扩散遵循着一个确定的规则。发音器官纤细的肌肉和面部的微小的肌肉最先受到影响。随着感情达到一定限度,神经发泄也就影响到血液系统。① 但是,符号表达决不意味着"减弱"(extenuation)而是意味着"强化"(intensification)。在这里,我们发现的不是单纯的"客观化"(exteriorization),而是"凝聚化"(condensation)。在语言、神话、艺术和宗教中,我们的情感并不只是简单地转化为纯粹的行为,而是转化为"作品"。这些作品决不会消失,它们是持久的、永恒的。一种身体的反应只能为我们提供一个迅速的、当下的缓解;一种符号表达则可以变成一种"比空气更长久的时光"(momentum aere perennius)。

这种对象化和凝聚化在诗歌和艺术中格外显著。歌德把这种天赋看成是他的诗歌的精髓。他在《诗与真》(*Dichtung und Wahrheit*)中谈到他的青年时代:

> 于是我就开始一个方向——我一辈子不能背离的方向,这就是说,把那些使我喜欢或懊恼或其他使我心动的事情转化为形象,转化为诗,从而清算自己的过去,纠正我对于外界事物的观念,同时我的内心又因之得到宁静与慰贴。因为我的天性常常把我从一个极端抛到另一个极端,我需要有这样的才能比任何人更为迫切。我所写出来的一切,只是一大篇自白的片断。②

在神话思想和幻象中,我们并没有遇见个人的忏悔。神话是一种人

---

① 详见 H. 斯宾塞:《心理学原理》,第二卷,纽约,B. 阿普尔顿出版公司,一八七三年,第 495—502 页。
② 歌德:《诗与真》,第七卷,约翰·奥克森福特英译本第一部,伦敦,G. 贝尔文学出版公司,一八九七年,第 240 页。(转引:《歌德自传》中译本,人民文学出版社,一九八三年,第 287 页。)

的社会经验的对象化,而不是他的个人经验的对象化。后来,我们的确发现由个人杜撰的神话,例如著名的柏拉图神话。但是在这里,真正的神话的一种最本质的特性遗漏了。柏拉图以一种完全自由的精神创造了它们。他不是受它们力量的支配,而是根据自己的意图,即辩证的和伦理思想的意图,来指导它们。真正的神话并不具备这种哲学的自由。因为关于神话赖以生存的基础的想象,就其为想象而言是不可知的。它们不是被看作符号,而是被看作现实。这种现实是不能拒斥或批判的;它不得不被一种消极的方式所接受。然而,在那最终通向崭新目标的新途径上,最基本的一步已经迈出。因为即使在这里,情感也不能被简单地感受,它们只能被"直观",并"转化为想象"。这些想象是粗野的、怪诞的和奇异的。然而恰恰由于这个理由,对于未开化的人来说才是可以理解的,因为它们能够对他的自然生活和内在生活提供一种解释。

一般说来,神话和宗教常常被宣称为仅仅是一种恐惧的产物。但是在人的宗教生活中最根本的不是恐惧的"事实",而是恐惧的"变态"。恐惧是生物的普遍本能,它不能完全被克服或抑制,但却能改变形式。在神话中充满着最狂热的情感和最恐怖的情景。人在神话中开始学会一种新的奇妙的艺术,即表达或构造他最深层的本能,以及他的希望和恐惧的艺术和手段。

当人面临最严峻的难题——死亡问题时,这种构造作用显示出它最伟大的力量。探寻死亡的原因,是人类首要的最紧迫的问题之一。从人类文明的最低形式到最高形式,死亡的神话无处不在,无时不有。①

人类学家们已经作出极大努力以便确定他们所谓的"宗教最低限度

---

① 例证见马林诺夫斯基:《神话与原始心理》中关于超卜连兹岛土著的死亡神话。伦敦,基根·保罗,一九二六年,第 80 页以后;美国,纽约,W.W. 诺顿,一九二六年,第 60 页以后。

第四章　神话在人的社会生活中的功能

的界说",这一界说将包括宗教生活基本的主要的事实。就这些事实的本质而言,不同学派的观点不尽一致。泰勒从野蛮人推演到文明人,以泛灵论的观点考察宗教哲学的基础;之后的著作家们则把所谓的"禁忌-吗哪公式"(Taboo-manna fomula)看成宗教最低限度的界说;① 这两种观点都遭到很多反对。无论如何,就其最初起源而言,宗教是一个"生与死"的问题,这似乎是件不可否认的事实。马林诺夫斯基问道:

> 相信人类的灵魂,相信死后复活,相信宇宙中的精神原则,所有这些信仰的根源是什么?我认为,通常用那些术语,如泛灵论、祖先崇拜或对精灵和鬼魂的信仰,所描绘的上述现象,其根源存在于人面对死亡的总体态度上。死亡……是这样一件事实,它永远困惑着人类的理智,并从本质上骚扰着人的情感结构……在这里,宗教启示走了进来,确定了死后的生活、精神的不朽,以及在生死之间联系的可能性。这种启示赋予生活以意义,解除了由人类世俗生存的短暂性而产生的矛盾和冲突。②

柏拉图在他的《斐多篇》(*Phaedo*)给哲学家下了一个定义:哲学家懂得一种最伟大的、最困难的艺术,即懂得如何去死。现代思想家们从柏拉图那里借用了这一思想,他们宣称,人达到自由的唯一途径就是消除其心灵对死亡的恐惧。"他一旦学会了死亡,也就忘却了他是一个奴隶。理解了死亡也就使我们从一切屈从和压制下解脱出来。"③ 对于

---

① 马雷特:《宗教的极限》,第37页注1。
② 马林诺夫斯基:《信仰和道德的基础》,伦敦,牛津大学出版社,一九三六年为达拉谟大学出版,第27页以后。
③ 蒙台涅:《文集》,第一卷,第19页,摘于《全集》,第一卷,W. 黑兹利特英译本,O. W. 怀特修正版,纽约,H. W. 德比,一八六一年,第130页

死亡问题，神话无法提供一个理性的解答。然而正是神话，早在哲学产生之前，已经成为人类的第一个教师，即人类童年时代的启蒙教师。它已经能够用一种原始的心灵可以理解的语言来提出并解答死亡问题。"无须尽力对我解释什么叫死亡"，阿基里斯（Achilles）在地狱中对奥德赛说。① 但是在人类历史中，神话所履行的恰恰是这一艰巨的任务。原始人不甘心承认死亡的事实，并不能接受关于他作为一个必然消亡的自然现象的个体存在势必要毁灭的劝解。但是神话却否认并"驳斥"了这一事实，它教诲人们，死亡绝不意味着人的生命的终结，而是意味着生命形式的一种变化，即由一种生存方式向另一种生存方式的简单转换。在生与死之间，没有任何鲜明的确定界限。划分生死的界限是模糊的、难以分辨的。甚至这两个概念可以交替使用。欧里庇得斯问道："谁能知道今生不是真正的死，并且死不能转向生呢？"在神话思想中，死亡的奥秘转变成一种想象。通过这种转变，死亡不再是一件难以忍受的自然事实，而变得可以理解可以忍受了。

---

① 荷马：《奥德赛》，第十一卷，第五节，第488页。

第二编

政治思想史上反神话的斗争

第五章 早期希腊哲学的"逻各斯"与"神话"

在古希腊哲学中,一种理性的国家理论产生了。正如在其他领域一样,希腊人在国家理论中也是理性思想的先驱。修昔底德是第一个向神话的历史概念进军的人。消灭"神话"(the fabulous)是他所关注的一个首要的、基本的问题。

> 我这部历史著作很可能读起来不引人入胜,因为书中缺少虚构的神话。但是如果那些想要清楚地了解过去所发生的事情和将来也会发生的类似的事情(因为人性终归是人性)的人,认为我的著作还有一点益处的话,那么,我也就心满意足了。我的著作不是只想迎合群众一时的嗜好,而是想垂诸永久的。①

---

① 修昔底德:《伯罗奔尼撒战争史》,第一卷,理查德·克劳利英译本,人人丛书,纽约,E.P.达顿出版公司,一九一〇年,第15页。(此处转引自中译本,商务印书馆一九七八年版,第18页)

第二编 政治思想史上反神话的斗争

但是希腊历史概念不仅是以新的事实为依据的,而且也是建立在比事实更为深邃、更有理解力的精神洞察力之上的。希腊人已经发现了一种新的方法,这种方法使他们能够从一个完全新颖的角度来考察问题。在研究政治之前,他们已经研究了自然。他们在这一领域中做出了伟大的发现。如果没有这个基本前提,他们想要向神话思想的力量挑战,是根本不可能的。关于自然的新的概念构成了关于人的个体生活和社会生活的新的概念的一般基础。

希腊人的成功不是一蹴而就的。在这里,我们还发现了一个同样缓慢并富有条理的过程。它是希腊精神最具个性特征的品格之一。它显得似乎是单个的思想家正在遵循着一项预先安排的战略计划。虽然阵地一个接一个被攻陷,但其中最坚固的防御却隐蔽下来了。最后,希腊神话思想的要塞在根基上被动摇了。所有伟大的思想家和不同的哲学派别都承担了这一共同的工作。亚里士多德把最早的希腊思想家(指米利都学派的思想家)描写为"古代的物理学家",自然是引起他们关注的唯一对象。他们对自然的探索恰恰与对自然现象的神话解释相对应。在早期希腊思想中,这是确实无疑的:两种思想类型之间的界限尚未清楚明确,而是模糊的、摇摆不定的。泰勒斯说:"所有事物中都充满着神灵。"① 并且认为,磁石是有生命的,因为它有吸引铁的力量。② 恩培多克勒则把自然描写成两种对立力量(爱与恨的力量)之间的伟大斗争。万物此时由于爱的力量而合为一体,彼时则由于恨的排斥而四下离散。③ 显然,这些都是神话概念。事实上,一位著名的希腊哲学史家写

---

① 亚里士多德:《论灵魂》(De anima),A卷,5 411^{a}7。
② 同上,A卷,2 405^{a}19。参见 H. 代尔斯:《前苏格拉底残篇》(Fragmente der Vor-sokratiker by W. Kranz),第五版,柏林,韦德曼席书店,一九四三年,11A22。
③ 恩培多克勒:残篇第十七;代尔斯:引同前书,第一卷,第315页。

第五章　早期希腊哲学的"逻各斯"与"神话"

了一部著作,在这部著作中,他力图说明希腊的自然哲学最初孕育于某种神话精神,而不是产生于科学精神。① 但是这种理论只会把我们引入歧途。的确,神话原理不可能一下就能清除,但是它们被一种新的思想倾向抵消和均衡了,这种倾向力图持续发展并得到一个永久性增长的优势。米利都学派的思想家们,如泰勒斯、阿那克西曼德和阿拉克西美尼,都探询了万物的开端或"本原"。其实这并非一种新的趋向,真正的新的趋向是他们关于"开端"(archē)这一概念的定义。在所有关于神话的宇宙起源说中,本原意味着一种原始状态,这种状态属于那遥远的、被人忘却的、神话的年代。它已经消失并泯灭了;它已经被另外的事物所更换或替代了。第一批希腊自然哲学家在各种不同的意义上理解并界说了"开端"。他们所询问的不是一件偶然的事实,而是一个本质的原因。"开端"不仅仅是一个时间上的开始,而且是一个"第一原理"。它是一个逻辑的概念而不是一个年代概念。在泰勒斯看来,宇宙不仅过去是水,而且永远是水;水是万物中永恒的不朽的元素。从水或气的元素中,或从阿那克西曼德的"阿派朗"的元素中产生的事物,不是根据超自然力量的奇思怪想,以一种偶然任性的方式活动的;而是根据普遍的规律,以一种有规则的秩序而发展的。这些关于永恒不变的规律的概念,对于神话思想是完全陌生的。

但是,自然归根到底只是神话世界的界限,而不是其中心。倘若要向这个中心即关于上帝的神话概念进军,还需要更加果敢的进取心和更加聪慧的理智与勇气。于是希腊哲学中的两种对立的力量,即"存在"的哲学和"变化"的哲学,携起手来共同发动了这场进攻。爱利亚学派的思想家和赫拉克利特,都运用了同样的证明来攻击荷马的诸神。赫

---

① 卡尔·乔尔:《产生于神话精神的自然哲学的根源》(*Der Ursprung der Naturphilosophie aus dem Geiste der Mystik*),巴塞尔,一九〇三年。

拉克利特毫不畏惧地说，荷马由于他对神灵的曲解而将被驱逐出史册并遭鞭打。① 诗人和神话作者以他们的幻想为神圣的自然蒙上一层帷幕，哲学家则试图从这帷幕的后面去发现她的真实面容。诗人和神话作者屈从于人的共同诱惑而在他们的幻想中创造了他们的神灵。色诺芬说，埃塞俄比亚人把他们的神灵想象为黑皮肤，有着狮子般的鼻子；色雷斯人则赋予他们的神灵以蓝眼睛、红头发；如果牛马或狮子也有手并且能用手作画的话，那么，马将会把神灵画成马的样子，牛将会把神灵画成牛的样子。② 色诺芬拒斥这种神话形象主要有两个理由：即思辨的和宗教的理由。作为一个思辨的思想家，他坚持认为，大多数神灵是不可思议的，互相矛盾的。在《形而上学》第一节中，亚里士多德把色诺芬称为"一元论的创始人"③。根据爱利亚学派的基本原理，"存在"与"同一"是同义语："有与一可以互换"（ens et unum convertuntur）。如果上帝是真实存在的，他必然只能是一种完美的同一性。如果说存在着诸多的神灵，他们相互拼杀，争斗不休，积怨甚久，这从思辨的观点来看是荒谬的，从宗教和伦理的观点来看则是亵渎神灵的。荷马和赫西俄德（Hesiod）把神灵的一切所作所为描绘得淋漓尽致：偷盗、奸淫和彼此欺诈。与这些虚假的神灵相对立，色诺芬创造出他自己的新的崇高的宗教思想：即一神概念，它超越了神话思想和拟人思想的全部限定。换言之，只有一个唯一的神，他是神灵和人类中最伟大的，他无论在形体上还是在思想上都与人不相似。他是全视、全知、全听的。他毫不费力地以其心灵的思想力支配万物。④

---

① 赫拉克利特：残篇第四十二，代尔斯：引同前书，第一卷，第132页以后。
② 色诺芬：残篇第十五、十六；代尔斯：引同前书，第一卷，第132页以后。
③ 亚里士多德：《形而上学》，A卷，5 986^{b}21。
④ 色诺芬：残篇第十一、第二十三至第二十五；代尔斯：引同前书，第一卷，第132、135页。

第五章　早期希腊哲学的"逻各斯"与"神话"

但是，米利都学派所创立的物理的自然界的新概念，以及赫拉克利特和爱利亚学派的思想家们关于精神的自然界的新概念，还只是第一步，最伟大而又最艰巨的任务尚未完成。希腊精神创立了一种新的"物理学"和"神学"，从而根本改变了对自然的解释和关于神的观念。但是，只要神话仍顽固地盘踞在它的堡垒中，理性思想的胜利就是不牢靠、不稳定的。只要神话在人类世界还有充分的影响，并支配着人关于其本性和命运的思想和感情，它就永远没有真正被击败。

就像在对荷马史诗中的诸神持批判态度一样，我们在这里也遇到了同样的历史悖论。我们只能通过思想上一种协调而集中的努力，即联合两种完全不同、截然对立的理智力量。这正如在别的学科中一样，希腊精神的同一，被证明是一种辩证的同一，用赫拉克利特的话来说，它是一种对立面的和谐，就像七弦琴与弓的和谐一样。① 在希腊精神文化的发展中，大概没有比智者派与苏格拉底之间的思想冲突和对立更为激烈、更为深刻的了。然而，尽管如此，智者派与苏格拉底在一个基本前提上还是一致的，这就是，他们都确信，一种关于人的本性的理性学说是任何哲学学说的必要前提。在前苏格拉底思想中，所有其他问题都被宣布为第二性的和从属的问题。从那时起，人不再单纯被当作宇宙的一个部分而成了宇宙的中心。普罗泰戈拉说，人是万物的尺度。在一定意义上，这条原则既是智者派的原则，也是苏格拉底的原则。使哲学人化，将宇宙论和本体论转变为人类学，这是他们的共同目标。但是，无论其目的本身是如何的一致，在使用的工具和方法上他们都是不一致的。他们以两种不同的，甚至对立的方式来理解和阐述"人"这一重要概念。在智者派看来，"人"意味着个别的人。哲学家们理解的所谓

---

① 赫拉克利特：残篇第五十一；代尔斯：引同前书，第一卷，第162页。

"普遍的"人对于他们来说,纯粹是一种虚构。他们沉缅于人的生活,尤其是公共生活的变动不居的情状而不能自拔。正是在这种情状下,他们不得不扮演自己的角色并显示自己的才能。他们被迫面对各种眼下直接的实际目标。就此而言,那种普遍的关于人的思辨的或伦理的学说只能是徒劳无益的。智者们把这种学说看作是实现其目标的障碍,而不是一种真实的帮助。他们不关心人的"本性",而只注重人的实际利益。人的文化、社会和政治生活的复杂性和多样性第一次唤起他们对科学的好奇心。他们不得不组织和控制所有这些复杂多样的活动并把它们纳入一定的思想渠道,以便为它们寻找恰当的技术规则。智者们的哲学以及他们本人精神的最本质的特征就是他们那令人惊异的多面性。他们心平气和地对待每一件事。他们以一种新的精神突破了由传统的概念,一般的偏见和社会习俗所形成的屏障,而探索了所有他们感兴趣的问题。

苏格拉底的问题和苏格拉底的观点是完全不同的。柏拉图在他的对话录《泰阿泰德篇》的某个章节中,把希腊哲学比作一个战场,在这个战场上,两支庞大的军队遭遇了,相互之间展开了频繁的战斗。一方面,我们发现"多"的同党,另一方面又有"一"的盟军。一方面是"连续不断的一",另一方面,他们又力图确定万物和全部精神。① 如果这一点是真实的话,那么,苏格拉底在希腊思想史和文化史上的地位便是不容怀疑的,他所作的第一个基本的努力是创立一种"确定性"(stabilization),像色诺芬和爱利亚学派的其他思想家一样,他是一个"一"的坚定卫士。但是,他不是一个纯粹的逻辑学家或辩证法家。他的主要兴趣既不在于存在的同一,也不在于思想的同一。他所探究的是意志的同一。尽管智者们具有全部天赋和各种兴趣(或许正是由于这种

---

① 柏拉图:《泰阿泰德篇》,181A。

第五章 早期希腊哲学的"逻各斯"与"神话"

兴趣),他们并不能解决问题。他们总是摇摆于界限内外。他们从未洞察到人类本性和行为的核心。他们甚至没有认识到这种核心的存在,而这核心是可以通过哲学思想确定的。恰恰在这里萌发了苏格拉底的问题。按苏格拉底的观点,智者派所看到的只是人类本性的"残余"(scattered remains)。事实上,在公元前五世纪的著名智者的作品中,他们所研究的问题几乎无所不包、无一遗漏。高尔吉亚、希比亚、普罗第科、安提丰等曾经涉及了大多数复杂的问题。他们曾写下许多论著,例如论数学和科学问题、论历史和经济学问题、论韵律和音乐、论语言、论语法、论语源等。所有这些百科全书式的知识,都被苏格拉底弃置一旁而不顾,甚至被一笔勾销。对于智者派知识的不同分支,苏格拉底承认他的确无知,他所懂的仅有"一门"艺术,这就是培养个人灵魂的艺术:接近人并使他相信自己并不理解生活是什么或意味着什么,从而使他看到真正的目的,并帮助他达到这一目的。

毋庸置疑,苏格拉底的无知绝非单纯的否定态度。相反,它表明了人类知识和人类行为的一种基本的积极的理想。我们可以把苏格拉底的怀疑论仅仅看作一种面具,在这面具的背后,苏格拉底以他常用的讽刺方法,掩盖他的理想。苏格拉底的怀疑论要清除杂乱和五花八门的知识,使它们变得暗昧从而失去效用,只是企图表明一件唯一重要的事情,即人关于他自己的知识。无论是在伦理还是在理论领域,苏格拉底的努力不仅起着一种澄清和净化的作用,也起着一种集中和强化的作用。苏格拉底认为,以复数形式谈论"智慧"或"德性"(sophia, aretē)是一个根本的错误。他断然否认有杂多的知识或杂多的德性。

智者派曾宣称,有多少类型的人就有多少种"德性"。既有适于男人的善,也有适于女人的善;既有适于儿童的善,也有适于成人的善;既有适于自由民的善,又有适于奴隶的善。苏格拉底驳斥了上述观点。

倘若上述观点是真实的,那么人的本性自身就会产生分歧,而变成多种多样的,不协调的和分裂的了。这种分裂与不和谐怎样才能成为一种真实的同一呢?在柏拉图对话集《普罗泰戈拉篇》中,苏格拉底问道,难道德性的组成也像自然事物的组合(如嘴、鼻、眼、耳是人的面孔的部分)一样吗?难道人只能具有一种德性(如勇气、公正、节制和崇高),而不能具备作为整体的德性吗?① 智慧与德性是没有部分的。假如我们把它们打成碎片,也就毁坏了它们的根本性质,我们必须把它们当作一个不可分割的整体去理解。

苏格拉底与智者派的根本差别也表现在他们对神话思想的不同态度上。倘若我们从他们的外表来评价似乎是这样的,但是我们最终还将在他们二者的思想中找到一个联结点。无论他们如何针锋相对,他们总是为了一个共同的原因在相互争斗。他们都不得不批判和净化希腊流行宗教的传统观念。只是在这场战争中,他们的战略是大相径庭的。智者派创造了一种作为理性的"解释"新方法。在这一领域中,他们再次证明了他们思想的多样性和适应性。他们变成了一门新艺术的鉴赏家,用这门艺术对寓言进行注释。运用这种艺术,任何神话,无论它如何怪异,都能直接译成一种"真理"(关于自然或道德的真理)。② 然而,苏格拉底驳斥并嘲弄了智者派的这种遁辞。他所关心的问题不同于智者派的问题,并且更为严肃。在柏拉图的对话集《斐德诺篇》(*Phaedrus*)的开头,就叙述了在一次散步中,苏格拉底和斐德诺是如何走到伊利索斯(Ilissus)河畔的一个美妙的地方的。斐德诺询问苏格拉底,这是不是一个古老的传说中玻瑞阿斯(Boreas)掠走俄瑞堤伊亚(Oreithyia)的地方?又问苏格拉底是否相信这个故事的真实性。苏格拉底回答说,

---

① 柏拉图:《普罗泰戈拉篇》,329D,E。
② 同前书,第一章,第6页。

第五章　早期希腊哲学的"逻各斯"与"神话"

假如我也像聪明的人（智者）那样怀疑的话，我就不会这样苦恼了。我可以很容易地解释清楚这个问题。就是说，当俄瑞堤伊亚正与她的同伴们嬉闹时，被玻瑞阿斯的一阵狂风（北风）吹下岩石，她昏死过去并被玻瑞阿斯席卷而去。

但是，斐德诺，我想这种解释一般来说虽很美妙，却毕竟只是一个非常机智而勤勉，但又不值得羡慕的人的虚构故事。倒不是因为其他缘故，而只是因为在这之后，他还必须解释肯陶洛斯（Centaurs）的形象，然后再解释喀迈拉（Chimaera）的形象，并且要解释困扰他的一大群这样的家伙，如女妖戈耳工、佩格斯（Pegas），以及众多陌生而荒诞的东西。如果有人不相信这些东西，用一种素朴的智慧去解释每一种与或然性一致的东西，他就需要大量的闲暇。而我是毫无闲暇的；我的朋友，原因是这样的：我迄今尚未能够像德尔斐神谕所昭示的那样认识自己。所以对我来说这是很荒谬可笑的，因为我还未理解这句话就来考察那些不相关的东西，对于这些东西，以及接受这些东西的传统信仰，我都是不屑一顾的。正如我刚才所说的，除了我自身之外，我不考察这些东西。我只想知道我自己是不是一个比提丰（Typhon）更复杂更狂烈的畸形怪物；或者是不是一个更文雅更单纯的被造物，大自然赋予这些被造物以神圣而静谧的命运。①

正如苏格拉底的最伟大的追随者所理解和界说的那样，这就是他的真正的方法。我们不能通过对诸神业迹的古老传说的任意改变或重新解

---

① 柏拉图：《斐德诺篇》，229C 以后；H. W. 福勒英译本，露白经典丛书，哈佛大学出版社，剑桥大学，马萨诸塞州理工学院，一九三三年第一卷，第421页。

释，来使神话"理性化"。所有这些都是虚妄不实的，徒劳无益的。为了征服神话的力量，我们必须找到并不断完善那种"自知"的新的积极力量。我们还必须学会从伦理而非神话的角度去观察人性整体。神话可以教会人许多东西，但在苏格拉底看来，它却没有回答一个唯一的问题：关于善与恶的真实问题。唯有苏格拉底的"理性"（Logos），唯有他的"自我审视"的方法，才能达到对这个基本的也是最高问题的解答。

第六章 柏拉图的《理想国》

构成希腊文化的所有对智慧的爱全都保存在柏拉图的学说中，但是它们都不是以其本来的面貌出现的。它们经柏拉图的天赋塑造，以一种崭新的形态出现。在柏拉图关于"存在"的理论中，他追随爱利亚学派的思想家们。他总是以一种极为敬畏和崇尚的心情谈起"巴门尼德先父"。然而，这并不妨碍他以一种最严厉、最尖刻的方式来批判爱利亚学派的基本的逻辑原则。在柏拉图关于人的灵魂的学说中，他再次回到毕达哥拉斯和俄耳甫斯教①的灵魂概念。不过，我们不能同意欧文·罗德的观点，他认为柏拉图只是简单地"追循着早期神秘论者的足迹"，并从这些先行者那里汲取了他关于不朽的理论。② 事实上柏

---

① 俄耳甫斯教：相传为希腊神话中的诗人俄耳甫斯创立的一种宗教，它崇拜酒神狄奥尼索斯，是一种神秘主义的教派。——译者注
② 欧文·罗德：《心理》，第468页以后。

拉图在发展他建立在理念论基础上的思想时,已不得不修改了毕达哥拉斯学派关于灵魂的定义。① 柏拉图思想上的这种独立性还表现在他对待苏格拉底的态度上。柏拉图是苏格拉底最虔诚、最忠实的学生,他既接受了苏格拉底的方法,也接受了苏格拉底的基本伦理思想。但是,即使在他思想的第一个时期,也即所谓的"苏格拉底对话"时期,就已存在着一个不同于苏格拉底思想的因素。苏格拉底曾试图让柏拉图相信,哲学必须从人的问题开始。但是在柏拉图看来,如果我们不拓宽哲学研究的领域,就无法回答苏格拉底的问题。只要我们把自己禁锢在人的个体生活的界限之内,我们就不能发现一个关于人的确切的界说。人的本性是不会在这种狭隘的范围内暴露其真面目的。因此,写在个体灵魂上的"小写符号"几乎都是晦涩难读的,唯有以人的政治和社会生活的"大写字母"表达,我们才能够读懂它们。这一原则是柏拉图的《理想国》的立足点。② 从此,关于人的全部问题都被改变了:政治学被宣布为通向心理学的一条路径。对于起源于征服自然的尝试并通过寻求伦理生活的理性规范和准则而延续至今的希腊思想的发展来说,它无疑是最终的决定性的步骤,终于达到了一种关于国家的理性学说的新的基点。

柏拉图本人的思想发展也反映了上述这些不同的阶段。在最近的一些文章中,对于柏拉图哲学的真正的特征,表现了极为歧异的观点。有一派学者确信,柏拉图首先是一个形而上学家和一个辩证法家。他们把柏拉图逻辑学作为中心,即作为柏拉图体系的核心;另一派学者则强调一种相反的观点,他们指出,从发端的意义上讲,柏拉图对政治和教育

---

① 柏拉图:《斐多篇》,85E 以后。
② 《理想国》,第 368 页。

的兴趣是他哲学的主要动机和伟大的建造力量。① 沃勒·耶格在他的《教育》中，严厉批判了前一种观点。耶格认为，既不是逻辑学，也不是知识学，而只有"政治学"（politeia）和"教育学"（paideia）才应当被看作柏拉图著作的两个聚焦点。耶格说，《教育学》不仅是联结柏拉图著作的外在的链条，它还构成了柏拉图著作的真正的内在同一。在这一方面，与十九世纪的实证主义相比，卢梭对柏拉图《理想国》的理解更为真实。卢梭认为不能望文生义地把这部著作看成一个政治学系统，而是第一部论教育的著作。②

在这里，我们无须深入这场论争的细节。为了寻求正确的答案，我们应该把柏拉图的个人兴趣与他的哲学兴趣区分开来。柏拉图属于一个在雅典的政治生活中起着相当重要作用的贵族政治团体。青年时代，柏拉图踌躇满志，一心想成为雅典城邦的领袖。但是当他第一次遇到苏格拉底之后就放弃了这种打算。从那时起，他开始研究辩证法，并深深地沉醉于他新的使命，以致他似乎曾一度忘却了所有的政治问题，抛弃了他的全部雄心。然而，也恰恰是辩证法本身把他引回政治学。柏拉图开始意识到，只要人对待主要的问题仍然是盲目的，对于政治生活的性质和范围缺乏一种真正的洞察的话，那么，苏格拉底关于"自知"的要求就无法达到。个体的灵魂是维系于社会本质之上的。我们不能把一个人与另一个人分离开来。私人生活与公众生活是互相依赖的。如果后者是恶劣的、腐败的，则前者也不可能完满地达到它的目的。柏拉图在他的

---

① 第一种观点，我参阅了保罗·拉托普的《柏拉图的理念学说》（*Platos Ideenlehre*），莱比锡，一九〇三年。第二版增加了一条重要的附录，莱比锡，费利克斯·迈纳，一九二一年。第二种观点，参阅了T. 斯滕泽尔的《作为教育家的柏拉图》（*Platon der Erzieher*），莱比锡，费利克斯·迈纳，一九二八年；以及沃勒·耶格的《教育》，第二卷，纽约，牛津大学出版社，一九四三年。

② 耶格：引同前书，第二卷，第200页和第400页以后。

《理想国》中,对于把个人置于一种邪恶的腐化的状态中的全部危险的描述给人印象极深。"好的变坏,坏的更甚"(Corruptio optimi pessima)——这就是说,即使最好的,最高贵的灵魂也特别易于行恶。

> 我们都对此深信不疑,即任何种籽或生物,无论它是植物还是动物,它如找不到适当的养料、气候或土壤,那么,它越有生命力,就越缺乏应有的性质。邪恶对于善比对于冷漠,更为有害。因此,恶劣的教养条件尤其不适合于最优秀的品性,并且在这种恶劣的条件下,最优秀的品性比那些无价值规则的品性将变得更坏……正因如此,我们设定哲学家也应具有这样的品性:如给予正确指导则必然茁壮成长;然而如果没有适当的培养条件,植物也将变成莠草,除非发生某种奇迹,否则必然如此。①

这就是柏拉图基本的洞见,通过它,柏拉图由他最初对辩证法的研究,返回到他对政治学的研究。如果我们不从变革国家开始,我们也就不能指望变革哲学。倘若我们想要改变人的伦理生活,上述方法是唯一的途径。寻找正常的政治秩序,是首要的也是最紧迫的问题。无论如何,我不能接受耶格的观点,即把柏拉图的《理想国》看作"哲学家的真正家园。"② 如果《理想国》意味着"早期的国家",那么这种判断在柏拉图那里是矛盾的。与圣·托马斯·奥古斯丁一样,柏拉图也把哲学家的家园看作是"神圣的国家"(the civitas divina),而不是"尘世的国家"(the civitas terrena)。但是柏拉图不允许这种宗教倾向影响

---

① 《理想国》,第 491 页,F. M. 康福德英译本,牛津大学出版部印刷所,一九四一年,第 194 页。

② 耶格:引同前书,第 258 页以后。

自己的政治判断。他之所以成为一个政治思想家和一个政治家,并非出于个人的爱好,而是由于自己的义务。他向哲学家们的心灵反复灌输这种义务。如果他们遵循自己的道路,那么,与对政治生活的喜好相比,他们对思辨生活的热爱将更为炽烈。但是,一旦有必要,他们一定能被召唤到世俗世界,并参加国家生活。一个不断地与神圣的秩序持相反意见的哲学家,是不容易屈就返回政治活动的。

>一个凝神于真正实在的人,无暇顾及人间杂务,参与世人争吵,或染疾于世人的妒恨。他沉思着一个没有变动而只有和谐秩序的世界。在那里,理性驾驭一切,其他东西均无能为力……所以,与神圣的世界秩序协调一致的哲学家因在其心灵中再现那个秩序(就人力所能及而论)而神圣化……并且,倘若他自知必须在自身之外塑造另外的特性,必须形成公众生活与私人生活的范型,这种范型与他的理想相一致,那么他将不再缺乏产生这样的摹本(节制、公正,以及一个普通人所能具有的种种美德的摹本)的能力。①

在柏拉图思想中,两种倾向的冲突从未解决:一种是企图超越感性世界的全部限制;另一种则引导他返回这个世界,以便组织这个世界并把它纳入理性的规则。在柏拉图的一生中,我们没有发现有上述两种力量之一曾一度战胜另一方这样一个时期。它们始终存在着,互相补充,彼此争斗。即使当柏拉图写完《理想国》已成为一个政治改革家之后,作为一个形而上学家和伦理思想家,他从不感到自己完全生活于世俗国

---

① 《理想国》,第500页;康福德英译本,第204页。

家的家园中。他看到所有必不可免的邪恶，以及人类社会秩序的内在缺陷。柏拉图在《泰阿泰德篇》中说，要想根除这种邪恶是不可能的，因为总要有某种与善相对立的东西。另一方面，恶在神灵中没有立足之地，于是必然附着于人类本性和世俗社会中。"因而，我们应努力逃离这里，尽快地到达神灵所在之处；所谓逃离也就是像神一样，就此而言，是可能的；所谓像神一样，也就是成为正义的，神圣的和智慧的。"① 但是，尽管柏拉图深切地渴望"神秘的统一"（uniomystica），即人的灵魂与神的完全统一，然而他从未成为一个像普罗提诺（Plotinus）和其他新柏拉图学派的思想家那种意义上的神秘主义者"在他的思想中，始终存在着一种与他的神秘主义情感相抗衡的力量。"② 柏拉图根本不承认有所谓的神秘的"狂喜"状态（通过它，人的灵魂便能与神灵达到直接的同一）。最高的目标，即关于善的理念的知识是不能通过这种方式达到的。它需要一种精心的准备和有条不紊的缓慢登攀。这一目的是不能一蹴而就的。最完美的善的理念不是人的心灵突发的"入神"所能窥视的。为了能够看见并理解它，哲学家只能选择"漫长的道路"，③ 这条路将引导他从算术到几何学，从几何学到天文学，从数学到辩证法。④ 这些中间步骤一个也不能省略。柏拉图的神秘的思想既受到他的逻辑思想，也受到他的政治思想的审查。他的逻辑思想为他规定了一个确定的秩序——即一个有规律的上升与下降。他的伦理学和

---

① 《泰阿泰德篇》，第二卷，176A；福勒英译本，露白经典丛书，第128页以后。
② 关于柏拉图主义和神秘主义之间的关系，可参见恩斯特·霍夫曼的《柏拉图主义和古代的神秘主义》（*platonismus und Mystik im Altertum*），《海德堡科学、哲学—历史学院会议报告》，一九三四至一九三五年两期论文集，海德堡，卡尔·温特斯大学出版社，一九三五年。
③ 《理想国》，504B。
④ 同上，第525页以后。

政治学则命令他不断地从"神圣国家"回首人类的世俗国家，完成这个命令并关心它的种种需求。

正是这条"绝对律令"即为了秩序和尺度的命令，决定了柏拉图对待神话思想的态度。这一基本倾向的最清晰的表达可以在他的对话集《高尔吉亚篇》中发现。正如柏拉图所指出的那样，逻各斯、法理、秩序（logos, Nomos, Taxis）与理性、法规、次序（Reason, Lawfulness, Order）的三位一体，既是物理世界的第一原则，也是伦理世界的第一原则。正是这种三位一体构成了真、善、美。这种三位一体既表现在艺术中，也表现在政治中；既表现在科学中，也表现在哲学中。如果发现一座房子符合规则，排列有序，它就是一所好的，美的房子；如果规则与次序出现在一个人的身体中，我们就称它为健康或强壮；如果它出现在一个灵魂中，我们则称它为节制（sōphrosynē）或正义。每一事物的德性，无论它是一个器具的或是一个身体的德性，无论是一个灵魂的或是一个生物的德性，其获得都不是偶然的，都只能通过分给每一事物的某种适度或艺术的秩序才能达到。"并且，有智慧的人告诉我们，天堂与尘世，神灵与人可以通过联合和友谊，通过秩序、节制和公正而同一起来。这就是为什么他们要用'宇宙'（kosmos）这个名称，而不用混乱或无序的名称来称呼这个世界的原因。"这条普遍秩序的原则以一种清晰而明显的方式表现在几何学中。在这里，它是通过"几何学等式"，或构成一个几何体的各种因素之间的恰当比例的概念表达出来的。[①] 我们只需要把这条原则从几何学中转移到政治学中，就可以发现国家真正的构成。柏拉图从未把政治生活看作是一个孤立的领域，或是存在的一个部分。在政治生活中，他发现了支配整体的同样的基本原

---

① 《高尔吉亚篇》，506E 以后；W. R. M. 兰姆英译本，露白经典丛书，第 467 页以后。

则。政治秩序是普遍秩序的一个唯一的,并且是最富特色的象征。

这就把我们直接引向柏拉图对神话思想进行批判的核心。初看起来,柏拉图关于一般的希腊宗教的观点似乎并无独创之处。他所说的一切,自希腊哲学产生以来,就已被重复过多次。他只是简单地重述色诺芬的论点,即认为神妙的自然的基本品性在于它的美德与同一。① 不过,他也增添了一个新的富有特色的性质。他坚持认为,人如果找不到一个真实的,更加充分的关于神灵的概念,他就不能希望赋予他自己的世界以秩序和规律。只要我们仍然以传统的方式来想象神灵,认为它们互相争斗,彼此欺诈,那么城邦的居民们将永远摆脱不了谬误。因为人所见到的神圣,仅仅是他自己生活的一个投影。反之亦然,我们在国家的本性中看到人的灵魂的本性:我们根据自己关于神灵的概念而构成我们的政治理想。一个事物包含并决定另一事物。对一个哲学家即国家的立法者来说,从这一点开始他的工作是极为重要的。柏拉图所采取的第一个步骤就是用他所描述的最高知识,即"善的理念"来取代神话中的神灵。

上述思想说明了柏拉图的《理想国》最自相矛盾的特点之一。柏拉图对诗歌的攻击总是给他的批评家和注释者们设置了一块绊脚石。这种攻击不仅在事实和风格上,而且在位置上,都是奇怪的,异乎寻常的。不可能有任何一个现代作家会考虑把他对诗歌和艺术的异议来付诸对政治的研究。在这两个问题上,我们看不到有丝毫联系。但是,倘若我们能够注意到神话问题的联系,则上述两个问题的联系就较明显了。当然,我们不能把柏拉图看作诗歌的敌人,他是哲学史上最伟大的诗人。他的许多对话录,如《斐多篇》、《宴饮篇》、《高尔吉亚篇》和

---

① 《高尔吉亚篇》,第 55 页以后。

《斐德诺篇》，就它们的艺术价值而论，并不逊色于伟大的希腊艺术作品。即使就《理想国》本身来说，柏拉图也常常情不自禁地流露出对荷马史诗的热爱与敬仰。不过，柏拉图在这里不再是作为个人来说话，他不让自己受个人偏爱的左右；他是作为一个评价和判断艺术的社会价值和教育价值的立法者来说话和思想的。苏格拉底与阿德曼特（Adeimantus）谈话时说："你和我都不是诗人，而是城邦的建立者。作为建立者，亲自来著书立说并不是我们的职责。我们的职责是弄清主要的宗旨，以便让诗人们在创作他们的作品时有据可依，并且不允许他们超越一定的界限。"① 那么，不允许诗人，无论是叙事诗人，抒情诗人，还是悲剧诗人，超越的那些界限是什么呢？柏拉图反对和拒斥的并不是诗歌本身，而是它的虚构功能。但是这二者无论是对他还是对其他希腊人来说都是不可分割的。早从远古时代起，诗人们就已经是真正的神话创造者了。正如希罗多德所说，荷马与赫西俄德已经创造了几代神灵。他们描绘了这些神灵的形态，区别了它们的职责和权力。② 柏拉图的《理想国》在这里遇到了真正的危险。承认诗歌也就意味着承认神话，除非挫败所有的哲学努力并破坏柏拉图的国家学说的基础，否则神话是不可能得到承认的。但是，仅仅把诗人驱逐出理想国，哲学家的国家就能够防备那些敌对的、颠覆力量的侵害吗？柏拉图并没有完全禁止住神话故事，在对儿童教育的意义上，他甚至承认它们是必不可少的，但是它们必须受到严格的控制。从现在起，它们将由一个更高的"善的理念"的尺度来衡量。倘若这个理念是神性的根源和核心，那么神是罪恶的创造者这一概念也就变得荒谬了。无论是在诗歌还是在散文中，这样的概念不再有人说，不再有人唱，也不再被人听见了。它被宣布为亵渎

---

① 《理想国》，379A，康福德英译本，第69页。
② 希罗多德：《历史》，第二卷，第53页。

神灵的、自相矛盾的,并且对共和国来说是灾难性的。①

但是所有这些仅仅表述了柏拉图论点的否定的方面。那么,对于迄今一直决定着希腊生活和文化的伟大而崇高的力量的补偿又是什么呢?他将用什么来取代荷马,希罗多德、平达(Pindar)和埃斯库罗斯的作品呢?的确,损失似乎是不可弥补的。企图与《伊里亚特》(Iliad)和《奥德赛》(Odyssey)以及伟大的希腊悲剧相竞争,这似乎是一个注定要失败的尝试。然而,柏拉图毫不退缩,因为他拥有一个远比所有先前的希腊理想更为优越的新观念。

早在柏拉图之前,就已经出现了一些被改革国家的愿望所鼓舞,并具有极深厚的政治智慧的希腊思想家和政治家。在这意义上,梭伦(Solon)可以被称为"雅典政治文化的伟人。"② 把柏拉图与这些政治思想先驱者们区分开来的,并不是他作为问题本身而提出的那些如此众多的答案。至于答案,我们可以严加批判。柏拉图自以为是永恒的、普遍的学说,许多特点现在很容易被看作是偶然的,它们有赖于希腊社会生活的特殊条件。柏拉图关于人的心灵的三种划分和相应的社会阶层的划分,以及他关于财产共有或妻子、儿童共有的观点,所有这些都遭到了严厉指责。但是所有这些指责,都不能贬低他的政治著作的基本价值和功绩。它的伟大全赖于柏拉图所指出的新的理论前提。这一理论前提是令人难忘的,它奠定了整个政治思想的未来发展。

柏拉图是从正义这一概念的定义及其分析,开始他对社会秩序的研究的。国家除了作为正义的管理者而外,没有任何别的或更高的目标了。但是,在柏拉图的语言中,正义这一概念在同一篇谈话中的含义并不完全相同。它具有更深刻更广泛的意义。正义与人的其他德性不是建

---

① 《理想国》,380;康福德英译本,第70页。
② 耶格:《教育》中关于"梭伦"的章节,第134—147页。

立在同等水平上的。它不像勇敢或节制一样，它们只是一种特性或品格，而它是秩序、规则、统一和合法的一般原则。在个人的生活中，这种合法性与人的心灵的全部力量是和谐一致的。在国家之内，它表现为不同阶层之间的"几何对称"，根据这种对称，社会实体的每个部分都接受它的应得权益，并协助维护整体秩序。这个概念使柏拉图成为"法治国家思想"的奠基人和第一个捍卫者。

倡导一种国家"理论"，不是把它看作一种关于杂多材料的知识，而是把它看作一个系统的思想体系，柏拉图是第一个人。公元前五世纪，政治问题是理智兴趣的中心，越来越多的"贤明之士"（即智者）想成为政治的贤人。所有著名的智者都把他们的学说当作最好的，也的确是走进政治生活的必不可少的敲门砖。在柏拉图的对话集《普罗泰戈拉篇》中，普罗泰戈拉说："愿意听我话的人，将学会管理他自己的家园，并且在国家事务中，他将最具有演讲和实践的才能。"① 早在柏拉图之前，"最好的国家"已经是一个争辩激烈的问题了。但是柏拉图对这个问题毫无兴趣。他所探询的不是最好的国家，而是"理想的"国家。这是一个本质的区别。强调经验与理想真理之间的根本区别，是柏拉图知识理论的首要原则之一。经验充其量只提供关于事物正确的意见，而不是真实的知识。"意见"（doxa）和"知识"（episteme）两者之间的差别是不可消除的。事实是多样的、偶然的；真理是必然的，恒常的。在一定意义上，当一个人对于某些政治事件已经形成一种正确的意见，并且他具有一种自然的秉赋（用柏拉图的话来说，这种秉赋是神的恩赐），那么他就可以成为一个政治家。然而，这并不能使他作出一个确定的判断。因为他没有任何"因果的理解"。②

---

① 柏拉图：《普罗泰戈拉》，318E。
② 柏拉图：《美诺篇》（Meno），97A 以后，99E。

第二编　政治思想史上反神话的斗争

根据这一原则，柏拉图必须拒斥所有改革国家的纯粹实践的尝试。他试图进行一项完全不同的工作，即他必须"理解"国家。他所要求的以及所寻找的，不是关于人的政治和社会生活的分散杂多的事实的堆积和经验的研究，而是能够理解这些事实，并使这些事实具有一种系统化的统一理念。他确信，如果没有这样一种思想的统一原则，我们实践的全部尝试都将注定失败。必须有一种政治的"理论"而不是要一种实践，即由纯粹的经验所规定的日常事务。① 所有缺乏逻辑和概念基础的单纯经验都被柏拉图宣布为是虚妄不实、徒劳无益的。② 当一个人没有认识到他的第一原则时，他的行为结果便由他所不知道的东西产生，那么，他如何思考这种习俗的结构并能成为科学呢？③ 柏拉图在他的《高尔吉亚篇》中说到，真正的政治与通常的政治实践和日常事务是不同的，正如烹调不同于医学一样。烹调完全以一种非理论的形式发挥作用，相反，医学却已经考察了它所医治的对象的特性和发病原因，并能逐一加以说明。④

这种对"原因"（aitiai）和"第一原理"的迫切要求是柏拉图的根本变革。就个人和实践而言，我们不能说他的变革是根本的，我们可以把他看作一个保守主义者，甚至可以指控他是个"反动分子"。但这不是问题的根本所在。柏拉图的变革是一场理智的，而非政治的革命。他不是从对某种特殊的政治制度的批判开始他的工作。在他的《理想国》中，对于政府的所有不同形式，以及与这些形式相适应的"人"的精神态度的不同形式，为我们提供了一种系统的考察。不仅存在着雄心勃

---

① 参见经验（empeiria）和理论（technē）的区别，《理想国》，409B；《高尔吉亚篇》，465A 以后，501A。
② 《宴饮篇》（*Symposium*），203A；《理想国》，496A，522B 以后。
③ 《理想国》，533B。
④ 《高尔吉亚篇》，501A。

勃的本性、寡头政治的本性，而且存在着民主政治的本性和专制政治的本性。并且每一种本性都与一种特殊的制度相适应，即相应地存在着荣誉政治（timocracy）、富豪政治（plutocracy）、暴民政治（ochlocracy）和暴君政治（tyranny）。① 所有这些政治都决定于一定的规则，每一种政治制度，都有它的美德和罪恶、优点和缺陷；都有它的建立原则和导致它衰败的内在缺陷。在这种关于政治制度兴衰的理论中，柏拉图是作为一个政治现象的敏锐观察者而说话的。他的描述是一种非常"现实的"说明。他毫不掩饰个人的偏爱与反感。然而所有这些都没有影响或模糊他的判断。他只是拒绝并诅咒一件事情：即暴虐的心灵和专制的国家。这二者对于他来说，是最恶劣的腐化与堕落。至于其他政治制度，他则详细而深入地加以分析，显示了一个完全坦率的心灵。他强调雅典民主政治的所有缺点。但在另一方面，他并未把斯巴达人的国家看作一个真正的典范。他所寻求的典范远远超越经验的和历史的范围。没有任何一种历史现象适合于他的国家的理想模型。因为，正如他在《斐多篇》中所说的："祈望存在"并非就能真正达到存在，现象是永远不能等同于它的原始模型的。② 柏拉图从来不曾想过把一个既成的经验事实与他的法治国家（正义国家）的思想放于同等的水平上。那样的话就意味着对柏拉图学说的基本原则的否定。在他的《法律篇》某节中，柏拉图宣称，提特（Tyrtaeus）赞扬斯巴达人英勇的理想诗歌应当重写。对军队勇敢的美化也应当被对更崇高的事物的赞美取代。③ 耶格说："尽管柏拉图对斯巴达极为推崇，并且尽管他从这个城邦中获益不小，但是，他的教育国家的确不是对斯巴达城邦的理想敬仰的极点，相反却

---

① 参阅《理想国》，第543页以后。
② 《斐多篇》，74D。
③ 《法律篇》，第665、666页。

是这一理想所曾遭受过的最严厉的打击。这是对它的弱点的一个先知的预见。"①

如果我们注意到,柏拉图不得不以不同于其他的政治改革家的方法去解决这个问题,那么,一切都变得易于理解了。他不能简单地用一种或更好的一种政治体制或政府形式来取代另一种。他必须在政治思想中提出一种新的方法和新的前提。为创立一种国家的理性学说,他必须打碎神话的权威。正是在这个问题上,柏拉图遇到最大的困难。在一定意义上,如果他不超越自己并逾越自己的局限,就无法解决这个问题。柏拉图感受到了神话的全部魅力。他具有一种强烈的想象,这种想象促使他成为人类历史上最伟大的神话创作者之一。因此,我们若不了解柏拉图的神话,也就不能了解柏拉图的哲学。在这些神话中,如"超神圣地域"、地穴中的囚徒、灵魂对其未来命运的选择,以及死后的审判等,柏拉图表达了自己关于形而上学和直觉的最深邃的思想。并且,他最终给他的自然哲学完全赋予一种神话形式:在《蒂迈欧篇》(*Timaeus*)中,柏拉图介绍了"造物主"(demiruge)的概念,善恶世界灵魂的概念,以及世界的双重创造的概念。

同一位思想家,当他发展他的政治学说时,能以另一种完全不同的思路轻易地将神话概念及神话语言融入他的形而上学和自然哲学中,这将如何解释呢?因为在这一领域,柏拉图已经公开宣称他是神话的敌人。他认为,如果我们在我们的政治体系中宽恕神话,那么,我们重建和变革我们的政治生活和社会生活的全部希望就将落空。我们只能在国家的伦理概念或神话概念中作出选择,二者必居其一。在法治国家中,在正义国家里,神话学概念,荷马和赫西俄德的神灵们是没有任何席位

---

① 耶格:引同前书,第二卷,第 329 页以后。

的。"当我们的孩子听了不管什么样的人胡乱编造的故事,并把这些故事接受进他们的思想观念中,而我们却认为这些东西必然与他们成人后所应具有的思想观念相矛盾时,我们能容忍吗?不,决不能这样。因此,我们首要的职责看来是监督寓言和故事的制造,抵制所有不能使人满意的东西。并且,我们应该引导保姆和母亲们把那些已经核准的故事告诉孩子们,以此来塑造他们的心灵;而不是像她们现在所做的那样,仅关心孩子身体的发育,使他们长得强壮些、匀称些。"如果我们不断地描述着天上的战争、诸神间的相互暗算和拼杀、巨人的竞斗以及诸神和英雄们与其亲属朋友之间的不可胜数的勾心斗角的话,那么,我们将永远不能在我们自己的人类世界中发现秩序、和谐与统一。①

这种思想产生了另一个重要的结果。如果我们抛弃神话中的诸神,我们仿佛突然间失去了根基。我们将不再生活于充满活力的传统的社会生活气氛中。在全部原始社会中,传统是至高无上、神圣不可侵犯的法则。神话思想不承认任何其他的或任何更高的权威。② 这里所具有的至上的崇高,用席勒在《华伦斯坦》中的话来形容就是"永恒的昨天":

> 它曾经是什么,也将永远是什么,
> 今天合用了,明天依旧可以济事。③

打碎"永恒的昨天"的力量变成了柏拉图政治理论的最主要的基本任务之一。不过,在这里他还得克服最顽强的抵抗。即使在现代哲学中,并且即使理性主义已取得伟大的胜利,我们仍然常常看到,传统和

---

① 《理想国》,第377页以后;康福德英译本,第67页以后。
② 同上,第四章,第37页以下。
③ 席勒:《华伦斯坦之死》,第一幕第四场,科尔里奇(Coleridge)译。

习俗是政治生活的重要组成部分和必不可少的条件。黑格尔在研究自然权利的科学方法的论文中说："对人的自我德性的期求是无效的，并且就其本性来说，也是不可能达到的。关于德性，古代伟大的智者的格言是唯一真实的真理，所谓道德也就是与一个国家的道德习俗相一致的生活。"① 如果这是真实的话，我们就不能把柏拉图看作古代的最智慧者。因为他不断地反驳并攻击这种观点，他宣称：把我们的道德生活和政治生活建立在习俗之上，犹如把它们建立在流沙上一样。柏拉图在《斐德诺篇》中说，不管是谁，如果他仅仅信赖传统的力量，或仅仅按照惯例和常规行事，那么他的行为就像一个盲人走路一样。并且，毫无疑问，一个努力研究科学方法的人不应像盲人或聋人。他应该有一颗"北极星"，即他的思想和行为应当有一条指导原则。② 而传统却起不到这种作用，因为它本身是盲目的，它所遵从的是那些既无法理解，也不能证明是正当的规则。传统中的盲目信仰不能成为一种真实的道德生活的标准。柏拉图在《斐德诺篇》中，以一种轻蔑和讥讽的口吻谈到那些人：他们自以为他们只要接受全部的道德传统规则，并谨慎地遵循已成文的法则，就是正当的和合法的。他认为，这些人只是一些温驯的、中庸的、无害的动物，从更高的和真正有意识的道德观点来看，他们没有多少价值。如果我们接受神秘主义和毕达哥拉斯派的灵魂转世的教义的话，并且如果我们认为，人死后，他的灵魂将要被置入与他的前世行为相适合的动物体内，那么，我们必然会说，那些曾经选择了非正义、暴虐和抢劫的人将投胎于狼、鹰和鸢的躯壳内。相反，那些曾经服从传统的道德规则，服从于本性和习惯的人；那些曾经践履了社会和公民的

---

① 《黑格尔全集》（哲学版），第一卷，马哈茵艾克第二版，第389页。关于黑格尔思想的详细讨论请见第十六章。
② 柏拉图：《斐德诺篇》，270D, E.

美德的人，将会再次投胎于某些合群的、温和的物种，如蜜蜂、黄蜂或蚂蚁等。①

无论怎样说，在柏拉图建立他的法治国家理论之前，仍然还有另一个障碍要清除，还有一个敌手需要战胜。他不仅必须同传统力量斗争，而且还要同一种与传统对立的力量，即抛弃一切习惯和传统的标准，从而把政治和社会的世界努力建立在一个全新的基础上的一种理论作斗争。"权力国家"的概念在所有的智者派学说中已变得十分盛行。但是，它总是得不到公开的承认和辩护，而只是得到一种普遍的感情上的和心照不宣的赞同，即被认为是唯一能够结束关于"最好的国家"的一切虚妄的、不必要的争论的概念。"强权就是正义"，这种论点是最简单的、最合理的和最根本的公式。它不仅合乎"贤明之士"或智者派的意愿，也合乎实践者，即雅典政治领袖的意愿。攻击并摧毁上述格言，是柏拉图理论的基本关注。

在《高尔吉亚篇》中，即在苏格拉底与考利克斯的对话中，柏拉图发起了第一次攻击；在《理想国》第一卷中，即在苏格拉底和斯拉雪麦格（Thrasymachus）之间的决斗中，他发起了第二次攻击。柏拉图并不试图削弱他的敌人的论点。相反，他却使它具有最强壮的力量和最充分的说服力。然而，正是通过把这种论点引向极端和顶峰而最终导致其自相矛盾。据说，柏拉图的方法是一种心理学的"归谬法"。他问道：各种愿望和情欲的本性及目标是什么？毋庸置疑，我们不会为希望而希望，我们祈求一定的目的，并努力达到它。这是无穷尽的权力意志的根本特性和本质。它永远不能停息，它具有一种难以遏制的热望。那些一生受情欲支配的人就像丹纳斯姊妹一样：她们努力向无底桶中灌

---

① 柏拉图：《斐多篇》，82A，B。

水。用柏拉图的话来说,权力欲望是根本的恶,被描述为"普尼厄莱克歇"(pleonexia),意为越来越多的欲望。这种愈来愈多的渴求超越并毁坏了所有的尺度。既然尺度、恰当的比例、几何的对称,曾经被柏拉图宣称为个人和社会生活健全的标准,那么它必然会导致权力意志。如果这种权力意志胜于其他所有的冲动,结果必然会导致腐化和毁灭。"正义"和"权力意志"是柏拉图伦理哲学和政治哲学对立的两极。正义是包括了灵魂的所有其他高尚品格的基本美德;而追逐权力的贪欲则产生所有根本缺陷。权力本身不能成为一个目的。因为只有当它导致一种确定的满足,导向和谐一致,才能被称为善的。没有任何其他思想家对权力国家到底是什么并意味着什么有这样一种清楚的洞察;也没有任何作家能像柏拉图在《高尔吉亚篇》中那样对权力国家的真正本质和品格,作出一种清晰感人的、深刻的描述。①

柏拉图哲学产生于两种不同的根源,这两种根源在他那儿汇集到一起而成为一条巨大的思想之流。从他开始作苏格拉底的门徒时起,他就接受了苏格拉底的观点,即认为"幸福"是每个人灵魂的最终目标。另一方面,他与苏格拉底一样,坚持认为"对幸福的追求"并不是对愉快的追求。二者截然对立,互不相容。希腊语的幸福是"福祉"(eudaimonia),它意味着具有一种"善的守护神"。对于苏格拉底的界说,柏拉图增添了一种新的特征。在他的《理想国》的结尾,关于灵魂对其来生的选择,他作了非常著名的描述。在这里,一种神话的动机转向其反面。在神话思想中,人被赋予一种善的或恶的守护神。在柏拉图的理论中,人也"选择"了他的守护神。这一选择决定了他一生以至来世的命运。人不再被置于一个超人、圣人或魔力的铁钳之下,他是一个

---

① 柏拉图:《高尔吉亚篇》,466B 以后。

承担全部责任的自由行为者。"过去是他选择的过失,而在天堂里是没有过失的。"① 柏拉图的福祉(eudaimonia)意味着内在的自由,是一种不依赖于外在境况的偶然的自由。在人的自我存在中,它依赖于和谐、"恰当的比例"。而"理性"是适中和节制的条件(sōphrosyne),唯有这种节制,才能给人的人格和全部行为以恰当的中庸。②

上述思想既是苏格拉底式的伦理思想,同时又远远超过了它。苏格拉底的理想被柏拉图移至一个崭新的领域,即政治生活的领域。根据柏拉图在个人灵魂与国家灵魂之间所构画的平行线,国家也置于同样的责任之下,这是十分清楚的。它不是接受命运,而是要创造命运。若想管理其他人,首先必须学会管理他自己。然而,这不是仅靠炫耀纯粹的物质力量就可达到的一个伦理目标。雅典的政治领袖们完全没有看到这一点,这是一个根本的错误。他们把国家的福利与它的物质福利等同起来,即使最伟大最高尚的灵魂如米尔泰底(Miltiades)或培里克里斯(Pericles),也犯了这样的错误。他们难以胜任国家管理和政治领导的真正使命。他们迷失了方向,因为他们未能"使市民们的心灵高尚起来。"③ 不仅个人要选择他的守护神,国家也要选择他的守护神。这就是柏拉图的《理想国》的伟大的革命的原则。只有选择一个"善的守护神",一个国家才能保住它的福祉,它的真实的幸福。我们既不能把这一最高目标的完成全然留待于时机,也不能希望通过幸运之神的偶然降临而实现。在社会生活中正如在个人生活中一样,思想必须处于主导地位,它必须为我们指引方向,自始至终把这条道路的全部过程照耀得通明透亮。一个国家的福利不仅仅是它的物质力量的增长。"愈来愈多

---

① 柏拉图:《理想国》,617;康福德英译本,第 346 页。
② 柏拉图:《高尔吉亚篇》,506C 以后。
③ 柏拉图:《高尔吉亚篇》,503B 以后。

的欲求"既对个人生活有害，也对国家生活无益。国家产生这种欲望之日，便是它的末日来临之时，领土的扩张、军事或经济力量强盛并优于其邻国，这些都不能使它免于毁灭。国家既不能通过军事的繁荣，也不能通过某种宪法而保护自身。书面的宪法，如果它们不是通过公民精神表达的，就没有真正的约束力。没有道义上的支持，一个国家的强大力量只会成为它的内在威胁。

上述思想表明，柏拉图的理论是一个不可分割的整体，在他的哲学准则中，我们找不到后来的思想家们所介绍的那种"特殊化"，他的全部著作都产生于同一模型。辩证法、知识学、心理学、伦理学、政治学，所有这些学科都被融为一个连贯的不可分割的整体，它们都表现了柏拉图哲学的特征，打上了他人格的烙印。这也适用于柏拉图对神话思想的态度。他依据他的辩证法概念和对这一概念的界说来反驳神话。在对话集《斐利布篇》（*Philebus*）中，柏拉图指出，无论什么事物都由两个不同的或对立的因素构成：即"界限"（peras）与"无限制的"或"不确定的"（apeiria）。正是由于辩证法联络了这两种对立的、极端的鸿沟：即对无规定加以规定，变无限为确定的尺度，为无界限制定界限。[①] 如果我们承认哲学与辩证法的这种规定，问题也就变得清楚了，即为什么柏拉图要把神话从他的理想国中驱逐出去，或从他的教育学中驱逐出去。在世界万物中，神话是最肆无忌惮的，最无约束的和最无节制的，它超越并否定所有的界限。就其本性与根基来说，它是放肆的、过分的。从人的世界和政治领域中消除这种无节制的力量是《理想国》的基本目的之一。柏拉图的逻辑学和辩证法教导我们如何使我们的概念和思想清晰化并系统化，以及如何对它们作出恰当而详细的区分。柏拉

---

① 柏拉图：《斐利布篇》，16D 以后。

图说，辩证法是依据事物的自然联系而将其分类的艺术，而不是以一个笨拙的雕刻匠的方法将事物分割为部分的艺术。① 伦理学教导我们如何控制感情，如何通过理性和中庸的美德来节制它们。政治学是统一并组织人的行为，指导它们达到共同目的艺术。由此可见，柏拉图在个人灵魂与国家灵魂之间的比较，决不意味着只是一种纯粹形象的说法或一种简单的类比；它恰恰表现了柏拉图的基本倾向：统一多样性将我们精神的混乱、我们期望和情欲的混乱、政治和社会生活的混乱，带进一种秩序，达到协调一致。

---

① 柏拉图：《斐德诺篇》，265E。

第七章　中世纪国家理论的宗教与形而上学的背景

柏拉图的法治国家学说已成为一种人类文化的不朽财富。它产生了一种深刻而持久的影响力，因为它既不受制于特殊的历史条件，也不受制于特殊的文化背景。在希腊的生活与政治瓦解后，它仍复活了下来。七个世纪以后，圣奥古斯丁以柏拉图遗留下来的同样方式提出了这个问题。他的著作的题目是以一种借喻的方式表达的，正如柏拉图在《理想国》中所说："有一种建立于天国中的模型，人们希望看见它，以为看见了它，就能够在自己居住的世界中也把它建立起来。至于这个模型存在于何处，以及是否永远存在，都是无关紧要的。因为这是人们能够参与其政治的唯一的共和国。"①

---

① 柏拉图：《理想国》，592；康福德英译本，第312页以后。

第七章　中世纪国家理论的宗教与形而上学的背景

不管怎样说，中世纪文化不是希腊思想的直接结果。随着基督教的兴起，出现了一种强大的力量，从那时起吸引着人类的全部理论和实践的兴趣。柏拉图的理想国超越了时间和空间。它既无"这儿"，也无"现在"。它是人类行为的标准和模型的一个"范例"。但是，它没有任何特定的本体论的位置，也没有任何现实性的地位。圣奥古斯丁不能接受这个结论，在基督教思想中，"理想的"世界与"现实的"世界之间不像在希腊思想中那样相互间发生关系。感觉经验的世界、变幻不居的现象世界不仅表示或模仿理智世界，而且是这种理智世界的一种结果和产物。在基督教中，柏拉图的"分享"（methexis）范畴变成了"创世说"（creation）和"肉身说"（incarnation）的教条。在奥古斯丁的学说中，柏拉图的理念变成了神的思想。与此相适应，全部古代哲学概念不得不经历一次根本的变化。奥古斯丁在《上帝之城》中与新柏拉图派的哲学家们交谈说：

> 你明白，我们透过帷幄而努力追寻的是依然如故的上帝之子的化身。通过这种追寻，我们得以拯救，并能达到我们所信仰的存在……这是你不愿承认的。你不过是以一种蒙眬的暗昧的眼光，去看我们所应该服从的国家；但是，你并不知道通向这个国家的道路……然而，为了让你明白这个道理，必须要有一种谦恭。而要使你折服是极为困难的……这是傲慢的恶习；对于一个博学的人来说，这是一种贬黜：即由柏拉图派变为基督的信徒，基督用他的精神教导一个渔夫去思考并说出："在万物初开之时，只有福音，福音与上帝同在，福音就是上帝"。①

---

① 圣·奥古斯丁：《上帝之城》，第十卷，第二十九章；M. 多兹英译本：《奥古斯丁著作集》，第一卷，爱丁堡，T. 和 T. 克拉克，一八七一年，第 423—426 页。

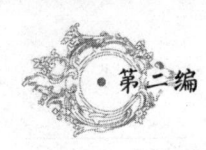第二编　政治思想史上反神话的斗争

这就是由基督教思想所产生的巨大的变化：从希腊的"逻各斯"过渡到基督教的"逻各斯"。奥古斯丁渴望另一个世界，它远远超越希腊理性文化的世界。甚至在理想国度里（正如柏拉图所描绘的那样），奥古斯丁都找不到一个可以归宿的基点。即使最完美的国家也不能满足我们的欲望。人的唯一真实的归宿在于上帝。奥古斯丁在《忏悔录》开头说："因为你创造我们是为了你，我们的心如不安息于你的怀中，便不会安宁。"（Fecisti nos ad te domine, et inquietum est cor nostrum, donec requie scat in te.）一个人精通一切人间事务，而不认识您，这是一种不幸。相反，不了解那一切，而仅仅认识您，却是一种幸福。① 在柏拉图学说中，人们不得不选择"漫长的道路"，即从算术到几何学，从几何学到天文学，再到声学和辩证法，以此来达到善的理念，并理解它的本质。② 奥古斯丁反对这种冗长迂回的道路，基督的启示告诉他一种更好、更明确的途径。他说："那必须被灵魂所追求的善，不是来自于我们的判断，而是与爱紧密相联的。那么，除了神以外，这个善又是什么呢？它不是一个善的心灵，也不是一个善的天使，更不是一个善的天国，而是作为善的善。"③ 不存在许多科学和智慧。只有一种智慧，在这种智慧中，包含着尚未显露的精神的无限财富，以及那些变动的可见事物的全部不可见的、永存的理由，正是它才创造了前者。④

因此，奥古斯丁与柏拉图的区别不在于一种哲学概念，而在于他对生活的观念。作为一个哲学家，奥古斯丁对柏拉图的著作极为崇敬。他说，"在苏格拉底的门徒中，柏拉图所展现的才华远远胜过其他人，并

---

① 《忏悔录》，第五卷，第四节，第七段。
② 《理想国》，521C—531C。
③ 《论三位一体》（De trinitate），第八卷，第三节多兹英译本，第七卷，第205页。
④ 《上帝之城》，第十一卷，第十节，第三段；多兹英译本第一卷，第450页。

第七章 中世纪国家理论的宗教与形而上学的背景

且无可非议地使他们黯然失色。"① 但是，奥古斯丁从未能成为一个"柏拉图主义者"。他对柏拉图著作了解甚少，他不懂希腊语，不能阅读原版的柏拉图对话录，他只是通过一种间接的途径——即通过西塞罗和新柏拉图学派的作家们这一中介知道了柏拉图的学说。② 而且，即使奥古斯丁熟悉柏拉图的全部著作，并仔细地研究过它，他也不会改变自己的判断。他宣称一切学术和哲学思辨，只要它不把我们引向一个最终的目标，即引向关于神的知识，那么它就毫无效用，其价值等于零。他说："我唯一想知道的，只是上帝和灵魂。除此而外，还有其他东西吗？绝对没有。"③

从某种意义上讲，这些话是理解整个中世纪哲学的关键。哲学是对智慧的爱。在中世纪体制中，有两种爱：一是对智慧的爱，一是对上帝的爱，二者是互不相关，彼此对立的。"对主的恐惧是智慧的开端。"当柏拉图试图规定并明确他关于正义的理想时，他所采用的是几何学术语。他把正义描述为"几何学的对称。"几何学对于他来说是"永恒的并且不变的。"几何学的真理不是任何人"制作"出来的：它只是"存在"。几何学是关于终极存在的知识，而不是关于那些变动易逝的事物的知识。④ 如果这种在伦理学与几何学之间的类比成立的话，我们就无法讲出伦理法则的起源，它们没有起源。它们一直是它们所是的那样，并且将永远如此。在这一点上，柏拉图与希腊思想及文化的总的趋向是完全一致的。柏拉图与伟大的古希腊悲剧诗人埃斯库罗斯和索福克勒斯

---

① 同上书，第八卷，第四节；多兹英译本第一卷，第310页。
② 恩斯特·霍夫曼：《奥古斯丁历史哲学中的柏拉图主义》，《哲学和历史》（论文集——献给恩斯特·卡西尔），牛津大学出版部印刷所，一九八六年，第173—190页。
③ 《独白》（*Soliloquia*），第一卷，第一节，第七段。
④ 《理想国》，527；康福德英译本，第238页。

一样,以他的哲学语言表达了同样的"信念"。"未成文的法律"、正义的法律在时间上是无开端的,它们从未被任何人也从未被任何神圣的力量所创造:

> 不在今天,不在昨天,它们依然故我,与永恒共存;它们从何而来,没有人知道。①

这个希腊永存不朽的、非人格的法的概念对于中世纪基督教思想家来说,既无法接受,也不能理解。从本质上讲,他们不关心思辨问题的解决。但在一定的理论意义上讲,他们仍可以说是希腊思想的继承者,如果没有希腊思想,他们也就无从获得灵感。他们的哲学观念和宗教思想的最深刻、最主要的来源就是犹太人的一神教。在希腊思想家们的"哲学的"一神教和犹太先知们的"宗教的"一神教之间,我们可以找到许多联结点。基督教思想家们总是坚持他们完美的和谐。马·菲省(Marsilius Ficinus)②总是说柏拉图是"雅典的摩西"(Attic Moses)。

然而,把摩西与柏拉图关于法的概念放在同等水平上是不可能的。它们之间不仅歧异颇大,并且是不可相比的。摩西的法在先前就假定了一个"法的颁布者",它启示法律,并保障其真理性、有效性和权威性,没有这个法的颁布者法律就会失去意义。这一观念,据我们发现,它渊源于希腊哲学。古希腊思想家们(如苏格拉底和德谟克利特、柏拉图和亚里士多德、斯多葛学派和伊壁鸠鲁学派)所发展的伦理体系,有一个共同的特征,即他们都表达了希腊思想的基本特征——"理性主

---

① 索福克勒斯:《安提贡尼》(诗文集),第456页以后;吉尔伯提·默里译,伦敦,乔治·艾伦和昂温,一九四一年,第38页。
② 马·菲省,文艺复兴时期意大利人文主义者。——译者注

第七章　中世纪国家理论的宗教与形而上学的背景

义"。正是通过理性思维，我们才能发现道德行为的标准，并且正是理性，也唯有理性才能给它们以权威性。与这种古希腊的"理性主义"相比，先知宗教则深深地打上了独断的"唯意志主义"的烙印。上帝是一个人，这意味着一种意志。单纯的论证和思想的逻辑方法无法使我们明了这个意志。上帝必定显现其自身，他一定会向我们说话，并昭示他的戒律。先知们否定通过其他方式与神联系。仅仅通过肉体活动、宗教仪式或纪念典礼的表演，人是不能与神相接触的。认识上帝的唯一道路是实行他的要求，与上帝联络的唯一途径不是祈祷或贡奉祭品，而是服从他的意志。耶利米（Jaremiah）① 说："这将是我使用以色列人家园的契约，我将要把我的法律放入他们的内部，并写在他们的心中。"② 弥迦（Micah）③ 说："啊，人啊，主已经向你昭示：什么是善，以及他向你要求什么。这就是：堂堂正正地行事，博爱仁慈，并谦卑地同你的上帝同行。"④ 这里的上帝不同于古希腊思想，他不是被看成理性世界的顶点和知识（关于善的知识）的最高对象。人必须懂得善恶，这来源于上帝自身和他的意志的启示，而不是来源于辩证法。

上述两种倾向的冲突渗透于整个经院哲学，并决定着从圣·奥古斯丁到托马斯·阿奎那的若干世纪的整个过程。如果我们追溯它们的历史起源：即在那源于希腊思想和精髓的思辨原理，与那源于犹太教和基督教启示的伦理和宗教的意义之间所保持的那种张力，那么，"神学家"与"辩证法家"之间无休止的争论就变得清楚并可理解了。从理论上讲，基督教思想不可能自称有任何真实的独创和新颖之处。没有一个教

---

① 公元前七世纪希伯来的大预言家，《圣经》旧约中有"耶利米书"。——译者注
② 公元前八世纪希伯来的先知，《圣经》旧约中有"弥迦书"。——译者注
③ 《耶利米书》，第三十一章，第三十三节。
④ 《弥迦书》，第六章，第八节。

父是作为哲学家在说话,也没有任何教父想要创造一种新的哲学原理。但是教父们所制造的基督教信条和注解的重要准则,却显示了希腊精神的深刻的痕迹。① 对古希腊文化的崇拜,常常是维持中世纪哲学的一条最强有力的原理;但是,尽管有这种古希腊人文主义的持续影响,从本质上说,中世纪文化仍不同于希腊文化。甚至那些看来似乎是已保留下来的理论,在它们适合于中世纪体制之前,也不得不经历某种意义上的深刻变化。这种变化不仅出现在宗教与伦理的生活领域,并且在所有的理论概念中也是明显可见的。经院哲学家没有形成一种分离的、独立的知识理论。在这方面,他们不得不完全依赖古希腊传统。他们关于这个问题的思想似乎是一种"折衷主义",是柏拉图、亚里士多德和斯多葛思想的混合物,除此而外别无他物。即使在这里,我们也不能说它是一种单纯的模仿或翻版。它虽然没有增加任何新的特点,但是由于它是从一种新的视角来观察问题,并且与一个新的中心即宗教生活相关联,因而所有的事物便以一种新的形态呈现出来。

奥古斯丁是这一思想过程的第一个经典的见证人。他的知识理论充盈着柏拉图的原理,在奥古斯丁的学说上深深地烙有柏拉图"回忆说"(anamnēsis)的印记。他喜欢摘引柏拉图《美诺篇》中那个年轻奴隶的事例:这个小奴隶通过自己的努力,经由一种纯粹的理性思想的进程,成功地发现了一些基本的几何学真理。学习意味着记忆,"至于学习本身则无论如何也比不上回忆和记忆。"(nec aliud quidquam esse id quod dicitur discerequam reminisci et recordavi.)② 人的灵魂不可能从外部对象学习任何东西:所有的学习和认识都只来源于其自身内在的源泉。自我

---

① E. 吉尔森:《中世纪哲学》(*La philiosophie au moyen age*),巴黎,佩奥特,一九二二年,第 5 页以后。
② 奥古斯丁:《论灵魂的量》(*De quantiatae animae*),第二十节,第三十四段。

第七章 中世纪国家理论的宗教与形而上学的背景

认识（selfknowledge）是首要的必不可少的阶梯，它不仅是所有外部现实知识的先决条件，也是一切关于神的知识的先决条件。奥古斯丁说："不要走出你自身，返回你自身，真理存在于人的内在本质之中。"（Noli foras ire, in te ipsum redi; in interiore homine habitat veritas.）① 这完全同苏格拉底，柏拉图和斯多葛派的希腊古典的传统精神相吻合。但是，紧跟在这些话之后的一些话则表现了相当大的分歧。真理只存在于人的内心，但是人在自身之内所发现的仅是一种变动不居的真理。为了找到一个不变的、绝对的真理，人不得不超出他的自我意识和自我存在的界限，不得不超越他自身。"如果你发现自己变化的本性，你也就超越了并且达到了理智，从而理智之光也就点燃了。"（si tuam naturam mutabilem inveneris, transcende et te ipsum…illuc tende, unde ipsum lumen rationis accenditur.）② 通过这种超越，辩证法的全部方法，即苏格拉底和柏拉图的方法，也就完全改变了。理性放弃了它的独立与自律。它不再发射它自身的光芒。它仅借助于一种反射而来的光芒而发亮。如果这种光芒熄灭了，人的理性也就变得懦弱无力了。

这种希腊思想的基本变化的最清晰的表达可以从奥古斯丁的论文集《论导师》（De magistro）③ 中找到。这里，奥古斯丁反对纯粹的人的智慧和人的导师的观念。从基督教的观点来看，唯一的导师只能是上帝，不仅人的行为的教师，而且人的思想的教师都是上帝。在上帝之中，也唯有在上帝之中，我们才能发现真正的"权威"（magisterium）。无论是什么知识，感性世界的知识、数学知识或辩证法的知识，全部沐浴在这

---

① 奥古斯丁：《论真正的宗教》（De vera religione），第三十九节，第七十二段。
② 《理想国》，527。
③ 《拉丁教父文集》（Patrologia Latina），雅各布·米涅编，Tom. 32, col. 1193; 1220。

一终极的光明之源的照耀下。任何一种思考或论辩的理性过程，都是这样一种启示，因而都是一种神圣的恩赐的结果。神是"理智之光的父亲，也是我们启蒙的父亲。"（pater veritatis, pater sapientiae…pater intelligibilis lucis, pater evigilationis atque illuminationis rostrae. ）①

从知识理论上来讲，以一种纯逻辑的方法是不可能说明这一根本转折的。逻辑地看，奥古斯丁的启示理论存在着一个难以克服的悖论。大多数经院哲学家都完全意识到这一学说的悖论性质。他们企图修正奥古斯丁主义的原则。最后，托马斯·阿奎那用亚里士多德的权威创立了一种人的知识的新理论，抛弃上述原则并取而代之。但是，如果我们不去寻求它的纯逻辑的或纯思辨的理由，而只通过它的渊源去把握它的话，奥古斯丁的理论就非常清楚和明晰了。奥古斯丁能够接受柏拉图的理念世界学说的全部预先假定，正如他在《订正》（*Retractationes*）中所指出的那样，柏拉图关于理智世界的真理和实在的基本概念是正确的。所要反对的不是柏拉图概念本身，而是柏拉图表达他思想的术语。因为这些术语不适合于基督教的或基督教会的语言。② 如果奥古斯丁谈起逻辑学或几何学，如果他谈起作为事物的"终极原型"的理念，如果他把最高精神的善与照亮自然世界的阳光相比时，如果他赞美数和形式的力量（所有的事物都从这些存在中分享或汲取它们的美）时，我们确信听到了柏拉图本人的声音。③ 无论如何，二者之间仍保留着不可磨灭的

---

① 奥古斯丁：《独白》，第一卷，第一、二节。参阅《上帝之城》，第十卷，第二节："理性或理智灵魂本身无从照明，而是分享其他真正的光才得以照明。"（animam rationalem vel intellectualem…sibilumen esse non posse, sed alterius veri luminis particip atione lucere.)
② 奥古斯丁：《订正》，第一卷，第三节。
③ 参阅奥古斯丁：《论自由意志》（*De libero arbitrio*），第二卷，第十六节，第42页；《论真正的宗教》，第三十节，第56页。

第七章 中世纪国家理论的宗教与形而上学的背景

巨大差别。奥古斯丁的全部术语必须在他的宗教经验的意义上去阅读和理解。正是这种宗教经验为他的所有概念增添了一种即便不是全新的，也是略新的意义。

正如中世纪思辨思想家所描述的那样，认为《人的灵魂走向神的旅程》(*Itinerarium mentis in Deum*)① 这本书与柏拉图对灵魂接近理智世界的描述差异极大。柏拉图从人的知识的第一原理开始，他的途径以一种连续的进展（从算术到几何，从几何到立体几何和天文学，从天文学到辩证法），最后达到最高的知识即神的知识。唯有哲学家、辩证法家才能够跨越那从感性世界通向理性世界的整个历程。并且对他来说，其至善的理念也没有揭示出它的全部本性和所有意义。在《理想国》中，当苏格拉底谈到善时，他的话显得极为踌躇和犹豫。他认为自己不能承诺规定它的本质，而只能展示它的效果。格老康（Glaucon）说："我们应当以说明善而感到满足，就像你曾经对公正、节制和其他美德的说明那样。"苏格拉底回答说："是的，我也这样认为。但是我恐怕这超过了我的能力；在这个世界上，我最大的愿望就是贬黜我自己，嘲笑我自己。的确，我们一刻也不能摆脱善的真实涵义这样的问题，但是，对于像我们这样一种研究来说，它所需要的努力太大，以至于我们无论如何也不能达到我们所信仰的东西。不过，我将告诉你……就我自身而论，我所描绘的只是作为善的产物或非常类似于善的存在。"② 根据柏拉图的看法，人所必需领悟的最后东西是本质的形式或绝对的善，但这具有极大的困难。③ 在奥古斯丁的思想和著作中，所有这些犹疑和踌躇全部荡然无存了。他的启示说展示了一条新的道路。柏拉图的善与上帝是同

---

① 圣·布纳芬杜拉：《人的灵魂走向神的旅程》，一二五九年。
② 《理想国》，506；康福德英译本，第 212 页。
③ 同上，517；康福德英译本，第 226 页。

·第二编 政治思想史上反神话的斗争·

一的,并且这个上帝即先知们和基督启示的上帝,离我们并不遥远,或并非不可接近。他既是开端也是终结。我们生存、活动在上帝之中,并在上帝之中获得我们的存在。

这种观点渗透于奥古斯丁的全部哲学之中,并使它因此而具有一种特殊的性质。奥古斯丁使他个人的宗教体验成为全部理智世界的中心,从而也使他本人成为中世纪哲学的奠基人。先知们曾经涉及"伦理的"规律;他们宣称,如果没有一个人格的立法者,那将是无意义的、不可理解的。奥古斯丁把这一概念从伦理的领域引至理论的领域,上帝是智慧的总体,通过他,我们认识一切;没有他,我们则一无所知。"上帝是智慧,在他那里,从他那里,并通过他认识到所认识的一切……上帝是理智之光,在他那里,从他那里,并通过他理解到所理解的一切。"(Deus sapientia, in quo et a quo et per quem sapiunt quae sapiunt omnia... Deus intellisibilis lux, in quo et a quo et per quem intelligiliter lu – cent, quae intelligibiliter lucenter omnia.)① 奥古斯丁说:"啊,灵魂,如果你能注意并理解神是真理的话……那么,在我说真理时,别再问什么是真理;因为自然形象的黑暗和幻象的乌云立刻会挡住视线,并要搅乱那最初向你闪烁的光亮的宁静。如果你能够在灵光第一次闪烁时感到炫目,确信你的永恒,突然间,它就会对你说:'真理'。"②

这就是奥古斯丁及其门徒和追随者们反对哲学家世俗智慧的福音或"喜讯"。于是,构造哲学体系的全部努力都在混乱与怀疑中终结了。正如奥古斯丁在他的论文集《反对新学院派》(contra academicos) 中所指出的那样,正是柏拉图的知识学说导向了新学院派的怀疑主义。在基督启示之前,没有一个人能够找到移动真理世界的"阿基米德点"。连

---

① 《独白》,第一卷,第一一三节。
② 《论三位一体》,第八卷,第二节;多兹英译本第七卷,第204页。

第七章　中世纪国家理论的宗教与形而上学的背景

智者中的最智慧者苏格拉底，也不得不坦率地承认自己的无知。从新宗教的观点来看，上述反对意见并非毫无根据。那些基督教的敬仰者们对苏格拉底怀有最高的崇敬，他们甚至认为，如果苏格拉底没有一种特殊的启示，要想创立他的基本的伦理学说，这简直是不可能的。文艺复兴也把苏格拉底看作是一个真正的圣人。爱拉斯谟（Erasmns）说："圣·苏格拉底，为我们祈祷吧。"但是，苏格拉底本人从未作为一个已获得灵感的导师在说话。他通过德尔斐庙的神谕"认识你自己"，开始了他的自我考察以及对他人考察的工作。然而他没有把自己看作阿波罗神或其他神的代言人。他确信，没有任何圣人或真理的导师，每个人都不得不自己寻求他自己的道路。也就是说，唯有通过一问一答的论辩过程，才能获得真理。希腊的辩证法概念与任何真理启示都是公然对抗的。一种真理如果不是经我们自己发现的，那么它就根本不是真理。在柏拉图看来，我们所谓的"学习"过程，并不意味着我们获得了一个新的真理，我们只是重新获得已有的真理，只是重新获得一种在我们自身之内的知识。① 奥古斯丁接受了希腊哲学的一切前提条件，但拒绝了它的结论。在他看来，唯一正确有效的结论是：寻求"人的"智慧的导师是徒劳无益的。奥古斯丁通过苏格拉底或柏拉图的权威而将自己引导到圣经的更高权威："在地上你不能称任何人为父亲，因为你的父亲只能在天国；也没有任何人能被称为导师，因为唯有基督才是你的导师。"②"他谆谆教导的……乃是上帝不变的德行和永恒的智慧。"（Ille autem qui consulitur docet … idest incommutabilis Dei virtus atque sempiterna

---

① 《斐多篇》，75E，76D，E。
② 《马太福音》，第二十三章，第九、十节；见奥古斯丁《论导师》第十四节，第45、46页。

sapientia.）①

中世纪文化的深刻的统一性和一致性常常公正地受到称赞。它似乎缺乏我们现代文明所具有的那些缺陷：冲突、矛盾和不和谐。在中世纪，人的生活的全部形式——科学、宗教、道德和政治生活，都渗透着同样的精神。所有这些都使我们难以忘却：中世纪的生活是理性和道德两种力量冲突的结果，它需要所有伟大的经院哲学家们的英勇奋斗来弥补这一鸿沟，把思想和感情的对立因素联结起来。最后，这个难题似乎在托马斯·阿奎那的体系中得到了解决。然而，托马斯·阿奎那的上帝即圣经的或基督教启示的上帝，绝不同于柏拉图或亚里士多德的神。经院哲学家们很容易忘记这一基本的差异，因为他们不是以我们现代的方式来阅读经典原著。他们不关心历史的真理，而仅知道并承认一种象征性的真理。他们没有任何批判的或哲学的理解标准。他们运用的是中世纪比喻的、宗教的解释方式。他们运用这些方法努力寻求经典作家的"道德意义"（sensus moralis）、"神秘意义"（sensus anagogicus），和"神话意义"（sensus mysticus）。

在整个中世纪，《蒂迈欧篇》即使不被当作柏拉图主义唯一的源泉，也把它当作其主要的来源。在《蒂迈欧篇》中，柏拉图的思想和风格显得非常适宜于象征性的解释。在这本书里，很容易找到基督教启示的全部原理。在《蒂迈欧篇》的开头，柏拉图不是曾宣称：作为可见的、可触的、有形体的世界是被创造出来的，凡创造出来的东西都必然由于某种原因而被创造出来；他不是也曾说：要发现这个世界的创造主和父亲是的确不容易的，并且即使我们发现了他，而要把他告诉所有的人，也是不可能的。② 所有这些不正是一个更高的和更好的启示，甚

---

① 《论导师》，第十一节，第38页。
② 《蒂迈欧篇》，28C，37C。

第七章　中世纪国家理论的宗教与形而上学的背景

至是基督化身的预言吗？

中世纪哲学家以这种方式阅读和解释柏拉图原著，是可以理解的，并且这也确实是不可避免的，不管怎样，对柏拉图的全部著作具有一种完整的知识，并且那些掌握了所有批判和历史理解方法的现代学者们仍保留并维护同样的观点，这是令人惊讶的。从根本上讲，在柏拉图的"造物主"与《圣经·旧约》的人格上帝之间，如果不是具有一种同一性的话，也是具有一种完全的和谐性。但是，这种论点是站不住脚的。首先，这是很清楚的：柏拉图在他的《蒂迈欧篇》中从来无意论证一种系统的"神学"。为了理解柏拉图的真正的神性概念，我们必须学习他其他著作。对这些著作中的大部分；中世纪哲学家是毫无所知的。他在《蒂迈欧篇》所论证的不是一种哲学的或神学的体系，他本人不断地提醒我们反对这样一种观点。他告诉我们，他仅能提供"恰当的意见"。柏拉图说：

> 由于存在是变易的，所以关于信仰的真理也是变易的。如果这样的话，对于下述现象，我们就不会感到惊奇了。在关于神和世界生成的诸多意见中，我们不能给予一个在许多方面都是准确的，并相互之间一致的一般概念。如果我们尽力像其他人那样例举种种可能性也就足够了。因为我们必须记住，作为演讲者的我与作为评判者的你，都是终有一死的，因而我们应当接受这些可能的传说，不再进一步探询。①

听起这些话来，仿佛柏拉图并不是作为一种新宗教的先知在说话。

---

① 《蒂迈欧篇》，29B 以后；参见 48D—E、59C—D、47E 以后；乔伊特（Jowett）英译本，第三卷，第 449、468、480 页。

他走得如此之远，以至于认为他的创造说仅仅是一种消遣工作，"一种聪明的、中庸的娱乐"。① 如果一个思想家真想揭示一个基本的宗教真理，他就不会说它是一种娱乐。柏拉图的造物主是一个宇宙论的概念，而不是一个伦理的或宗教的概念。说它是对造物主的一种崇拜，这简直是荒唐的。

此外，还有其他更多的理由，不允许我们认为在柏拉图的造物主的神话与《圣经·旧约》的神话之间有任何相似之处。柏拉图的造物主不是一个创造者，而是一个"设计者"。他不是从虚无中创造出世界，而只是赋予一个无形的东西以形式。他引进了规则和秩序，他的力量不是无限的。他受一种必然性的限制，这种必然性抵制并阻挠他的创造活动。"创造是合成的，它是由必然性和精神共同进行的。精神作为统治力量，敦促必然性为大多数被创造物带来完美性，并且这样的话……当理性的影响取得必然性的支持时，宇宙便被创造出来了。"②

为了在其真实意义上理解柏拉图的宗教，我们不能使自己满足于《蒂迈欧篇》所给予的描述。我们在这儿所发掘的只是一个副产品。它向我们展示的不是柏拉图宗教思想的中心，而仅仅是它的圆周。中心只能在《理想国》的第六卷中，即柏拉图关于善的理念的描述中才可发现。无论是在古代，还是在现代，善的理念常常与柏拉图的造物主同一起来。③ 然而，一种对柏拉图原著和思想较为贴切的分析表明这样一种"同一"是不可能的。无论是在逻辑学上还是在本体论上讲，善的理念

---

① 《蒂迈欧篇》，29B 以后；参见 48D—E、59C—D、47E 以后；乔伊特（Jowett）英译本，第三卷，第 449、468、480 页。
② 同上。
③ 现代一直维护这种观点的学者中，有西奥多·冈珀兹，见他的著作《希腊的思想家》（*Griechishe Denker*），第五卷，第十九章；伯里英译本，第三卷，伦敦，约翰·默里，一九〇五年，第 211 页以后。

第七章　中世纪国家理论的宗教与形而上学的背景

与造物主都不可能处于同一水平上。造物主是个神话的概念，相反，善的理念却是一个辩证的概念。前者属"可能的意见"领域；后者属于真理的领域。前者被描述为一个人格的行为者，他是一个"艺匠"或"设计师"；而善的理念则不能按这种方式设想，像所有其他理念一样，它不具有客观的、真理的意义。它是原型或原本。神圣的艺匠只有根据它，才能形成他的作品。他参照善的理念创造世界。并且他渴望自己的作品尽可能地接近于终极典范的完美性。柏拉图的"造物主"是善的，但是这绝不意味着他就是"善"；他不是善本身，而仅是善的使者和管理人。这表明了一种根本的差异，在柏拉图的体系中，这种差异在《蒂迈欧篇》中得到了非常清楚的表述。"假如这个世界的确是美的，而它的创造主是善的，显然创造主就得要注视着那永恒不变的东西，把这种东西当作模型。如果不是这样（这是一种不敬神的假定），那么，他所注视着的必然是创造出来的东西。但是每个人都会看得很清楚他所注视着的乃是永恒不变的东西，因为在一切创造出来的东西中，世界是最美的，而在一切原因中，神是最善的。"① 善的理念不能被看作是这样一个"原因"，它是形式因或终极因，而不是动力因。它属于存在的领域，而不是变化的领域。在这两个领域之间，有一个明确的分裂、一道真实的鸿沟。我们不能从这一领域跃到那一领域。毋庸置疑，善的理念可以并且必须被描述为万物的"理由"。但这个理由不是一个人格的或个体的"意志"。把人格赋予一个理念，从概念上讲是矛盾的。因为理念是一个普遍而非个体的概念。在《理想国》中，柏拉图以他著名的比喻告诉我们，善的理念在理智世界的地位，正如太阳在感性世界的地位一样。太阳对于视觉和视觉事物保持着同样的关系，与此相同，理智

---

① 《蒂迈欧篇》，29A，第 449 页。

世界的善对理智和理智对象也保持着同样的关系。太阳不仅造化一切可见的东西，赋予它们以存在，而且赐予它们以成长。知识的对象也是如此：这些对象不仅从善中汲取它们被认识的力量，而且汲取它们的存在和现实性。① 但是，用柏拉图的话来说，现实性即真实的存在，决不意味着经验的现实性。在柏拉图的体系中，善既是"存在的理由"（ratio essendi），也是"认识的理由"（ratio cognoscendi），但它不是"罪恶的理由"（ratio fiendi）。因为任何理念都不能产生或形成一个有限的经验的事物。如果我们说到这样一种生成，那么我们仅仅在一种隐喻的意义上而不是在一种本体论的意义上讲的。

亚里士多德的观点似乎完全不同，他反对柏拉图设在现象界与理智界之间的隔绝。在他的体系中，神既是动力因也是终极因。他是第一推动者，而他自身是不动的。亚里士多德的神与基督教的上帝具有很大的相似之处。的确，托马斯·阿奎那没有发现任何困难就采纳了亚里士多德的全部神学和形而上学。但是，他只是在他自己的意义上来注解亚里士多德的学说，并且增添了他个人的全部宗教感情。在研究亚里士多德本人的著作时，我们发现一幅差异极大的画像。亚里士多德的神是希腊理性主义最好的和经典的范型。毋庸置疑，在亚里士多德的《物理学》和《形而上学》中，神的爱被描述为第一推动原则。上帝推动世界不仅运用一种机械冲力，而且运用一种精神的引力，在同样的意义上，正如一个被爱的对象感动一个爱恋者一样。终极因通过被爱而产生运动。并且通过它所推动的对象，来推动万物。第一推动者由此也就具有了必然的存在。并且就它是必然的而论，它又是善的，因而在这一意义上它也是第一原则。但这原初的推动者不仅在自然的意义上而且在伦理的意

---

① 《理想国》，507，508；康福德英译本，第214页以后。

第七章　中世纪国家理论的宗教与形而上学的背景

义上都是静止的。对于人类的希望来说，它是不可达到的，而它也不能屈从于人的欲望。因为所有这一切都远远在它之下。神是"纯粹的现实性"（actus purus），但是他的活动是一种理智而非伦理的活动。他为自己的思想所吸引，除此而外，他没有任何其他对象。因而亚里士多德能够把生命归于神，但是这种生命，只是一种思想的生命而非一种人格的生命。它纯粹是理论的和思辨的。

> 于是，天界和自然界都依存于这样一个原则。我们所欢享的是最好的生命，这种生命虽为欢悦，却甚为短促。因为欢悦是长久的，而我们却不能长存于世……思想思考它自身，因为它参与思想对象的本质；思想接触并思考思想的对象，二者渐而合为一体，所以，思想与思想的对象是同一的……正当思想"活动"着的时候，思想也就"获得"了它的对象。因此，思想所含的内容，与其说是对神明的承受，不如说是对神明的秉持，所以沉思冥想是最大的欢悦，也是最高的善……生命固然属于神，因为思想的现实是生命，神即这种现实；神的独立自在的现实即至善与终极的生命。①

亚里士多德所描述的这种"神的永恒的生命"与我们在"预言宗教"中所发现的，并不属于同一种类型。对先知们来说，上帝并不因他的对象才有其自身的思想，他是一个人格的立法者、道德法规的源泉。这是他的最高的并且在一定意义上也是唯一的属性，我们不能借用任何事物的性质来规定他。倘若一个名称能成为表示这样一种性质的标志，那么他就没有名称。在《出埃及记》中，它告诉我们摩西如何向上帝

---

① 亚里士多德：《形而上学》，第十二卷，1072^b；W. D. 罗斯英译本：《亚里士多德著作集》第二版，牛津大学出版部印刷所，一九二八年，第八册。

询问他的名称。"我到以色列人那里,对他们说,你们祖宗的神打发我到你们这儿来。他们若问我:他的名字是什么?——我将对他们说什么呢?神对摩西说,我是自有、永有的。又说,你要对以色列人这样说,那自有的打发我到你们这儿来的。"① 正如它曾经所是的那样,这些话标志着希腊思想与犹太思想之间、柏拉图和亚里士多德的神与犹太一神教的神之间的分界线。上帝与任何思想对象都是不可比较的,他的存在也不能通过纯粹的思想行为来描述。他的存在就是他的"意志"。他的唯一启示就是他的人格意志的显现。这样一种人格的启示,是一种伦理的而非一种逻辑的行为,对于希腊精神来说,这是十分陌生的。伦理法则不是一个超人的存在所"给予的"或颁布的,我们必须亲自运用理性和辩证的思想去发现并证明它。这正是希腊宗教思想与犹太宗教思想的真正差别,这种差别是不可逾越的、不可消除的。吉尔森(E·Gilson)在他关于中世纪哲学精神讲演集中说:"希腊思想尚未达到那样一种本质的真理,它一蹴而就,无需证明,仅仅来自于圣经的伟大格言:以色列,你们听着,我们的主,上帝是唯一的。"(Audi Israel, Dominus Deus noster, Dominus unus est)。② 经院哲学家们,甚至连托马斯·阿奎那也不能无保留地接受希腊人对这一问题的解答。他们所有的人,诸如圣·奥古斯丁,圣·杰罗姆(Jerome),圣·伯纳德(Bernard),圣·布纳芬杜拉(Bonaventura),邓斯·司各脱,都曾引录过《出埃及记》原文中这样的话:"我是自在自为的"(ego sum qui sum)。③ 托马斯·

---

① 《圣经·出埃及记》,第三章,第十三、十四节。
② E. 吉尔森:《论中世纪哲学精神》(*L'esprit de la philosophie medi evale*),吉福特(Gifford)讲演集,一九三一至一九三二年,巴黎(佛泠出版社,一九三二年),第49页;英译本,纽约,查尔斯·斯克里布纳父子出版公司,第46页。吉尔森参考的章节是《旧约·申命记》(*Deuteronomy*)中的第六章,第四节。
③ 证据可参看吉尔森:引同前书,第三章,第五、十一节。

第七章　中世纪国家理论的宗教与形而上学的背景

阿奎那说："位，意味着整个本性中最完善的，即理性和本性中的存在者。既然如此，说上帝有位是最合适不过的，然而这是以特殊的方式说的，同说万物之位并不一样。"① （Persona, significat id quod est perfectissimum in tota natura, scilicet subsistens in rationali natura。unde…conveniens est ut hoc nomen < persona > de Deo dicatur; non talmen eodem modo quodicitur de creaturis, sed excellentiori modo.）

我们必须注意到中世纪思想在希腊沉思和犹太预言宗教方面的双重历史起源，以便理解它的系统发展。在经院哲学的全部发展过程中，我们总是在"信仰"与"理性"或"神学家"与"辩证术家"之间遇到同样的争斗。在这两个极端之间，任何和解或调停都是不可能的。总有一些狂热的信仰者要求完全废黜理性。他们拒斥并宣布废弃所有的理性活动。十一世纪的彼得勒斯·达米尔尼（Petrus Damiani）就是这些神学家的激进者之一。大概没有别的中世纪哲学家以如此轻蔑的方式谈到理性。对他来说，理性不仅意味着哲学，而且还意味着自由的艺术和世俗知识的全部领域。他曾谈及一种科学的"自满"。② 辩证法和语法规则都被宣布为真正宗教的一种最危险的敌人。在彼得勒斯·达米尔尼看来，邪恶是语法规则和第一个语法学家的发明者。同时，语法规则的教义就是一种多神教的教义。因为语法学家是最先以一种复数形式谈到"神"的人。③ 如果理性得到完全承认的话，那么，它就必须顺从信仰

---

① 托马斯·阿奎那：《神学大全》，Pars Prima, Quaest, xxIx, art, 3。
② 彼得勒斯·达米尔尼：《论早先应当赋予的知识的神圣的单纯性》（De sancta simplicitate scientiae inflanti ante ponenda）。《拉丁教父文集》，Tom. 45, col. 695—704。参阅 J. A. 恩德雷斯：《彼得勒斯·达米尔尼和世俗科学》（Petrus Damiani und die weltliche wissenschaft），引自《中世纪哲学史论集》（Beiträge zur Geschichte der philosophie des Mittelalters），阿欣道夫大教堂，一九一〇年，Ⅷ, 3。
③ 《论神灵的单纯性》（De sancta simplicitate），Cap, 1. col. 695B。

的命令。① 因为即使我们的逻辑是完备无缺的，它也只能应用于人，而不能应用于神圣事物。我们不能通过三段论来推论关于上帝的知识。并且，上帝也不受人的琐碎的逻辑规则的束缚。他仅仅是神圣的单纯性、信仰的单纯性。这种单纯性可以把我们从理性的陷阱和谬误中拯救出来："所以，上帝是真正的智慧，他是追求与理解的目的"（In Deo igitur, qui Vera est sapientia, quaerendi etintelligendi finem constitue）。达米尔尼说，为了能见到太阳，人无须点燃蜡烛。②

中世纪的神秘主义者们以一种较柔和、宽容的语调在说话，但是他们对理性的谴责也是极为激烈和苛刻的。伯纳德（Bernard of Clair-vaux）对他那个时代的辩证法家发动了一次强有力的攻击，当他结束对阿伯拉尔（Abēlard）的谴责时，便达到了他的目的。③ 他深刻地认识到辩证法是达到一种真正的基督教生活的最大障碍之一。所有的异端邪说在同样的根本邪恶中，即人的理性的专横和自负中，都有他们的根源。理性永远不能成为法官和主宰者。因为它阻碍了主要的目标，即人的灵魂与上帝的神秘结合。伯纳德抱怨道，哲学家和辩证法家为沉溺于复杂的矫揉造作的思辨难题，为嘲弄单纯的信仰，提供一种范例。④

十一世纪，辩证法的先驱者们，"理性主义的"思想家们，如坎特伯雷的安瑟尔谟（Anselm of Canterbury）和阿伯拉尔这样一些人接受了挑战。他们的神学敌对者认为，他们已经承担了削弱基督启示的权威和摧毁信仰基础的罪名。而他们则把这种指控转移到攻击他们的对手头

---

① 达米尔尼：《论神圣的单纯性》，第五章，《拉丁教父文集》，Tom. 145, col. 603。
② 《论神圣的单纯性》，第八章，引同前书，Tom. 145, col. 702A.
③ 参见恩德雷斯：《彼得勒斯·达米尔尼和世俗科学》，第 14 页。
④ 吉尔森：《论圣·伯纳德的神秘主义神学》（La thēologie mystique de saint Bernard），巴黎，一九三四年。

第七章　中世纪国家理论的宗教与形而上学的背景

上。他们宣称，拒绝或蔑视理性思想的价值，意味着使信仰丧失其最坚实和最主要的支持之一。理性不仅不是一种危险和障碍，而且是一种最有力的武器和真正的宗教所必不可少的原理。坎特伯雷的安瑟尔谟对自己所做出的关于上帝存在的著名的本体论证明，并不感到满足。他甚至大胆到把同样的方法扩张到整个基督教教义的范围。在他的"救赎说"①中，他试图证明，基督的显现不仅是一种偶然的历史事实，而且是一种必然的真理。他以同样的方式研究了三位一体学说。由于他的努力，基督教教义变得可以为理性渗透了，神秘仿佛销声匿迹了。

然而，极端主义两派之间在某一点上并无真正的分歧。因为对中世纪而言，"理性主义"的谈论方式，是一种极不精确和不充分的方式。在中世纪的思想体系中，我们在笛卡尔、斯宾诺莎、莱布尼茨、或十八世纪的"哲学家们"中所发现的思想倾向，即现代"理性主义"毫无立足之地。没有任何一个经院哲学家曾真正地怀疑过"启示的"真理的绝对优越性。在这方面，辩证法家与神学家都是一致的。阿伯拉尔在他写给赫尔露伊斯（Hēloise）的一封信中说："我不愿这样成为哲学家而背离保罗，我不愿这样成为亚里士多德而抛弃基督。"（Nolo sic esse philosophus, utrecalcitrem paulo; non sic esse Aristoteles, ut secludat a christo.）② 理性的"自律"（autonomy）相对于中世纪思想，是一条十分陌生的原则。理性没有它自己的光明。为完成它的任务，它需要一种更高的启蒙源泉。在这方面，奥古斯丁的"神的职司理论"在中世纪思想家那里从未失去它的权威。这里我们也能够在"预言宗教"中找

---

① 安瑟尔谟：《上帝为何化为人》（cur Deus homo），《拉丁教父文集》，Tom. 158, col. 359—432。
② 阿伯拉尔：《书信集》（Epistolae），《拉丁教父文集》，Tom. 178, col. 375c；第十七封信。

第二编 政治思想史上反神话的斗争

到中世纪思想的历史渊源。奥古斯丁曾引证过以赛亚的格言:"如果你不信仰,你也就将不能理解。"① 这句格言成为中世纪知识理论的奠基石。理性就其自身来说是茫然而软弱无力的。但是,当它得到信仰的引导和启蒙时,它也就证实了它的全部力量。如果我们从信仰行为开始,我们就可以信仰理性的力量,因为理性所给予我们的不是它自己的任何独立的运用,而是对信仰所教导的东西的一种理解和说明。信仰的权威必须永远先于理性的运用,"的确,本性的顺序就是这样,我们研究任何问题,永远让权威先于理性。"但是,这种权威一旦得以承认并稳定地建立起来,道路也就开通了,两种力量也就互相完善和巩固了。"所以,理解为信仰,信仰了才理解。"②

所有经院哲学家都采纳了这一原则。在坎特伯雷的安瑟尔谟的著作中,可以找到这一原则的经典表述。尽管安瑟尔谟信奉"理性主义",但是他仍然一开始就强调,不通过任何论证,我们就必须接受基督教的基本真理。他们不能指望通过单纯的辩证法就可达到这些真理,并且,仅仅通过理性方法,我们对它的确实性也不能增加丝毫东西。教义本身是无可辩驳、无法动摇和没有异议的。③ 尽管不能通过理性来"建立"宗教真理,但是宗教真理与理性也不是相互对立和抵触的,在两个领域之间存在着一种真正的和谐,这是确实无疑的。人要把握这种和谐,需要一种特殊的神圣的"恩赐"。安瑟尔谟作为一个祈祷者而开始了他的

---

① 《圣经·以赛亚书》,第七章,第九节。(以赛亚 Isaiah,公元前八至公元前七世纪希伯来大预言家。——译者注)
② 详见吉尔森引录的原著:《圣·奥古斯丁研究导论》(introductiou a L'etude de saint Augustin),第一卷,第三版,巴黎,佛泠出版社,一九三一年。
③ 安瑟尔谟:《上帝为何化为人》,《拉丁教父文集》,第一卷,第二节,Tom. 158, col. 362c:"纵然不依靠理性,我信仰的东西我能理解,可是无法扫除我对理性的信念。"(Ut etiam si nulla ratione quod credo possim comprehendere, nihil tamen sit quod me ab ejus firmitate valeat evellere.)

第七章　中世纪国家理论的宗教与形而上学的背景

考察,在这一考察中,他请求上帝来帮助他努力理解他所坚定信仰的东西。① 这是唯一真实的道路:"按照正确的顺序规定,在我们冒昧讨论它们之前,首先要信仰基督教的深邃的奥秘。所以,对我来说,这似乎是一个疏忽,如果已经确立信仰后,我们也就不再指望理解我们所信仰的存在了。"②

这并不是对二难推理窘境的真正逃避,相反,它是一种对解决难题的一种深切的渴求,至于问题解决本身倒是无关紧要的。理性与信仰之间古老的冲突反复爆发出来。但是对所有更进一步的讨论来说,"信仰寻求理解"(Fides quaerens intellectum)的公式至少表达了一种共同的基础。从安瑟尔谟到托马斯的全部经院哲学的代表都接受了这一公式。托马斯·阿奎那的体系似乎承诺了一种确定的解答。根据托马斯·阿奎那的设计"理性服从信仰"(ratio confortate fide),理性恢复了它的全部权力和尊严。它完全支配着自然世界和人类世界。

---

① 安瑟尔谟:《宣讲》(*Proslogion*),《拉丁教父文集》,第一卷,第二节,Tom. 158, col. 227c;"主,是您给了我信仰的知识,您知道加以说明,以便使我理解。因为您存在,我们相信;您是这样,我们相信是这样。"(Domine, qui das fidei intellectum da mihi, ut, quantum scis expedire, intillegam, quia es, sicut credimus; et hoc es, quod credimus.)
② 《上帝为何化为人》,《拉丁教父文集》,第一卷,第二节。

第八章 中世纪哲学中法治国家理论

柏拉图的理想国即便是在其极为热情的敬仰者的笔下，也总是被描述为一种政治的乌托邦。它被当作政治思想的经典模型，而在实际的政治生活中却似乎起不了多大作用。但是，倘若我们看一看中世纪的政治和社会生活，我们一定会改变上述判断。柏拉图的法的国家理论在这里被证明是一种现实的和积极的力量——一种巨大的能量，它不仅影响了人类的思想，而且成为人类行为的一种强大的冲力。那种认为国家的首要和基本任务是维护正义的论点成为中世纪政治学说的聚焦点。所以中世纪思想家都接受了它。在中世纪文明的一切形态中，它都为自己找到了渗透的途径。第一批教父、神学家和哲学家、罗马法官、政治作家、民法和坎农法的研究者在这个方面都是一致的。[1] 奥古斯丁在他

---

[1] 这一问题在 R. W. 卡莱尔和 A. J. 卡莱尔的著作《西方中世纪政治学说史》（六卷本第三版，爱丁堡和伦敦，W. 布莱克·伍德父子出版公司，一九三〇年）中可看到丰富的证据。

第八章　中世纪哲学中法治国家理论

的《上帝之城》的某节曾摘引过西塞罗的一段话：公正是法律、也是有组织的社会的基础；没有公正，也就没有共和国，也就没有真正的"共和国"（res publica）①

然而，尽管中世纪理论与古代的经典理论在这一点上完全一致，但它们之间依然存在一种不仅是理论兴趣的差异，而且还包括一种极为重要的实践后果的差异。根据它的基本原则，中世纪还不能想象任何抽象的、非人格的公正。在多神教中，法律总可以追寻到一种人格的源泉。没有立法者也就不可能有法律。并且，假如公正不是被看作一种偶然的、习俗的东西，那么，这个立法者必然超乎全部人类力量之上。这是一个超人的意志，它证明它自身就是公正。而柏拉图的善的"理念"则无需这样的超人的权威。在柏拉图的思想和语言中，任何理念都是"自在之物"，都是一个"物自体"（ens per se），它存在并依存于它自身，具有一种客观的绝对的有效性。奥古斯丁不能接受这一原则，为了在自己的学说中给柏拉图的理念保留一席之地，他必须重新规定它们。他必须把它们转变为神的思想。这就不仅是形而上学或本体论的差别，而且还表示着更多的差别。善，不再能维护和保证它自身，我们不能指望仅通过辩证方法就可达到善并把握善的真实意义。在这里，人的理智必须屈从于一种更高的力量。我们可以继续用对比的方法谈论"自然的"法与神圣的法。但是，在基督教思想中，即使自然也不具有任何分离的或独立的存在，它是神的作品和创造。同样，全部伦理法则也都是被创造的东西。它们是人格意志的启示。教父们一开始就竭力主张这一观点。奥利金（Origen）在他的论文集《驳凯尔斯》中承认，法律是万物之王。但他又说：对于某些真正的基督徒来说，这种法律不是任何分

---

① 奥古斯丁：《上帝之城》，第二卷，第二十一节；多兹英译本，第一卷，第77页。

离的，或独立的存在，它是与神的意志融为一体的。①

但是，还有另外的甚至更重要的特征。这些特征表明，中世纪的自然法理论已经偏离了柏拉图和亚里士多德。柏拉图曾把公正定义为"几何学的对称"，每一个体在共和国中都有自己的一份权利和义务，但是这些权利和义务绝不意味着是等同的。公正并不等于权力的平等。柏拉图的国家给在国家生活中的每个人和每个阶层都予以指定的工作。但是他们的权利和义务是相当不同的。这不仅取决于柏拉图的伦理学的特性，而且首先是取决于他的心理学的特性。柏拉图的形而上学的心理学是奠定在他关于人的灵魂划分的基础上的。人的品格决定于三个因素间的比例。柏拉图说：

> 我们获得知识是一种能力，感觉愤怒是另一种能力，并且还有一种对食色之欢愉的欲望能力，等等，不是吗？……这是很清楚的：同一种东西不能以两种对立的方式行为或同时处于两种对立的状态……所以，在相关的因素中，如果我们发现这样一种矛盾的行为或状态，我们就知道，一定不止一种因素参与进去了。②

我们可以称灵魂借以反映的那部分为理性；称感到饥渴或其他感性欲求的那部分为情欲。

但是，在这两部分之间还有另一种因素，在柏拉图的语言中，它被描述为"易怒的"或"勇敢的"因素。国家灵魂中也有这种差别。③

---

① 奥利金：《驳凯尔斯》（Contra Celsum），V, 40；卡莱尔：引同前书，第一卷，第 103 页以后。
② 柏拉图：《理想国》，436A 以后；康福德英译本，第 129 页。
③ 《理想国》，434D 以后；康福德英译本，第 127 页以后。

第八章　中世纪哲学中法治国家理论

在柏拉图的国家中，不同的阶层具有许多不同的灵魂，它们分别表现人的品格的不同类型。任何改变这种划分的企图，即抹杀或消除统治者、保卫者与普通人之间的差别，都将是灾难性的。这意味着对不可变更的人的本性的规律的一种反叛。由于它，社会的秩序才得以构成。既然哲学家的或勇敢者的"灵魂"不同于一个商人或手艺人的灵魂，既然他们每一种灵魂都有确定的不可替代的结构，我们也就不能赋予不同的阶层以同样的功能。我们不能把他们置于同一水平上。柏拉图总结说：

> 所以，经过充满风暴的路途之后，我们终于达到了陆地。我们都完全同意：同样三个因素既存在于国家中，也存在于个人的灵魂中……我们的原则是：天生的鞋匠或木匠最好安分守己，这才符合公正的纲纪……公正的人绝不能允许他灵魂中的几种因素相互僭越各自的功能；只有自我主宰、自我约束，以保持内心宁静，并像音乐的音阶比例那样依次运用灵魂中的三种因素，这样的人才是真正安守秩序的人。①

亚里士多德走的是另一条道路。不过他最终还是达到了相同的结果。他的方法不是一种形而上学的或演绎的方法，而是一种经验的方法。他在《政治学》中所努力表达的是一种对不同制度形式的描述分析。然而，他发现仅仅作为一个经验的观察者，要否定人世间的根本的不平等是不可能的。人无论在其自然禀赋或品格上，都是不平等的，由此便产生了奴隶制的必然性。奴隶制不是一种纯粹的习俗，它扎根于本性之中。柏拉图曾谈论过"天生的木匠或鞋匠"；亚里士多德则谈论着

---

① 《理想国》，441C 以后；康福德英译本，第 136 页以后。

第二编 政治思想史上反神话的斗争

天生的奴隶,绝大多数人是没有能力来管理自己的,他们不可能是国家的成员,他们没有自己的权力或责任而必须受他们主人的使唤。亚里士多德认为,废除奴隶制既不是政治的理想,也不是伦理的理想,而仅仅是一种纯粹的幻想。这种说法同样适合于希腊人与野蛮人的关系。柏拉图在他的《理想国》中曾经指出,那适用于希腊城邦之间相互来往的行为法则不能用于野蛮人。即使在战争年代,希腊人也总是被看作朋友,至少可能是朋友;相反,野蛮人则是天然的敌人。"我们认为,在战争中,希腊人与外邦人作战,我们称这些外邦人为天然的敌人;但是,希腊人就其本性来说都是朋友。因此,当希腊人彼此战争时,应当被称为内部纠纷,仅仅意味着,这是由于意见不和而加诸希腊的灾难……他们应该记住,战争不能永远持续下去。总有一天他们会重归于好。"① 亚里士多德则走得更远。他似乎把"某些人是天生的奴隶"这一判断的适用范围扩及所有的野蛮民族。他毫不怀疑,希腊人是野蛮人天生的统治者,他引用欧里庇得斯的话说道:"希腊人统治野蛮人是公正的,外邦人统治希腊人则是不公正的。……他们是奴隶,我们是生而自由的民族。"②

然而,随着希腊伦理思想的发展,在自由人和奴隶之间,在希腊人和野蛮人之间,所有这些歧视都受到质疑,最终被一扫而光。在斯多葛派的体系中,萌发了一种新的理智的和道德的力量。从一种纯粹理论观点来看,斯多葛派没有多少新颖独创之处。斯多葛学派的许多理论,如物理学、逻辑学、辩证法等,都源于其他学派。他们的哲学似乎是一种

---

① 《理想国》,470;康福德英译本,第169页。
② 亚里士多德:《政治学》,1,252^{a}8;参见欧里庇得斯的《奥尼斯的伊芙琴尼亚》,V.1400;A.S. 韦英译本,露白经典丛书,一九三〇年,第一卷,第131页。

第八章 中世纪哲学中法治国家理论

纯粹的折中主义,他们从赫拉克利特、柏拉图和亚里士多德那里筛选出他们的理论。但是,在他们关于人以及人在宇宙中的位置的一般理论中,斯多葛哲学家们开辟了一条新的道路。他们创立了一种新的原理,这一原理被证明是伦理思想史、政治思想史和宗教思想史的转折点。对柏拉图和亚里士多德的公正的理想来说,它又增加了一个崭新的概念,即"人的基本的平等"的概念。①

斯多葛学派的基本伦理主张是"与自然一致地生活"。但是,他们所呼吁的"自然规律",是一种道德的规律,而不是一种物理的规律。当然,斯多葛派从不否认,在物理意义上,人与人之间存在着数不清的差别:出生、等级、性情、才智等方面的差别。但从伦理的观点来看,所有这些差别都被宣称为无价值的。由于它们不影响人类的生活方式,所以上述差别是一件不相关的事情。唯一要紧的并决定一个人的人格的,不是事物本身,而是他关于事物的"判断"。这些判断不受任何习俗标准的束缚。它们仅仅依存于创造它自身世界的一种自由行为。斯多葛派学者在人的本性中,对什么是必然的与什么是偶然的之间,作出了一种严格的区分。唯有相关于"本质",亦即相关于人的道德价值的东西才是必然的。无论什么,只要它依赖于外在的环境,依赖于不是出于我们自己能力的条件,都要被一扫而尽,它们都不具有任何价值。

缩小或抹杀人与人之间的极为重要的差别,似乎仅仅是一种乌托邦思想,一种哲学家的梦幻。但是,我们不能忘记,马可·奥勒留也表达了这样的思想,他不仅是一个哲学家,也是一个古代最伟大的政治家和罗马帝国的统治者。曾有一个时期,这种政治家与哲学家的结合是完全

---

① 从历史上讲,我们可以在公元前五世纪的智者派那里找到这一概念。但是,它的真正涵义及本质的结果,直到有了斯多葛派哲学才出现。

第二编 政治思想史上反神话的斗争

可能的,并且是人类文明发展史中一件极为著称的事实。

由于在哲学思想和政治思想之间没有一种清楚的联姻关系,所以斯多葛学派不可能完成它的历史使命。被斯多葛派的理论所征服的罗马公共生活开始得很早。对此,我们可追溯到罗马共和国的繁荣时期。许多伟大的政治领袖当时都受斯多葛思想的熏陶。年轻的西比奥①就是斯多葛派哲学家巴内修(Panaetius)的一个追随者。他极为崇仰希腊文化,但是他从未忘记或否定古罗马政治生活的观念。他和他的朋友们为了罗马共和国的强大和军事繁荣而英勇战斗。但是,他们同时也开始形成并建立一种新的理想,它不仅是一个民族的,同时也是一个世界主义的理想。如果我们研究希腊伦理学的经典著作,例如亚里士多德的《尼各马可伦理学》,我们将发现关于不同的美德(如宽厚、节制、正义、果敢和慷慨)的一种清晰而系统的分析。我们找不到所谓"人性"中的一般美德,甚至这个术语似乎从希腊语言和文字中消失了。人性的理想首先出现在罗马,尤其是年轻的西比奥的贵族政治集团,确定了它在罗马文化中的位置。人性不是含糊不清的概念,它有一个确定的意义,并且在罗马的个人生活和公众生活中,它成了一种建设性的力量。它不仅意味着一种道德的理想,也意味着一种艺术的理想。它是一种对生活的某种确定形态的渴求,这一形态必须证实它在整个人的生活中的影响,即在他的语言、文学风格及鉴赏中,同样也在他的道德行为中去证实。这种人性的理想通过西塞罗、塞涅卡等后来的作家,在罗马哲学和拉丁文学中逐步稳定地建立起来。②

---

① Scipio(公元前二三七至一八三年),罗马将军。——译者注
② 关于古希腊、古罗马生活中的"人性"观念和术语的演变,理查德·赖森斯坦专门有一篇研究论文:"古代人性的形成和本质",施特拉斯堡,图伯勒,一九〇七年。另见里查德·哈德的《罗马哲学导论》古希腊罗马文化(第五卷第300页以后),以及"对人性的补充",赫耳墨斯,LXIX. 第64页以后。

第八章　中世纪哲学中法治国家理论

这种政治思想和哲学思想的联合是一件具有首要意义的大事。它被预测要改变社会生活的全部观念。在这种联合的初期，斯多葛主义并不特别关心社会问题。大多数斯多葛派思想家是坚定的个人主义者，如果智者不得不使他自己独立于外在的束缚，那么他必须首先使他从所有社会习俗和责任中解脱出来。在政治情感的骚动中，在政治斗争的舞台上，斯多葛派哲学家，如何才能保持他心灵独立、自信而冷静的确定判断呢？但是，罗马作家们，如西塞罗、塞涅卡和马可·奥勒留等，并不是以这样的态度来理解和说明斯多葛派的理想的。他们承认在个人与政治之间没有任何裂缝，因为他们确信，自然的现实作为一个整体的现实，正如道德生活一样，是一个伟大的"理想国"。这个理想国对待所有的民族都是同一的，对待神与人也是同一的。所有的理性存在者都是共和国的成员。西塞罗说："就是这全世界、神和人共有的国度应当加以观察。"（Universus hic mundus una cintas communis deorum atque hominum existilmanda est.）① 马可·奥勒留说，唯有与他自身、与他的守护神保持和谐的人，才能在生活中与宇宙保持和谐。② 个人的秩序与宇宙的秩序，只是一个普遍的基本原则的不同表现。这种观点蕴藏着极为重大的实际意义，在对待奴隶制问题上，变得十分明显。没有一个斯多葛派的作家能接受亚里士多德有"生来"奴隶的说法。他们认为，人的"本性"只意味着伦理自由，而不是社会的奴役，不是本性而是命运使人成为奴隶。塞涅卡说："把奴役想象为渗透一个人的整个存在，这是一种谬误。对于人来说，他的较好的部分是免除奴役的：的确，肉体是

---

① 详见朱利叶斯·凯尔斯特的《在基督教政治和文化发展中的古代教会观念》，莱比锡，B. G. 托伯勒，一九〇三年。
② 参见《马可·奥勒留·安东尼勒斯沉思录》，第二卷，第十三，十七节；C. R. 汉勒斯英译本，露白经典丛书，一九一六年，第37、41页。

受制约的，并在一个主宰的控制之中；但是，心灵是独立的，而且它是如此自由和狂热，以至它甚至不受束缚它的肉体的禁锢。"心灵保持自由、独立和自主。① 斯多葛派思想的历史证实并阐明了这一准则。伟大的斯多葛派思想家之一，马可·奥勒留，是罗马皇帝；相反，其另一个伟大的思想家爱比克泰德（Epictetus）却是一个奴隶。

斯多葛派的这种关于人的概念成了古代思想和中世纪思想的一个最坚实的联结，它是一条甚至比古希腊哲学中人的概念更为坚固的链环。在中世纪早期，柏拉图和亚里士多德的著作还鲜为人知。奥古斯丁对亚里士多德的了解只是一本《工具论》的拉丁文译本。但他本人曾经说过，对西塞罗的《霍滕修斯》（Hortensius）的研究，在他心灵中产生了一种深刻的影响。正是在这里，他第一次接触到斯多葛派哲学家的理想。在整个中世纪，西塞罗和塞涅卡在伦理思想方面，始终保持着一种巨大的权威。基督教作家非常惊异地发现，在这些异教作家中找到了他们自己的宗教观点。斯多葛学派关于人的基本平等的准则，通常也是很容易被接受的。于是，它成了中世纪理论的一个基本点。不仅基督教的教父们这样教授它，并且"罗马法典"和"法理概要"的罗马法理学家们也奠定并证实了它。在这一点上，中世纪思想和哲学派别的不同倾向之间几乎没有什么不一致，它们在一个共同目标上是相互协调的。从"本性"和事物基本的秩序上讲，一切人都是自由和平等的。这是中世纪神学和法律体系的一条基本准则。格利高里大帝（Gregory the Great）说，"因为我们所有的人在本性上是平等的。"（Omnes namque homines natura aequales sumus）"在自然法则面前人人平等"（Quod ad jus natura

---

① 塞涅卡：《论恩惠》，第八卷，第20页；奥布里·斯图尔特英译本，伦敦，G贝尔父子出版公司，一九〇〇年，第69页。

第八章　中世纪哲学中法治国家理论

lattinet omnes homines aequales sunt），厄尔平（Ulpian）说。① 斯多葛派认为，一切人之所以是自由的，乃是因为他们都同样秉赋着理性的观念，这个观点在附加的声明中得到了神学的解释和辩护，声明指出理性仅仅是上帝的映像。《诗篇》这么写道：

主，让您的仪容显示给我们吧！②

奥古斯丁在《上帝之城》中宣称，上帝把人塑造为动物之灵长，但是没有赋予他权力来统治其他人的灵魂。任何想要篡夺这种权力的企图，都是一种僭越、非分的自负。这儿，正如斯多葛派的思想一样，每个灵魂都被宣布为"自己的立法者"（sui juris），它不能失去或放弃它的原本的自由。③

结果必然是，没有任何政治力量权威能够是绝对的，它总要受到公正法则的束缚。这些法则是不可变更、不可侵犯的。因为它们体现神圣秩序本身，表达了一位至高无上的立法者的意志。的确，也正如后来所做的那样，从罗马法律中能推断出这样的结论：君主是独立于一切法律契约之外的。但是，在中世纪思想中，国王的神圣权力的原则，总是受到某种基本界限的制约。无论是神学家还是罗马法官，都是在特定意义上来解释这一准则：即君主是独立于法制约束的，但是这种独立不能使他解除他的任何义务和责任，即"君主不受法律制约"（Princeps Legi-

---

① 更充分的讨论和文献可见前章卡莱尔的著作，第一卷，第二部分，第六至七章，第63—79页。
② 《诗篇》，第四章，第六节。
③ 奥古斯丁：《上帝之城》，第十九卷，第十五节；多兹英译本，第二卷，第323页以后。

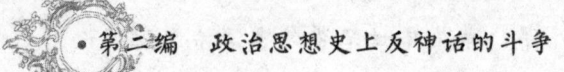

bus solutus）。君主不是出于任何外在压迫而服从这些法律的，但是，"自然法"的权力和权威永远是牢不可破的。"若不是法律许可，国王一无所能"（Rex nihil potest nisi quod jure potest），这句格言永远是生机勃勃、充满活力的。似乎还没有证据表明，这句格言曾受到任何中世纪的作家怀疑或严厉的攻击。托马斯·阿奎那开始于这样的原则，即法律应当制约君主，"乃至具有指导的能力"（quoad vim directivam）但不是"具有强制的能力"（quoad vim coactivam）。① 他在一篇专题论文《论君主的统治》（De regimine principum）中解释了这一原则。在这篇文章中，他得出了一个非常大胆的结论。这个结论在一个中世纪思想家的体系中是相当惊人的，它包含着一个革命的因素。在中世纪，公开反抗统治者权力的哲学，是不能被允许的。如果君主的权威是直接来源于上帝，那么，任何对抗就变成了对上帝意志的公开反叛，因而是一种无法宽恕的罪恶。即使是不公正的统治者，他也是作为上帝的代表，因此人们将不得不服从于他。托马斯·阿奎那不能否定或抛弃这种论证。然而，尽管他接受了流行的观点"法律至上"，但却给予它一种说明，通过这种说明实际上已经改变了它的含义。他宣布，人必须服从世俗的权威，但是，这种服从是受到公正法律制约的。因此，人民没有责任服从一个不公正的或僭越的权威。的确，神圣的法律是禁止暴动的。但是，反抗一个不公正的或僭越的权威，拒绝服从一个"暴君"，不但不具有叛逆或暴动的性质，反而是一种合法的行为。② 所有这些都清楚地表明，尽管在教会和国家之间，在神圣秩序和世俗秩序之间，不断地发生冲突，但这二者都被一个共同的原则联系起来，正如威克利夫（Wyc-

---

① 《神学大全》，Prima secundae, Quaest. XCVI, art. 5。
② 《神学大全》，Secunda Secundae, Quaest. XLII, art. 2。

lif）所说的，国王的权力是一种"精神和福音的权力"（Potestas spiritualis et evangetica）。① 世俗秩序不仅是"暂时的"，它也具有一种真实的永恒性，即法律的永恒，因而就其自身而论，也具有一种神圣的价值。

---

① 《论君主的职责》（*De officio regis*），第一章，第4页及第10页以后，引自哈谢根（J. Hashagen）《宗教改革前的国家和教会》（*Staat und Kirche vor der Reformation*），埃森，G. D. 巴德克尔，一九三一年，第539页。

第九章 中世纪哲学中的自然和天赐

中世纪的国家学说是一个连贯的体系,它建立于两个理论前提:基督教的启示内容和斯多葛派关于人的自然平等的观念。根据这两个理论前提,它的全部结论都能够以逻辑的顺序推导出来。然而这一体系却有一个根本的缺陷:它的形式是正确的、无懈可击的;但是在内容上,它似乎缺少一般的根据。人的自然平等这一理论前提,不断地与历史和人类社会的事实相矛盾。在一切时代,生而自由和人的自然权力的理论都遇到这种事实的公然抵触。"人是生而自由的,但却无往不在枷锁之中。"卢梭在他的《社会契约论》的开头说道:"自以为是其他一切的主人的人,反而比其他一切人更是奴隶。这种变化是怎样形成的?我不清楚。是什么才使这种变化成为合法的?我自信能够解答这个问题。"①

---

① 卢梭:《社会契约论》,第一卷,第一章。

第九章　中世纪哲学中的自然和天赐

为了解答这个问题，卢梭必须要建立一个非常复杂的理论。他必须经历一条漫长的道路，即引导他从他最初对人类社会的否定态度达到一种新颖的、实证的、构成的原理。他必须从一极走向另一极：从他的第一篇论文①到他的《社会契约论》。② 对一个中世纪思想家来说，这样一种态度的变化既是不可能的，亦非必然如此。对他来说，卢梭的问题甚至在它还未提出之前就已被解答了。因为他没有必要像卢梭那样来调和两种对立的原则。他没有必要解决这样的难题，即人类社会的明显的罪恶如腐败、暴政、奴役，是如何同人的"本源的善良"互相共存的。中世纪哲学能够轻易地说明社会秩序中一切内在必然的缺陷。因为国家尽管有它伟大的伦理目标，但它自身不能被看作一种绝对的善。中世纪思想家们非常愿意采纳斯多葛学派的理论：有一个伟大的理想国，它既适合于神也适合于人。他们也确信，神圣秩序和世俗秩序尽管有它们的差异，还是能构成一个有机的整体。早期教会尚未建立一种首尾一贯的社会哲学。教会内部的社会结构和教会外部的社会结构被一道宽阔的鸿沟隔开了。③ 但是在中世纪思想的进展中，这道鸿沟被跨越了。越来越多的"基督教组织"（corpus Christianum）被设想为一个不可分裂的整体，"道德和政治的组织"（corpus morale et politicum）同时也是一种"神秘的组织"（corpus mysticum）。正如托马斯·阿奎那所说，尽管它的各个部分之间存在着区别和对立，但仍有一种"达到统一的顺序"

---

① 指《论科学和艺术的进步是否有利于民风的淳化》，一七五〇年。——译者注
② 参见我的《启蒙哲学》（*Philosophie der Aufklärung*），图平根，摩尔，一九三二年，第六章，"权力、国家和社会"（Recht, Staat and Gesellsehaft）。
③ 参见恩斯特·斯罗尔兹：《基督教会的社会理论》（*Die Soziallehren der christlichen Kirchen and Grappen*），《全集》第一卷，图平根，摩尔，一九一二年，第286页以后；奥利夫·怀恩英译本《基督教会的社会理论》（*The Social Teaching of the Christian Churches*），第一卷，伦敦，乔治·艾伦和昂恩出版公司；纽约，麦克米伦出版公司，一九一三年，第280页以后。

(ordinatio ad unum)，并且这种区别和冲突的力量都导向一个共同的目的。这种"统一的起源"（principium unitatis）从来没有被忘却。作为一个单独国家出现的人类全体是由上帝亲自奠定的，并且上帝亲自通过君主政体而进行统治。任何局部的统一体，无论其是教会的或市俗的，都从这个原始的统一体中获得它的权利。① 但丁给这个概念以一种最明晰、最精炼的论述。在他的论著《帝制论》（De monarchia）中，国家被提升到至高无上的地位。它不仅被判断为正义的，而且受到赞美和颂扬。为了世界的安全和利益，它被宣布为绝对必要的。② 但是，由于中世纪体制的限制，所有这些主张只是停留在空谈上，并未得以完全实现。因为存在着一个不能被完全克服的根本障碍。就国家的目的和它的公正的管理而论，无疑都是好的。但是，根据基督教的教义，国家的起源则是恶的，它是原罪和人的堕落的结果。对此，早期基督教的所有思想家是完全一致的。在公元二世纪的艾雷尼厄斯（Irenaeus）、公元五世纪的奥古斯丁和公元六世纪的格雷高里大帝那儿，我们都能找到同样的思想。艾雷尼厄斯说，政府的产生是必然的，因为人脱离了上帝，仇视他的同类，并堕落于各种迷惘和紊乱之中。所以，上帝使人们相互倾轧，使人们彼此恐惧，通过这些方法，他们或许被驱向某些正当的和公正的行为尺度。③

教父们的这种理论与古希腊的城邦理想是公然对立的。奥古斯丁承认，柏拉图的国家学说从哲学上讲是正确的。柏拉图之所以是正确的，

---

① 这个问题的充分讨论请见奥托·冯·吉尔克：《政治理论的发展》；伯纳德·弗雷德英译本纽约，W.W. 诺顿出版公司，一九三九年，第二部分，第一章，"国家学说中的宗教原理"，第69页以后。
② 见但丁：《帝制论》，第一卷，第三章和第五至九章。
③ 艾雷尼厄斯：《批判叛教者》（Adversus haereticos），第五卷，第二十四章，见前引卡莱尔的著作，第一卷，第129页。

第九章　中世纪哲学中的自然和天赐

仅在于他作为一个哲学家，作为一个说出理性而不是说出启示的人，必然要漠视和否定主要的存在。上帝通过他的启示，毁灭了智者的智慧，使睿智的理智一无所知。人类的理性腐败了，它永远不能发现唯一真实的国家——上帝之城。奥古斯丁说，真正公正的君主统治只存在于那样的国家，它的奠基者和立法者都是基督。

柏拉图不仅赞扬他的理想国的善，还崇尚它的美。在他看来，国家不仅相对于其他东西来说是美的，在一定意义上它就是美本身，而大众所知道的美只是一个骗人的东西。甚至艺术家和诗人也只有一个关于美的虚弱的幻想。唯有哲学家才能够洞察到那表征理想国的真实的原型和典范。因为，还能有一个比秩序、正义和适当的比例更高的美吗？

"你的那些视观与声音的爱好者们，只是欢悦于美妙的音调、色彩和形状，喜爱那些涉及上述问题的艺术作品；但是他们没有思想的力量来把握并欣赏美自身的本质。达到美，并且在本质上把握美的力量，的确是少有的。如果一个人相信美的事物的存在，而不相信美自身的存在，并且不能跟随引导他达到美的知识的向导，那么，他不是生活在梦幻中吗？"① 柏拉图展现其理想国的图景之后，便洋洋得意地宣称："我们已经规定了它的每个部分，这样我们也就规定了整个的美。"

这样一种国家概念在早期基督教思想中是不能被接受的。国家被判断为合理的，这是有一定限度的，它不能被表达为美。它不能被看成是纯净的和无瑕疵的。因为它总是带有它的根源的标记，原罪的耻辱已不可磨灭地烙印在它上面。这在希腊经典的思想与早期基督教思想之间造成了严格的区分。在这一点上，任何妥协都是不可能的。在中世纪思想中，新柏拉图主义是一个首要的和最本质的建构因素。狄奥尼索斯关于天国和教会等级制度的伪作，具有一种深刻而持久的影响，这种影响扩

---

① 《理想国》，476；康福德英译本，第179页。

及全部经院哲学的体系。公元九世纪,司各脱·爱里根纳(Scotus Erigena)依据新柏拉图主义写了一部阐释整个基督教教义的著作《论自然的划分》(De divisione naturae)。① 然而,另一方面,新柏拉图体系的创建者,对基督教的诺斯替教派②发起了一场猛烈的进攻。他指控他们不虔诚,因为他们不能看见和理解宇宙的美。普罗提诺说:

> 蔑视宇宙,蔑视诸神以及包含在它之内的其他美的自然物,他就不能成为一个善的人……因为一个爱任何存在的人,必定爱那依附于他所爱对象的每一事物。爱一位父亲,也必定爱这位父亲的孩子……因为这个宇宙,或在这个宇宙中的诸神,如何才能从可理解的宇宙中分离出来呢?这不是一个有智慧的人考察这些事物的领域,而是一个精神上的盲人的领域,这样的人是一个既缺乏感觉也缺乏理智的人,是一个远离可知世界而无法看到这个世界的人。因为在理智世界中,领悟到其和谐的音乐家,当他从可感觉的声音中听到和谐能不为之所动吗?或者当熟练的几何学家和算术家洞察到什么是匀称、类似和有秩序时,能不为此而感到喜悦吗?……除非他的心灵极为迟钝、呆板,不能被任何东西所激动。然而,当一个人在感觉世界看到所有这些美的对象,看到它们的匀称和事物的宏伟的安排,看到那即使很遥远,也能呈现其形式的星球,当他看到所有这些情景时,他的精神能不激动,能不把这一切都作为那最为崇敬的原因所创造出来的可敬仰的产品,而感到肃然起敬吗?③

---

① 见圣·奈勒·泰伦笛尔(saint Rene Taillandier):《司各脱·爱里根纳和经院哲学》(Scot Erigene et la philosophie scolastique),斯特拉斯堡,一八四三年。
② 相信神秘直觉说的早期基督教。——译者注
③ 普罗提诺:"反诺斯替教派",引于《九章集》,II,9,第十六节。托马斯·泰勒(Thomas Taylor)英译本:《普罗提诺选集》,伦敦 G. 贝尔父子出版公司,一九一四年,第72—75页。我已做了一些小小的改动。

第九章 中世纪哲学中的自然和天赐

如果这种观点适用于物理世界，它必定适用于法律和秩序世界。中世纪思想家们越熟悉古代思想家们的著作（尤其是亚里士多德的著作），他们能够坚持他们对社会秩序的单纯的否定态度也就越少。公元十一世纪曾经历过一场缓慢而坚韧的斗争，从通常的观点来看，这场斗争极为富有情趣，并具有极大的重要性。这里，有一种确定的神话因素，是不能受到公开攻击的。对于每一个中世纪思想家来说，怀疑原罪这一事实是不可能的。另一方面，人的堕落的信条显然否定辩证思想的全部努力。对于理性的解释，它是不可渗透的，冥顽不化的。然而，经院哲学家不承认这种理性的失败。他们都不曾认为或说过哲学是"神学的婢女"（ancilla theologiae）。对于哲学的使命和尊严，他们具有一种极高的观念。因而他们努力重新阐述问题，通过这种重新陈述以寻求一种二律背反的解决，来重建理性的权威和尊严。

人的堕落总是保留着一种神秘。但是，神秘自身却又被一种新的眼光来看待，它不再被认为是深不可测的。理性没有彻底地、不可救药地腐败，它依然保留它自己的某种权利和它自己的一块地盘，正是哲学捍卫了这种权利并规定了这块地盘。全部经院哲学体系，从十一世纪开始，坎特伯雷的安瑟尔谟、阿伯拉尔、大阿尔伯特、托马斯·阿奎那等都集中于这个问题，并取得了一致。自然理论如同政治理论一样都处在这种思想的一般倾向的影响之下。的确，在十一世纪，仍有许多思想家严厉地批判和谴责这种新的倾向。他们一直认为人类社会是人类的邪恶和罪孽的产物。大约七个世纪以后，格雷高里七世（Gregory Ⅶ）仍旧在重复奥古斯丁的论题。他宣称，国家是罪恶与魔鬼的一件作品。[①] 另一方面，甚至这种激进的理论也不得不为世俗国家留有一定余地。它不

[①] 格雷高里七世：《书信集》，第八卷，第二十一封，第 456 页；参阅奥古斯丁：《上帝之城》，第四卷，第一节。

· 第二编　政治思想史上反神话的斗争 ·

得不承认，政治秩序至少具有一种有条件的价值，尽管国家自身是无价值的，但在其限度内，它仍具有一种积极的和独立的作用。它不能引导我们走向真实的目的，但是它能使人脱离最大的罪恶——无政府状态的罪恶。国家的罪恶，正如沉积于人的原罪中的罪恶一样，是病入膏肓、不可救药的。但是，它只是一种相对的罪恶。当它与最高的、绝对的宗教真理相比时，国家被证明是处于非常低下的水平上。然而，当我们用人类的一般尺度来衡量国家的话，它仍然是善的。因为没有国家，我们将走向混乱。此外，国家自身具有医治它固有缺陷的能力。作为一种对人类罪恶和堕落的惩罚，国家是一种天赐的医疗，它能消除这些衰败的大部分严重影响。在一个腐败的无组织的世界中，世俗国家能够维持一种均衡，一种确定的比例和平衡的力量。①

在托马斯·阿奎那的体系中，对社会秩序和政治秩序的评价已经完全改变了。当然，托马斯·阿奎那从未怀疑过基督教教会的任何信条。但是，除了教会以外，他还发现了一个新的导师和一种新的权威。对托马斯·阿奎那而言，正如对但丁一样，亚里士多德是他们"熟识事物的导师"（il maestro di color che sanno）。并且，阿奎那不仅希望"信仰"，而且希望"认识"。在他看来，这两种欲求之间没有矛盾，它们不仅是相互共存的，而且是彼此补充的。因为理性和启示是同一真理，是神的真理的两种不同的表述，它们之间的任何不一致都是不可能的。倘若这种不一致出现的话，它必定只依赖于主观的原因。在这种情况下，恰恰是哲学发现并消除了这些原因。理性是可能犯错误的；启示却是一贯正确的。因此，如果两者之间存在着任何不一致和差异，我们就可以确信，错误必然是在理性这一边，那么，我们就必须努力找出错误并改正

---

① 早期教会的这种理论的发展，请见前引恩斯特·特洛尔切的著作，英译本，第一卷，第 145 页以后。

第九章　中世纪哲学中的自然和天赐

这种错误。这就是哲学与神学的真正关系。① 在我们全部的哲学著作中，启示的真理一直在引导并照亮着我们的道路。然而，接受这种引导后，理性就可以相信它自己的力量。两个领域就这样明确地区分了。在自然王国和天赐王国之间不可能有任何的混淆，它们各自有它自己的对象和权力："不可能既是信仰又是科学"（impossibile est quod de eodem sit fides et scientia）。②

托马斯·阿奎那的自然哲学和他的社会哲学都标记着这一总的原则。物理学成为独立自在的，因而它能走它自己的道路，不再被置于神学思想的控制之下。这个"独立宣言"在托马斯·阿奎那的老师大阿尔伯特的著作中已经作出，他从未怀疑过这一道理：纯粹的神学思想权威或纯粹的三段论演绎的效力，是不能使我们决定任何物理问题的。在关于特殊的自然现象的所有问题中，经验是我们唯一的向导。求助于神学的论证和求助于神的意志去说明任何一种特殊现象，都是荒谬的。根据这条准则，大阿尔伯特推演出他自己的自然理论，并赋予它许多独创新颖的特性。他是一种新的运动理论的先驱者之一，在某些方面为伽利略的力学做了准备。③ 托马斯·阿奎那遵循了同样的方法。既然上帝是一切事物的创造者，那么把他看作是第一性的和根本的原因，就是理所当然的。基督教的启示和亚里士多德的权威都证实了这个一般原理。托马斯在他的《神学大全》（Summa theologica）和他的《反异教大全》（Summa contra gentiles）的开头，是从亚里士多德关于形而上学或"第

---

① 托马斯·阿奎那：《反异教大全》（summa contra gentiles），第一卷，第一、二、九节。
② 见托马斯·阿奎那：《论真理》（De veritate），Quaest，XIV，art. 9。
③ 关于大阿尔伯特对物理学的贡献和他的一般方法，请见皮埃尔·杜海姆（Pierre Duhem）：《宇宙的系统》（Le systeme du monde），第五卷，第十一章，巴黎，A. 赫尔曼，一九一七年，第412页以后。

一哲学"主要是研究事物第一因的定义开始的。另一方面,把第一因作为唯一的原因,这是一个严重的错误。如果上帝起作用的话,它不会通过它的意志的单纯展现来起作用,而是以一种有规律的方式和通过间接的原因来起作用。研究这些间接的原因,是物理学的任务。如果没有一种对"第二因"的洞察,物理世界将是不可思议的。它将是一个永恒不变的奇迹,否定和削弱第二因不能表明是对上帝的伟大和荣耀的赞美,相反,却是对他的荣耀的贬低:"抹煞事物固有的根据,也就是否认上帝的仁慈"(Detrahere rationes proprias rebus est divinae bonitati derogare)。一切有限的感觉和经验的事物都是上帝的创造和作品。但正是这一理由,它们分享着他的完善,具有自身的一种秩序和美。的确,这种秩序和美,作为一种分享的美,永远达不到本原的完美。然而,它拥有它自己的根据,在它自己的限度内是完美的。因此,存在一种本原的善和美,万物也由此而同样具有善和美。这就为无数的特殊的美留下了余地——在这两种美之间,不可能存在任何矛盾。①

如果关于知识的一般理论不作一种彻底的重新调整的话,对经验世界和科学思想的这种新的估价将是不可能的。以柏拉图和奥古斯丁的权威为依据,所有以前的中世纪哲学体系都开始于理智世界和感觉经验世界的严格区分。在这两个世界之间,有一条宽阔的鸿沟:一边是存在的领域,另一边则是变化的领域;一边给予我们真理,另一边则给予我们纯粹的幻象。两类知识的这种隔绝,在肉体与灵魂的极端二元论中有它的形而上学的根源。肉体和灵魂不属于同一个世界。就其本质与根源来说,灵魂与肉体是相对立的。如果灵魂存在于肉体中,那么它就像一个陌生人或囚犯一样生存于肉体之中。打破这种囚禁是哲学的最高目标之一。但是,感觉经验只有相反的效果。在我们感觉经验中的每一新的进

---

① 《神学大全》, Pars Prima, Quaest, vi. art. 4。

第九章　中世纪哲学中的自然和天赐

步都为这种囚禁的锁链增加一个新的链环。知识的最高指向,是使我们摆脱肉体锁链的强制而获得自由。柏拉图问道:

> 灵魂何时才能达到真理?因为当它努力思考着事物时,它总是伴同着肉体,并显然要被肉体弄得失望。然而,如果灵魂完全在思想中的话,现实的某些东西将对它变得清楚起来;如果没有这些东西打扰它的话,既听不到也看不到,灵魂或许思想得最好……因此,灵魂只有尽力独立于肉体而自立,尽可能避免同肉体的一切联系,才可能达到实在。①

托马斯·阿奎那推翻了这个观念。他认为,肉体不再是灵魂活动的一个障碍。相反,它是唯一的工具,由于肉体,真实的思想活动才能在人类世界中实现。由于追随亚里士多德的观点,托马斯·阿奎那不得不以一种与奥古斯丁和早期教会学说截然相反的方法来解释肉体与灵魂之间的统一。人不是一种"复合的混杂物",不是两种不同的和分离的元素的单纯混合;而是一种有机的统一,并以这种方式活动。因而我们不能把他的理性活动同他的知觉活动分割开来。人类知识的所有形式,无论是较高的知识,还是较低的知识,都是联结在一起并指向同一个目的的。对于理性知识来说,感觉经验非但不是一种障碍。相反还是理性知识的开端和先决条件;"我们的认识起源于感觉"(principium nostrae cognitionis est a sensu)。②

---

① 柏拉图:《斐多篇》,65B、C;H. N. 福勒英译本,第一卷,露白经典丛书,第227页。
② 这个问题的详尽的历史争论,请见 E. 吉尔森《托马斯主义》(*Thomisme*),第九章,新版,巴黎,佛泠出版社,一九二二年,第138页以后。

托马斯·阿奎那的道德哲学和政治哲学遵循着同一条思路。道德世界的构成与物理世界的构成一样，具有同样的类型。上帝不仅是物理世界的创造者，而且首先是道德规律的立法者和本源。然而，我们必须注意到这条一般原则：忽略第二因或否认它们的效用，不但不增加上帝的荣耀，相反是对这种荣耀的一种贬低。上帝是第一因和终极目的，但是，我们必须公平地看待这些"第二因"。道德秩序是一种人类的秩序，它只有通过人的自由协作才能形成。它不是我们在一个超人力量的强制下而达到的。它依赖于我们自己的自由行动。因而托马斯·阿奎那不能接受以下流行的神学说教：国家是上帝授予的一种天赐的制度，它仅仅是对人的罪恶的一种补救。

作为一个亚里士多德主义者，阿奎那不得不从一个经验的原则中，而不是从一个先验的原则中推导出社会秩序。国家起源于人的社会本能。正是这种本能首先导向家庭生活，并在一种不断的发展中，达到共和国的其他的和更高的形式。因此，把国家的起源同任何超自然的东西相联系，既无必要也是不可能的。社会本能对于人和动物都是一样的，但是，在人的社会本能中，它呈现出一种新的形式，它不仅是一个自然的产物，而且是依赖于一种自由的、有意识的理性活动的产物。当然，在一定意义上，上帝仍然是国家的原因，但是，正如在物理世界一样，他仅仅作为一个"间接因"或一个"动力因"在起作用。这种本原的动力并不能使人放弃他的基本责任，他必须通过他自己的努力来建构一种权力和正义的秩序。人正是通过道德世界和国家的这种组织而证实了他的自由。在这里，自然领域和天赐领域这两个领域之间的断层虽然没有被完全跨越，二者也尚未融合为一个完满的统一体，但是天赐的力量已经受到削弱。

托马斯·阿奎那确信，最高的善即古代哲学家的"至善"（summum bonum），仅靠理性是无法达到的。"幻觉上帝"即"上帝的神秘显圣"，依然是绝对的目标，并且这一目标依存于一种天赐的无代价的馈赠。① 但是，人必须自己开始劳动，为这一事件做准备。神圣的权力并不取消人的源于理性的权力。② 天赐并不破坏自然，它只会使自然完满（Gratia naturam non tollit, sed perficit）。因此，尽管人堕落了，但他尚未失去以恰当的方式运用他的力量的官能，他以此而为他自己灵魂的拯救来作出准备。在伟大的宗教戏剧中，他不是扮演一个被动的角色，而是要求主动地作出贡献，这确是必不可少的。③ 在这种观念中，人的政治生活赢得了一种新的尊严。世俗国家和上帝之城不再是对立的两极，它们彼此关联，互为补充。

---

①②③ 《神学大全》，Prima Secundae, Quaest, XCI, art. 4; X 和 XI; XCI, art 3。

第十章 马基雅维利的新政治科学

关于马基雅维利的评述

在全部文献史中,马基雅维利的《君主论》(*Principe*)的命运,是对这样一句格言的真理性的最好的见证:"一本书的运气好坏全看它的读者的才能如何。"(Pro captu lectoris habent sua fata libll.)① 这本书的名声是独一无二且史无前例的。它不是一部供学者们研究和政治哲学家们评论的纯粹的学究式的论著;也不能被理解为只是为满足一种理智好奇心。马基雅维利的《君主论》一经交到它的第一批读者手中,立即被付诸实践之中。在我们现代世界的伟大政治斗争中,它被用作一件具有威胁性的强大武器,它的效力是确定无疑的。但是在某一方面来说,它的"意义"仍

---

① 特伦提那·莫鲁斯:《论文学、音节、音韵》(*De litters, syllabis et metris*), v., 一二八六年。

第十章 马基雅维利的新政治科学

是一个秘密。即使在今天,这部著作已被哲学家、历史学家、政治学家和社会学家从各种不同的角度探索过,这个秘密还是没有完全被揭示出来。我们发现,从一个世纪到另一个世纪,从一代人到另一代人,对于《君主论》的判断,不仅有一种变化,而且有一种彻底的颠倒。这部著作作者的命运也是如此。马基雅维利在历史中的形象时有变化,有些人爱他,有些人则恨他,弄得我们茫然不知所措。要想在所有这些纷纭变化之后,认识这个人的真实面貌和这本书的主题,是一件极为困难的事。

对这部著作的最初反应是一种恐惧和战栗。麦考利(Macaulay)在他的论马基雅维利文章的开头写道:"我们怀疑在著作史中,是否还有任何人的姓名像这个人的姓名那样,如此地狰狞可恶,他的品格和著作正是我们建议考虑的。按照通常的说法,马基雅维利被描绘为一个魔鬼,罪恶的根源,野心和仇恨的发泄者,谎言的首创人;并且,在他的注定要遭到不幸的《君主论》发表之前,还不曾有过一个伪君子、一个暴君、一个卖国贼、一种假冒的道德或一种实用主义的罪恶……除了他的别号之外,他们为他起了一个绰号叫恶棍,并且除了他的教名之外,他就是罪恶的代名词。"①

后来,这种评论日渐衰弱。于是,从一个遭极端谴责的时代又走到另一个被极度赞扬的时代。斥责和苛刻的诅咒变为一种敬畏和崇拜。马基雅维利由暴君的顾问变成了自由的烈士,由一个肉身的恶魔变成了一个英雄,甚至是一个圣人。

上述两种态度都不符合马基雅维利的真面目,都是人们误入了歧途的表现。我不是说我们不应该从一种道德的观点来阅读和判断他的著

---

① 麦考利:《批判的、历史的杂文集》,第一卷,纽约,一八六〇年,第267页以后。

 第二编 政治思想史上反神话的斗争

作。面对着这样一部产生如此巨大的道德影响的著作，这种评判是不可避免的，甚至是十分必要的。但是我们不应当从赞扬或非难，谴责或褒奖开始，不管其他著作家是如何说的，回忆一下斯宾诺莎的原则或许倒是很有必要的："不笑，不哭，也不厌恶，而是去理解。"（Non ridere, non lugere neque detestari, sed intelligere）。在我们给予一个人及其著作以一种评价之前，我们首先应当理解。但是这种理智的态度却由于两种有关马基雅维利的传说而遇到障碍。在研究《君主论》时，我们必须时时提防它们，包括仇恨这部著作的传说，以及热爱这部著作的传说。前者产生于十七世纪的英国，不仅政治学家和哲学家，甚至伟大的英国诗人都参与了对马基雅维利的这种宣扬。在伊丽莎白女王一世时期，几乎没有哪位著名的作者不提及马基雅维利的名字，无不对他的政治理论进行评判。爱德华·迈耶尔（Eduard Meyer）在他的著作《马基雅维利和伊丽莎白一世时代的戏剧》①中注意到，伊丽莎白一世时期的文学中，相关马基雅维利的不少于三百九十五处。并且无论是在马洛、本·琼森、莎士比亚，还是在韦伯斯特、博蒙特和弗莱彻的戏剧中，马基雅维利都是一种狡诈、伪善、残酷和罪恶的象征。剧作中的坏人常常自我表白是一个马基雅维利主义者。②这种通常的情感最为明显的表达，可以在莎士比亚的《国王亨利六世》剧的第三幕中理查德葛罗斯特公爵的独白诗中找到：

  我有本领装出笑容，一面笑着，一面动手杀人；

---

① 《文学史研究》（Literarhistorsche Forschungen），第一卷，魏玛，一九〇七年。
② 证据请见马里奥·普拉兹（Mario Praz）的著作：《马基雅维利和伊丽莎白一世时代的作家》（Machiavelli and the Elizabethans），《英国科学院的文献汇编》（Proceedings of the British Academy），第十八卷，伦敦一九二八年。

第十章　马基雅维利的新政治科学

我对着使我痛心的事情，口里却连说"满意，满意"。

我能用虚伪的眼泪沾濡我的面颊；我在任何不同的场合都能扮出一副虚假的嘴脸。

我能比海上妖精淹死更多的水手；我能比蛇王眼中的毒焰杀死更多对我凝视的人。

我的口才赛过涅斯托，我的诡计赛过俄底修斯，我能像西农一样计取特洛亚城。

我比蜥蜴更会变色，我比普罗透斯更会变形，连那杀人不眨眼的马基雅维利也要向我学习。①

理查德三世应当认为马基雅维利是一个与时代不合的人，但是莎士比亚和他的观众几乎都没有注意到这种不合。马基雅维利的名字几乎已经失去了它的历史的、个人的人格。它被描述为一种思想类型。即使在后来，马基雅维利这个词或马基雅维利主义总是被一种可憎可恶的魔鬼般的气氛所笼罩。莱辛的《爱米丽雅·迦洛蒂》中，国王的大臣和顾问马里纳利还是体现了传说中的马基雅维利的许多特点。国王在剧终时大声说："君主难道还不够作一个人吗？魔鬼们一定要在他们的朋友中把他们自己假扮起来吗？"②

然而，尽管有这些仇恨和轻蔑，马基雅维利的理论从未失去过它的基础。它仍处于普遍兴趣的中心。它的那些最坚定果敢的最不容情的敌人，时常为增添这种兴趣，以引起更多的人的好奇心，反倒做了不少事情。憎恶总是与某种敬畏和魅力相混合的。同样一些人，尽管他们誓不两立地反对马基雅维利的政治体系，但也不得不对他的政治天赋表示敬

---

① 《国王亨利六世》下篇，第三幕第二场。
② 莱辛：《爱米丽雅·迦洛蒂》。第五幕，第八场。

意。利普修斯（Justus Lipsius）在他的《政治学》中写道："我不蔑视马基雅维利一句出名的格言，尖锐，狡猾，辛辣。"（Unius tamen Machiavelli ingenium non contemno, acre, sabtile, igneum.）①

在这一点上，马基雅维利的拥护者与他的最凶猛的敌人之间几乎没有区别。这种奇异的联姻已成为马基雅维利主义在我们时代政治思想中具有持久力的根本原因之一。马基雅维利死了，但是他的学说总是不断以它新的化身而出现。马洛在他的《马尔他的犹太人》的序幕中有介绍马基雅维利的一段话：

> 纵然世界以为马基雅维利已经死了，
> 但他的精灵却远远飞越过阿尔卑斯山；
> 现在他的躯壳死了，但他的精灵又来法兰西，
> 观赏着这片土地，与他的朋友们寻欢作乐。
> 对某些人，或许我的名字是可憎的，
> 然而，他们的话，如同爱我、护我一样；
> 要让他们知道，我就是马基雅维利，
> 我的分量可不是人，也不是人的语言所能掂估出来的。
> 我要向最恨我的人表示尊敬。
> 尽管某些人公开反对我的书，
> 但他们仍要谈到我，并借以得到彼得的座椅：
> 当他们把我赶下座时，
> 也将被我的后继的觊觎者所毒杀。

---

① 利普修斯：《政治或治理学说六卷》（*Politicorum sive civilis doctri nae libri sex*），安特卫普（Antwerp），一五九九年，第8页以后。

第十章　马基雅维利的新政治科学

经过漫长的岁月，马基雅维利这种传闻中的形象才被推翻。十七世纪的哲学家首先向那种流行的判断发起了攻击。培根在马基雅维利身上发现一种类似这样的精神，即摧毁全部经院思想的方法和根据经验的方法来努力帮助研究政治学的哲学家。培根说："我们非常感激马基雅维利和与他同属一个阶层的其他作家，他们开诚布公地宣称或描述人们在做什么，以及人们不应做什么。"①

然而，在当代伟大的思想家中，为修正对马基雅维利的评价，以洗刷他的污名，迄今还没有哪个人像斯宾诺莎那样做过更多的事。为了达到这样的目标，斯宾诺莎提出了一个奇异的假设：《君主论》具有一种隐含的意义。继而，他不得不证明：马基雅维利（斯宾诺莎把他看作一个自由的勇士）如何能够写一部包含暴君统治的大多数准则的著作。斯宾诺莎在他的《神学政治论》中说：

> 最富有创造天才的马基雅维利已大胆宣称，君主的唯一动机是对权力的欲望，他应当把这种欲望用来建立和维护他的统治——这就是君主的全部含义，至于用什么计谋则是很难确定的……他或许想表明，自由的群众应如何谨慎地把他们的福利完全托付与一个人，这个人……必定每天都恐惧阴谋，所以不得不主要顾及自己的利益。至于群众，则宁可计谋对付他们而不管他们的利益。我更倾向于这个最有远见的人的意见，因为众所周知，他对自由是有帮助的，为了维护自由，他曾给予最有益的忠告。②

---

① 培根：《论学术的进步》（*De augmentis scientiarum*），第七卷，第二章，第十节。
② 斯宾诺莎：《神学政治论》（*Tractus theologicopoliticus*），第五章，第五节；埃尔姆斯（R. H. M, Elmes）英译本，博恩哲学丛书，伦敦，G. 贝尔父子出版公司，一九〇〇年《著作集》，第一卷，第315页。

 ·第二编 政治思想史上反神话的斗争·

斯宾诺莎只是以一种尝试性的方式提出了这种解释,他说得相当含糊。他对他自己的这种假设也不十分确信。并且在事实上,有一点他是错误的,在某种意义上,他仍然处于他正努力要破除的同样的幻想中。因为对他来说,马基雅维利不仅是一个非常坦率和敏锐的思想家,而且还是一个非常狡黠的作家。他把马基雅维利作为一个诡计多端的大师来尊敬。不管怎样,这种评价与历史事实是不相一致的。倘若马基雅维利主义意味着欺诈或虚伪,那么,马基雅维利绝不是个马基雅维利主义者。他从来不是一个伪君子,在阅读他的日常信件时,我们惊奇地发现了一个与我们流行的观念和偏见大相径庭的马基雅维利,一个说话坦率、心境谦恭,并带有某种天真的人。这不仅适合于他个人的品格,也同样适合于作为著作家的马基雅维利。这个主张在政治上耍阴谋诡计、搞两面三刀的大师或许是一个最诚实的政治作家。"言语早就教给人们来掩饰自己的思想"(La parole a été donnee àl'holmme pour dégudser sa pensće),塔利兰德(Talleyrand)的这句著名格言,常常被尊崇为外交艺术的重要定义。如果这句话是真实的,那么,马基雅维利就绝不可能是一个外交家。他从未把他自己隐藏起来,也从未隐瞒他的观点和判断,坚定而直率地说他想说的话。对他来说,最勇敢的词总是最好的词。他毫不含糊地向我们袒露了他的思想和他的风格,它们是清晰的、尖锐的、不容误解的。

十八世纪的思想家们亦即启蒙运动的哲学家们,以一种更为赞赏的眼光逐步认识到马基雅维利的品格,在某些方面马基雅维利似乎是他们的天然盟友。当伏尔泰向罗马教会发动攻击时,当他谈起他的著名的"消灭无耻"时,他确信自己将继承马基雅维利的事业。马基雅维利不是曾宣称罗马教会要对意大利的全部苦难负主要责任吗?在他的《李维史论》中他曾说:"对罗马教会和它的教士们来说,我们意大利人欠了

第十章　马基雅维利的新政治科学

这第一笔债,由于他们,我们变得邪恶和不信教。并且,我们还欠他们更大的一笔债,因为它是我们毁灭的直接原因,换言之,由于教会,我们的国家仍处于分裂之中。"① 像这样一些话都成了法国哲学家们的老生常谈。另一方面,他们又不同意马基雅维利的理论。伏尔泰在《弗雷德里克二世论马基雅维利》的第一版序言中说过"恶毒的马基雅维利"。② 普鲁士年轻的加冕国王弗雷德里二世在他的论文中,表达了启蒙运动思想家的一般感情和判断。他说:"我将敢于走进这一行列,为保卫人类而反对这个怪物,这个公然与人类作对的敌人,用理性和正义武装自己,以反对诡辩说和邪恶的论证……因此,读者在这本书中能得到一付解毒剂,来消除他在敌人那里所中的毒。"③ 这些话写于一七三九年。但是在随后的一个世代,我们就听到了一种完全不同的语调。对马基雅维利的评价陡然彻底改变了。赫尔德在他的《关于人类进步的通信》中宣称,无论把马基雅维利的《君主论》看作是一部讽刺作品,还是一部有害的政治学著作,或是这两种东西的混杂,都是错误的。马基雅维利是个诚实而正直的人,一个敏锐的观察家、他的国家的忠实朋友。著作中的每一行文字都证明他不是人类事业的背叛者。他把著作的错误归因于这一事实,即没有一个人在它所处的特定环境中去看待它。这部书既不是一部讽刺作品,也不是一部道德教科书,而是一部为马基雅维利的同时代人所写的政治杰作。为政治学提供"一般的"理论,

---

① 《论提图斯·李维〈罗马史〉前十卷》(*Discourses on the first decade of Titus Livy*),第一卷,第十二章;N. H. 汤姆森英译本,伦敦,一八八三年,第56页后。
② 埃利斯·法恩沃思(Ellis Farneworth)对伏尔泰的序言有一个英文翻译,见《尼古拉斯·马基雅维利著作集》(*The works of Nicholas Machiavel*),第二版,第二卷,伦敦,一七七五年,第181—186页。
③ 《论马基雅维利》,序言,法恩沃思:引同前书,第二卷,第178页以后。

· 第二编　政治思想史上反神话的斗争 ·

绝不是马基雅维利的意图。他只是描写了习俗即他自己时代的思考与行为的方式。①

黑格尔接受了这种评价。并且他以一种更果敢的口吻谈论这个问题。他成为马基雅维利的第一位颂扬者。为了理解这一事实，我们必须注意到黑格尔研究马基雅维利的政治学说的特殊条件。那是在拿破仑战争时代即在弗兰西斯二世放弃德意志帝国的皇冠之后。德国政治的崩溃似乎是一件既定的事实。在一篇写于一八〇一年的未发表的论文"论德国制度"中，黑格尔以这样一句话作为开头："德国已不再是一个国家"。在这种精神状态下，在一种似乎完全分裂的政治形势下，黑格尔阅读了马基雅维利的《君主论》。当时，他似乎已找到了理解这部褒贬极为悬殊的著作的线索。他发现十九世纪德国的政治生活，与马基雅维利时期意大利的国家生活甚为相似。一种新的兴趣和抱负在他的心头油然而生。他梦想成为马基雅维利第二，成为他自己时代的马基雅维利。黑格尔说：

> 在一个不幸的年代，当意大利匆匆走向它的毁灭和成为由外邦君主所挑起的战祸的战场时，当她为这些战争提供手段并同时成为它们的战利品时，当德国人、西班牙人、法国人和瑞士人蹂躏她，以及外邦政府主宰这个民族的命运时，在一片悲惨、仇恨、混乱、迷茫的普遍而深沉的情感中，一个意大利政治家以一种冷峻的审慎，设想着一种必然的观念：意大利的拯救只能通过它的统一。把通过观察意大利状况而形成的一种观念的论证，看成是一种道德和政治原理（更适合于一切条件，因而又不适合于一切条件）毫无

---

① 赫尔德：《关于人类进步的通信》（*Briefe zur Beförderung der Humanität*），第五十八封；《全集》，B. 苏芬编，第十七卷，第 319 页。

148

第十章　马基雅维利的新政治科学

私利的总结，这是极为不合理的。一个人在读《君主论》时，必须既要考虑马基雅维利以前的若干世纪的历史，也要考虑他所处时代的意大利历史。这样，这部著作就不仅仅被看成是合理的，而且还表明它是一部极为壮观而真实的思想杰作，它是一个真正的政治天才所作的最伟大、最高贵的精神创造。

这的确是一种新的阶段，是对于十九世纪政治思想发展具有更高价值的阶段。弗里德里希·迈内克（Friedrich Meinecke）说："它既是新的而且也是一个怪诞的东西。迄今，马基雅维利一直在伦理秩序之外，现在却反过来了，被排列进一种理想主义的系统，它努力信奉和支持全部的伦理价值。这儿所发生的一切，同一个私生子的合法化颇有几分相似之处。"①

费希特政治哲学的进展中也出现了同样的趋向。一八〇七年，在寇尼斯堡的评论杂志（Vesta）上，费希特发表了一篇文章《论马基雅维利》，② 正如他所宣称的那样，他的评论注定将会有助于"为一个诚实正直的人恢复名誉"（Ehrenrettung eines braven Mannes）。我们看到，费希特远远不同于我们传统的观点。我们认为，费希特是一个最坚定的道德严肃主义的倡导者。但是，在他对马基雅维利的判断中绝非如此。他赞扬马基雅维利的政治现实主义，并试图为他开脱所有的道德罪责。他承认，马基雅维利声称自己是个坚决的异教徒（曾以仇视和轻蔑的口吻谈起基督教），但是所有这些都不能改变他的评判，也不能削弱他对作

---

① 《新的历史中的国家理性的理念》（*Die Idee der staatsräson in der neueren Geschichte*），慕尼黑和柏林，R. 奥登布克，一九二五年，第 435 页。
② 后来重印于费希特的《遗著》（*Nachgelassene Werke*），第三卷，波恩，一八三五年，第 401—453 页。

· 第二编　政治思想史上反神话的斗争 ·

为一个政治思想家的马基雅维利的尊敬。

对马基雅维利著作的这种理解盛行于十九世纪。从那时起，马基雅维利所扮演的角色就改变了。他的名字从前曾是一个骂人的语词，突然变成了一种"epithetom ornans"，两股强大的力量（理智的力量和社会的力量）协作产生了这一结果。在十九世纪文化中，历史开始扮演主要的角色。在一个短暂的时期后，它曾取代和几乎掩盖了理智其他所有的兴趣。从这种新的视野来看，对马基雅维利的《君主论》的先前评价是不能接受的，因为它们完全没有看到这部著作的历史背景。另一方面，自十九世纪起，民族主义成了政治和社会生活中最强大的促进力和驱动力。在对待马基雅维利的理论的评价上，有一种深刻的相互作用：在十七世纪的文学中，马基雅维利曾被描绘为魔鬼的化身。当时，在某种低级趣味的夸张中，魔鬼本身有时也被称作马基雅维利主义，或带有几分马基雅维利主义的色彩；① 但是，二百年后，这种评价完全颠倒过来了，对马基雅维利的神圣化取代了对他的魔鬼化，意大利的爱国者们总是以极大的激情称颂马基雅维利的《君主论》最后一章。当阿尔菲里（Vittorio Alfieri）出版《君主论及其书信》（*Del principe e delle lettere*）时，他毫不犹豫地尊称"神圣的马基雅维利"（divino Machiavelli），在他的著作中还写有专门一章，完全相似于马基雅维利的著名的告诫："将意大利从蛮族手中解放出来"。②

无论如何，在这种情况下，我认为我们的"历史主义"和民族主义混淆了我们的判断，而不是使这种判断更加明晰。从赫尔德和黑格尔的时代起，我们就一直被告知：把马基雅维利的《君主论》看作一部

---

① 见马里奥·普拉兹：《马基雅维利与伊丽莎白一世时代的作家》，第 37 页。
② 阿尔菲里：《君主论及其书信》，第十一章，《维托里奥·阿尔菲里著作集》，第一卷，意大利，一八〇六年，第 244 页。

第十章 马基雅维利的新政治科学

系统化的政治学理论著作,其实这是一个错误。据说,马基雅维利从来不想提供这样一种理论,他只是为一个特殊的目的和一小部分读者写的。阿瑟·伯德(L. Arthur Burd)在他编辑马基雅维利著作的导论中说,"《君主论》仅仅是为意大利人写的,并且是为某个特定时期的意大利人写的,除此而外别无他物;的确,我们可以走得更远些,问它是否企图适合于一切意大利人。"① 但是,能有任何证据表明回答下述问题吗?这种流行观点是马基雅维利自己的观点和他的根本目的的确切表达吗?马基雅维利没有其他兴趣,没有其他抱负,而仅仅作为一个意大利的发言人而行为吗?他的全部评议都只是限制在意大利历史中的某一特定时期吗?他相信这些观点对于政治生活和未来几代人的问题是不适用的吗?

我无法找到对这种论点的唯一确定性的证明。我恐怕以这种方式判断时,我们难免受到一种幻觉的困扰。我们所易犯的错误,可称之为"历史学家的谬误"。我们将我们的历史观念和历史方法引向某一作者,对他来说,这些观念是完全不可知的,并且一直是难以理解的。设想一切事物只能在其自身的环境中,这在我们看来是完全自然的。我们认为,这一原则对于人类行为和文化现象的任何合理的阐述,都是一种绝对命令。因而,我们培养了一种常使我们过分敏感的对事物的个体性和判断的相对性的感情。我们难以大胆地作出一个一般的表述,我们不相信一切清晰明了的公式,我们怀疑永恒真理和普遍价值的可能性。但是,这既不是马基雅维利的态度,也不是文艺复兴的态度。文艺复兴时期的艺术家、科学家和哲学家并不懂得我们现代的历史相对主义。他们仍然相信一种绝对的美和绝对的真。

---

① 尼科洛·马基雅维利:《君主论》,阿瑟·伯德编,牛津大学出版部印刷所,一八九一年,第14页。

· 第二编　政治思想史上反神话的斗争 ·

就马基雅维利本人来说，他有一个更进一步的特殊的理由，以阻止他对已被他同时代评论家们所介绍的政治理论加以各种各样的限制。他是一个伟大的历史学家。但是他关于历史任务的概念与我们是极为不同的，他感兴趣的是历史生活的静力学而不是动力学。他不是关注于一个给定的历史时期的特殊性质，而是寻求周而复始的性质，寻求那些在一切时代都相同的东西。我们谈论历史的方法是个体主义的，马基雅维利谈论历史的方法则是普遍主义的。我们认为历史从来不会重复自身，他则认为历史永远要重复自身。他说：

>   任何把过去与当前相比较的人立即会领悟到：在所有的城市和所有的民族中，总是流行着和以往相同的欲望和情感。正因如此，对于一个仔细审察过以往事件的人来说，预见那些估计在任何共和国都可能发生的事情，并提供某种处理方法（正如古代人在可能的情况下曾使用过的），这将是一件很容易的事情。……但是，读者们都忽视了这些教训，或者不能理解，或者倘若理解了，对于统治者来说又是不可知的，这就必然导致所有的时代都面临着同样的混乱。①

因而，那预见可能发生的事的人，总是注意已经过去了的事。因为一切人类事件，无论是当前的还是将来的，都有它们在过去的确实的副本。"这些事件是由人所产生的，而人的感情和气质，在所有的时代都毫无二样。于是，很自然地，将产生出同样的结果来。"②

---

① 《李维史论》，第一卷，第三十九章，第三卷，第四十三章；英译本，第125、475页。
② 同上。

第十章 马基雅维利的新政治科学

从这种人类历史静态观点必然导致这种看法,即所有的历史事件都是相互交替的。从物理上讲,它们在空间和时间中有一个确定的位置;但是,它们的意义和它们的品格是不可改变的。那么,能够通过对提图斯·李维的著作的评注来阐释他自己的政治准则和理论的这个思想家,肯定不会使用我们现代历史学家关于每一个时代只能以它自己的标准来测量的概念。对于他来说,一切人和一切时代都只能处于同样的水平上。从希腊或罗马的历史中抽取的史例,与从当代历史中抽取的史例,马基雅维利在这两者之间不可能作出细微的区分。他以同样的语气、风格和情调,谈论着亚历山大一世和切萨雷·博尔贾(Cesare Borgia)①,汉尼拔(Hannibal)和洛多维科(L. Dovicail Moro)。在涉及文艺复兴的全新的君主国的同一章中,他讨论了摩西、居鲁士、罗慕洛和提修斯。② 甚至连马基雅维利的同时代人——文艺复兴的伟大的历史学家们,都觉察到并批判了他的方法的这种缺点。吉西尔迪尼(Guicciardini)对这点作了富有情趣的中肯的评论。③

如果一个这种类型的思想家懂得创造一个建设性的新理论,一门真正的政治科学的话,他肯定不想把这门科学限定于特殊的状况。无论它听起来多么自相矛盾,我们还是必须说,我们自己现代的历史感已经迷惑了我们,使我们无法寻求清楚明白的历史真理。马基雅维利的写作,不是为了意大利,甚至不是为了他那个时代,而是为了愿意聆听他的世界。他根本不可能同意现代评论家对于他的判断。他们对他的赞扬,或

---

① 切萨雷·博尔贾,是罗德里戈·博尔贾(后任教皇,称亚历山大六世)和罗马妇女万诺扎·代·卡塔内(Vannozza dei Cattanei)的私生子,后在亚里山大六世的支持下,一四九三年任西班牙的枢机主教,一四九九年由法国国王授予瓦伦蒂诺公爵。——译者注
② 《君主论》,第六章。
③ 吉西尔迪尼:《论马基雅维利的李维史》(第一卷第二版,佛罗伦萨,一八五七年),第3—75页。

许在他看来却恰恰是一种缺点。他尊重他的历史著作,正如修昔底德尊重自己的历史著作一样,他把它看作一种永恒不朽的财富,而不是一个瞬间即逝的东西。事实上,马基雅维利对他的全部判断极为自负,他非常喜爱最大胆的普遍化,即从古代或现代历史提取的一些例证中,迅速地得出最广泛、最深远的结论。如果我们想要理解马基雅维利学说的效果,就一定要考虑到这种思想和论证的演绎方法。马基雅维利的兴趣,并不在于描述他个人的经验或某个特殊的共和国。当然,他也曾运用过他自己的经验。在他的《李维史论》的献辞中,他告诉他的朋友扎洛比·邦德蒙特(Zanobi Buondelmonte)和科西姆·鲁采拉(Cosimo Ruccellai),在这部奉献给他们的著作中,包含了他曾经从许多阅读材料和对世界事件的长期经验中收集来的全部政治知识。然而,马基雅维利关于世界事件的极贫乏的经验,绝不能使他写出像《君主论》这样有水平的重要著作,因为这需要相当不同的理智能力、逻辑演绎和分析能力,需要一个真正具有理解力的心灵。

还存在另一种偏见,这种偏见使许多现代作家不能以其真实面目来看待马基雅维利的《君主论》。这些作家中的大多数人(倘若不是全部的话),是从研究马基雅维利的生活开始的。他们希望在这里发现马基雅维利政治理论的线索。当然,为了透彻地领悟他的著作的意义,我们已经有了对马基雅维利这个人的足够而充分的知识。由于现代传记对从前的马基雅维利的研究,伊丽莎白一世时期的戏剧中的"残忍"的马基雅维利已经完全消逝了;现在,我们要还其本来面目:一个诚实而正直的人,一个炽烈的爱国者,一个忠于他的国家的人,一个真诚的朋友,一个把自己奉献给他的妻子和孩子的男子汉。[①] 然而,如果我们想

[①] 详见关于这一主题的标准著作:帕斯奎尔·维拉里:《尼科洛·马基雅维利及其时代》(*Nicolo Machaivelli e i suoi tempi*),佛罗伦萨,一八七七至一八八二年,三卷本;英译本,伦敦,基根·保罗,特伦奇出版公司,一八七八年,四卷本。

第十章　马基雅维利的新政治科学

从他的这部著作中读到所有上述关于他的人格和个性的描写，那就错了。我们既不能看到它的基本优点，也不能看到它的基本缺点。这不仅是我们历史兴趣的膨胀，也是我们心理兴趣的过分膨胀，它们时常搅乱我们的判断。以往的几代人都专心于一部著作本身，并研究它的内容；我们则开始对它的作者进行心理分析。现代译注者不是分析和批评马基雅维利的"思想"，而是追究他的"动机"，为了弄清这些动机已经付出了惊人的努力。在有关马基雅维利的全部文献中，这个问题已成为争辩中最激烈的问题了。

我不打算深入到这场争论的细节中。动机问题总是一件相当困难而不确定的问题（仅在某些情况下，它才被决定具有绝对的确定性），不过，即使我们能以一种清楚而满意的方法回答这个问题，对我们也无太大裨益。一部书的动机和写这部书的目的，并非这部书本身。动机和目的仅是偶然的契机。它们不能使我们理解它的体系的基本原理。早些时候，我们为缺乏一定的传记材料而苦恼，现在我们则为一种相反情况而苦恼，我们已经阅读了马基雅维利的私人通信，已经在每一个细节上研究了他的政治生涯；我们不仅阅读了《君主论》，而且还阅读了他的所有其他作品。但是，当到达判断《君主论》体系的意义和它的历史影响的紧要关头时，我们却不知所措了。现代许多马基雅维利的研究者过于注意他生活的详情，却忽略了对其思想整体的把握。他们只见树木，不见森林。为了拯救作者的名声，他们削弱了他的著作的重要性。最近一位传记作者这样问道：

> 《君主论》中究竟有什么东西引起了如此之多的感情和争议？……直到现在，对这一询问的答复正如它一直所是的那样，仍然等于零。在《君主论》中，没有任何东西可以证明，它所唤起

的仇恨、蔑视、憎恶和恐惧是有道理的,这正如《君主论》中并没有任何东西值得它的那些热衷者们(他们以自己对行为和理想的理解去阅读它)去赞扬它。君主本人,他被建议遵循的程序,以及他被教导在思想上应保持的目标,都是时代的产物。并且,马基雅维利所提供的忠告就是:曾经教诲过他的那些经验被当作适合于一切时代的最好的经验,也是在那个时代唯一可能被理解和尊崇的经验。①

假如这种评价是真实的,那么马基雅维利的全部名声,在很大程度上都归因于一个错误:并非马基雅维利本人,而是他的读者造成了他的名声,这些读者们所做的唯一事情就是完全误解了他的著作的意义。

对于我来说,这似乎是摆脱二难困境的一种非常可怜的规避。二难困境确实存在:在马基雅维利的政治学说与他个人的和道德的品格之间似乎存在一种公然对抗的矛盾。但是,我们必须坚持不懈地寻求一种对这个问题的较为圆满的解释,而不是否认马基雅维利学说的独创性和普遍性。如果我们仍然把马基雅维利看作一个伟大的政治家,看作特殊的政治和民族利益的代言人和宣传家;那么,我们就不能把他看作一门新的政治科学的奠基人,看作用他的观念和理论变革了现代世界、从根基上震撼了社会秩序的建设性的伟大的思想家。

---

① 杰弗里·普尔弗(Jeffery Pulver):《马基雅维利——其人,其事,及其时代》,伦敦,赫伯特·约瑟夫,一九三七年,第227页。

第十一章 马基雅维利主义的胜利及其影响

马基雅维利与文艺复兴

尽管对马基雅维利的著作和他的人格存在着极为不同的意见,但是,至少在下述这一点上,我们可以发现一种完全的一致性:所有的作家都强调,马基雅维利是"他那个时代的一个孩童"。即认为他是文艺复兴的一个典型的见证人。然而,只要我们对文艺复兴本身还没有一个清楚明确的概念,上述观点无论如何也是毫无用处的,并且在这方面情况又似乎是毫无希望地紊乱。最近十年中,研究文艺复兴的兴趣已经稳步地增强了。现在,政治历史学家们和文学、艺术、哲学、科学、宗教的历史学家们已为我们收集到极为丰富的材料和全新的事实。但是,就主要问题,即文艺复兴的"意义"的问题来看,我们似乎仍然处

第二编 政治思想史上反神话的斗争

于一片黑暗之中。没有一个现代作家能够重复上述著名的公式——雅各布·伯克哈特（Jakob Burckhardt）曾用这一公式努力描述文艺复兴的文明。另一方面，所有这些伯克哈特著作的批评家们所给予的描述，同样是众说纷纭的。有许多在他们各自领域中有较高权威的学者都决心要解开这个"戈奥狄俄斯难结"（the Gordian knot）。他们警告我们，不要采用"文艺复兴"这一术语。林恩·桑代克（Lynn Thorndike）在最近一篇关于这个问题的论文中写道："探究文艺复兴的用处是什么，没有一个人曾经提供答案，也没有一个人曾经真正想解答这个问题。"①

但是，我们不应单纯地讨论名称和术语。文艺复兴不是一个纯粹的"声息"（flatus vocis）。无可争辩的是这一术语与一个历史事实相对应。如果我们确实需要证明这种真实性，那么，传唤两位古典的见证人并指出两部著作就足够了：这就是伽利略的《关于两种新兴科学的对话》和马基雅维利的《君主论》。把这两部著作联系起来，乍一看似乎显得十分牵强，它们研究的主题完全不同；它们所属的世纪不同；它们也被不同的人研究、撰写，而这些人无论在思想上，科学兴趣上，还是在天赋及人格上都是差异极大的。但是，这两部著作有某些共同之处。在他们俩人身上，我们都发现某种思想倾向，这种倾向标志他们是现代文明史中两个伟大而关键的人物。近来的研究告诉我们，马基雅维利和伽利略都有其先驱者，他们的著作不是突然地、完整地并现成地涌出他们的头脑。他们需要漫长而精细的准备。但是所有这些都没有损害他们的独创性。伽利略在他的《对话》中所提供的和马基雅维利在《君主论》中所提供的，都是真正全新的科学。伽利略说："我的目的是，建立一

---

① 《观念史杂志》（Journal of the History of Ideas），IV，一九四三年第一期载有汉斯·布朗，恩斯特·卡西尔，弗兰西斯·约翰逊，保罗·奥斯卡·克里斯特勒，P.洛克伍德院长和林恩·桑代克的撰稿。

第十一章　马基雅维利主义的胜利及其影响

门新的科学，来研究一个古老的问题。事实上，或许没有任何存在比运动更古老的了，哲学家们关于运动而写的著作既不算少，部头也不算小了。但是，通过实验我还是发现：运动的某些特征仍然值得探究，这些特征至今为止，既没有被观察到，也没有被论证。"① 马基雅维利将被冠以同样的美名：即他以同样的方式来论及他的著作。正如伽利略的动力学变为我们现代自然科学的基础，马基雅维利也为政治科学开辟了一条新的道路。

为了理解这两部著作的独创之处，我们必须要从分析中世纪思想开始。显然，在一种单纯的年代顺序意义上，我们不能把文艺复兴与中世纪分割开来。无数条可见的与不可见的线绳把文艺复兴初期同经院哲学及中世纪文化联络起来。在欧洲文明史中，从来不曾有过连续性的中断。要想在这一历史中寻求一个点，即中世纪的"终结"与现代世界的"开端"，纯粹是一件荒唐的事情。② 但是这也不能取消在两个时代之间寻找一种"理智"上的分界线的必要性。

中世纪思想家也被划分为不同的学派。在这些学派即在辩证主义者与神秘主义者、唯实论者与唯名论者之间，一直存在喋喋不休的争论。然而，在许多世纪中，也存在一个确定不变的共同的思想中心。若想把握中世纪思想的统一性，或许没有比研究这两部著作——《论神圣等级》和《论教会等级》更好的捷径了。这两部著作的作者是不知名的。在中世纪，这两部著作通常被认为是圣·保罗的门徒狄奥尼索斯（Di-

---

① 伽利略：《关于两种新科学的对话》，H. 克鲁和阿方李·德·薛尔维奥，英译本，纽约，麦克米伦出版公司，一九一四年；现由埃文斯顿和芝加哥，西北大学出版，一九三九年，第153页。

② 在以下段落中，我重复了包含在一篇论文《维萨留斯在文艺复兴文化中的地位》中的某些观点。《耶鲁大学动物学与医学杂志》，XVI, No. 2, 一九四三年十二月，第109页以后。

onysius Areopagita）所作，圣·保罗使他改变了信仰，并为他施了洗礼。但这只是一个传说。这两部著作可能是一个新柏拉图主义者，一个普罗克勒斯（Proclus）的门徒所作。他以新柏拉图学派的奠基人普罗提诺的"流溢说"为理论基础。为了理解一种东西，我们必须根据这一理论，追溯到它的第一原理，并且我们还必须说明它是以什么方式从这一原理推导出来的。第一原理，万物的原因和起源是一，是绝对。但是，在现代意义上，它不是一种演化的过程，反而是一种退化的过程。整个世界是由一条金链（正如荷马在《伊里亚特》著名的一节中所谈的"金链"）联结在一起的。万事万物，无论是精神的或是物质的事物、大天使或小天使、最高的六翼天使或有翅的小天使，或天堂的众神，或人，或有机的自然界，或物质，所有这些都联结在这条系于上帝脚下的金链之中。有两种不同的等级系统，即存在的等级系统和价值的等级系统。但是它们不是相互对立的，而是在完美的和谐中彼此对应的。价值的等级依赖于存在的等级。存在等级上较低的东西，也是伦理等级上较低的东西。一个东西离开第一原理，离开万物的源泉愈远，它的完美程度也就愈小。

在中世纪，假冒的狄奥尼索斯关于神圣等级和教会等级的著作自始至终拥有广泛而热情的读者。它们变成了经院哲学的基本源泉之一。在这两部著作中，论证的体系不仅影响了人的思想，而且与他们最深沉的感情联系起来，它以不同的方式表述了整个伦理的、宗教的、科学的和社会的秩序。在亚里士多德的宇宙论中，神被描绘为世界中的"不动的推动者"，他是运动的终极源泉，但他自身是静止不动的。他首先向与他紧连的事物即最高的神圣的领域，传送他的运动力量。从这儿开始，这一力量通过不同的程度下降到我们自己的世界，下降到地球，再下降到月亮之下的世界。但是我们在这里就不再能发现同样的完美。较高的

第十一章 马基雅维利主义的胜利及其影响

世界，即神圣的诸神世界是由一种永恒不灭、永不腐败的实体即"以太"或"第五本质"构成的，并且这些实体的运动是永恒的。在我们的世界中，一切事物都是忽生忽灭，并易于腐败的。并且一切运动经过一个短暂的时间之后，都要停顿下来。在较高世界和较低世界之间存在着一条严格的分界线，它们不是由同样的基质所构成，他们也不遵从同样的运动规律。这一原理也同样适用于政治领域和社会领域的结构。在宗教生活中，我们发现教会的等级制度，它表现为从最高阶层的教皇，下降到枢机主教和大主教，再下降到较低等级的教士。在国家中，最高权力集中在国王手中，他把这种权力授予他的属下，如王储、公爵，以及所有其他下属。这种封建体制是一般的等级制度的一种确切的想象和摹本。它是那普遍的由神建立并因此而永恒不变的宇宙秩序的一种表现和象征。

这种体制盛行于整个中世纪，并在人类生活的所有领域中证实了这种力量。但是在文艺复兴最初一个世纪，即十五世纪和十六世纪，它改变了形式。这种改变不是突如其来的。我们并没有发现中世纪思想的基本原理的一种彻底崩溃、废除或公然的否定。然而，似乎已被如此牢固地建立起来的等级制度，统治了人的思想和感情，在许多个世纪中，一个又一个豁口相继出现。体制尚未毁灭，但已开始崩溃。它已失去了不可怀疑的权威性。

亚里士多德的宇宙论体系，被哥白尼的天文学体系所取代。在后者那儿，我们不再发现所谓"较高的"世界与"较低的"世界之间的差别。无论什么运动（地球运动或天体运动）都服从同一普遍的法则。第一个对哥白尼体系作出一种形而上学解释的思想家乔尔丹诺·布鲁诺认为，世界是一个无限的整体，它被同样的、无限的、神圣的精神所弥漫、渗透，并被赋予生命。在宇宙中，不存在享有特权、不受法则制约的"点",也没有所谓的"之上"或"之下"。在政治秩序中也是如此,封建制度土崩瓦解,并开始消灭。在意大利,一种完全不同类型的新政治实体出现了。我们发现,文艺复兴时期的专制统治,或是由个人如文艺复兴时期大的雇佣军首领,或是由一些大的家族如米兰的维斯康提(Visconti)和斯福查斯(Sforzas)、佛罗伦萨的梅迪奇(Medici)和曼求亚的冈萨盖斯(Gonzagas)建立起来的。

现代世俗国家

上述情景是马基雅维利《君主论》的一般的政治和理智的背景。倘若我们从这一角度来研究他的著作,就不难判定它的意义,以及它在欧洲文化发展中的恰当位置。当马基雅维利构思他的这部著作时,政治领域的重心已经移动了。新的政治力量已经崭露头角,这种中世纪的体制对它一无所知的力量必须得到说明。在研究马基雅维利的《君主论》时,我们感到惊讶的是,他的全部思想几乎都集中于这种新的现象。倘若他谈到政府、城邦共和国或世袭的君主政体的通常形式时,总是非常简略。这种情况表明,所有这些古老的、历史悠久的政府形式似乎都不能唤起马基雅维利的好奇心,似乎它们都不值得激起他的科学兴趣。但是,当马基雅维利开始描述新的人物、分析"新的君主国"时,则以一种完全不同的语调,不仅专心致志,而且流连忘返,情意荡然。在他谈论切萨雷·博尔贾时,我们感到其中的每个词都洋溢着这种强烈而奇妙的魅力。马基雅维利对切萨雷·博尔贾为摆脱他的敌人而采用的谋略的描述,无论在风格上还是在思想上,都是他最富有个性特征的作品之一。①

---

① 《尼古拉斯·马基雅维利著作集》,第二卷,法恩沃思英译本,第481—490页。

第十一章　马基雅维利主义的胜利及其影响

并且远在切萨雷·博尔贾失败之后，他仍然有这样的感受。"瓦伦提诺公爵"①　永远是他的一个典范。他坦率地承认，如果必须找到一个新的国家的话，那么，他将永远仿效切萨雷·博尔贾的著名典型。②

把上述情况仅仅看作是对切萨雷·博尔贾的一种个人的同情，这种说法是无法解释的。马基雅维利没有理由爱他，相反却有最有力的理由惧怕他。他一直反对教皇的世俗权力，在这种权力中，他看到了对意大利的政治生活的最大的危险之一。而切萨雷·博尔贾比任何人都更为趋向于扩大教会的世俗统治权。另一方面，马基雅维利非常理解，切萨雷·博尔贾政治的胜利将意味着佛罗伦萨共和国的毁灭。尽管如此，马基雅维利在谈论他本城邦的敌人时，仍然不仅带有尊重，甚至还有某种或许其他任何历史学家对切萨雷·博尔贾都不曾感受到的那种敬畏，那么，这又是如何可能的呢？如果我们注意到马基雅维利的这种敬畏的真正根源不在切萨雷·博尔贾这个人本身，而在于他所创立的"新兴国家的结构"，这才是唯一可能理解的。马基雅维利是完全意识到这种新兴政治结构的真正意义的第一位思想家。他不仅发现了它的起源，而且预见到它的结果。在他思想中先人一着地预见到了欧洲未来政治生活的全部过程。正是这种真知灼见，促使他以极大的关注和严谨去研究新的君主国的形式。他完全意识到，与以往的政治理论相比，他的这种研究将被看成某种"出格"，他为自己这种不合常规的思路作了辩解。他在《君主论》的第六章中说道：

当论述君主和国家都是全新的君主国的时候，我援引最重大的

---

① 即切萨雷·博尔贾。——译者注
② 《马基雅维利书信集》，CLIX，阿尔维斯编，佛罗伦萨，一八八三年，第394页。

事例，任何人都不应感到惊异。……因此我断言，在一个由新君主统治的全新的君主国里，为了保有这种国家而遇到的困难有大有小，这是按照获得这种国家的人的能力之大小而异的。从布衣一跃而为君主，就是以能力或者幸运为其前提条件，从而，这两方面当中任何一面都会使得困难减轻几分，这是显而易见的。①

马基雅维利在谈到那些纯粹以传统和合法理论为基础的国家时，或是带有某种轻蔑，或是带有一种公然的嘲讽。他宣称，教会国家是非常幸运的，因为经过古代的宗教制度和历史悠久的权威不断加固强化，它们要想维持自己是很容易的事情。"但是，由于这种国家是依靠人类智力所不能达到的更高的力量支持的，我就不再谈论它了；因为这种国家显然是由上帝所树立与维护的，如果议论它，就是狂妄的冒失鬼的行为。"② 能够引起马基雅维利兴趣的，是另外某种与那些安宁而和平的共和国的形式不同的东西，是一种曾经由强权所创造并仍将由强权所维持的新的政治实体。

然而，这种政治观点不是唯一的。为了理解马基雅维利学说的全部涵义，我们必须以一种更加宽广的视野来看它，还必须在政治观点中增加哲学的观点。然而，政治学家、社会学家和历史学家在分析、评价和批判马基雅维利的《君主论》时，彼此争执不下，因为这种哲学的帮助却被不恰当地否定了。此外，在我们现代哲学史的教科书中，我们看不到关于马基雅维利的章节。从某种意义上讲，这是难以理解的，也是

---

① 《君主论》，第六章，引同前书，第二卷，第 223 页以后。（此段译文参见商务印书馆一九八五年，潘汉典中译本，第 24 页。——译者注）
② 《君主论》，第十一章，引同前书，第二卷，第 281 页。（此段译文参见商务印书馆一九八五年，潘汉典中译本，第 53 页。——译者注）

第十一章 马基雅维利主义的胜利及其影响

不合理的。无论是在古典的还是在中世纪的意义上,马基雅维利都不是一个哲学家。然而,他的著作对现代哲学思想的一般发展却有一种间接而强烈的影响。因为他最先坚定明确地并且不容置疑地排除了整个经院传统。他推翻了这种传统的基石即等级制度。

中世纪哲学家们曾一再引用圣·保罗的格言:一切权力来自上帝。① 国家的神圣起源是得到普遍承认的。在那个时代的初期,这一原则仍然充满活力。例如,它以更成熟的形态出现于舒尔茨(Suarez)的理论中。② 甚至连主张世俗权力的独立与主权的最勇猛的斗士,也不敢拒绝神权的统治。至于马基雅维利,他也不敢攻击这一原则。他只是简单地不予理睬。他根据他的政治经验说话;并且他的经验曾教诲他,那种真正的,实际的政治权力决不是神圣的。他观察了作为"新君主国"创立者的那个人,并深刻地研究了他的方法。认为这些新君主国的权力来自上帝,这不仅是荒唐的,甚至还是亵渎神灵的。作为一个政治的现实主义者,马基雅维利断然抛弃了中世纪政治体制的全部基础。对于他来说,所谓国王权力的神圣起源完全是奇谈怪论。它是一种幻想的产物,而不是政治思想的产物。马基雅维利在《君主论》第十五章说道:

> 现在尚待考察的是,君主对待臣下和朋友应该采取的方法和行动。关于这一点,我知道有许多人已经写过文章,现在我也写起文章来,特别是当我讨论这个问题的时候,我的观点与别人的不同,因此,我恐怕会被人认为居傲自大。可是,因为我的目的是写一些对于那些通晓它的人有用的东西,我觉得最好论述一下事物在实际上的真实情况,而不是论述事物的想象的方面。许多人曾经幻想

---

① 圣·保罗:《罗马人书》,第十三章,第一节。
② 冯·吉尔克:引同前书,第九章,第107页注4;英译本,第71页以后。

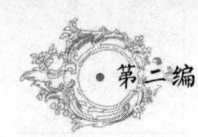

· 第二编 政治思想史上反神话的斗争 ·

那些从来没有人见过或者知道在实际上存在过的共和国和君主国。①

马基雅维利没有遵循经院哲学争辩的老路。关于政治理论或准则,他从不参与争论。对于他,政治生活的事实是唯一有效的论证,它足以指明"事物的本质",销毁等级制度和神学政治制度。

这里,我们在文艺复兴的新的"宇宙论"与新的"政治学"之间,又发现了一种紧密的联系:在这两种理论中,"较低的世界"与"较高的世界"之间的差别消逝了。同样的原理和自然规律,既适用于"之下的世界",也适用于"之上的世界"。无论在自然秩序中,还是在政治秩序中,事物都处于同样的水平上。马基雅维利以与研究和分析了自由落体运动的伽利略同样的精神,分析研究了政治运动,使自己成为政治静力学和政治动力学这门新型科学的奠基人。

另一方面,说马基雅维利唯一的目标是尽可能清楚而又准确地描述确定的政治事实,这种说法是不正确的。因为在这种情况下,他就是作为一个历史学家,而不是作为一个政治理论家在活动了。一种理论所要求的,则远远不止这些,它需要一种建设性的原理来统一和综合事实。世俗国家的存在远远早于马基雅维利的时代。政治生活完全世俗化的最早事例之一,是弗雷德里克二世在意大利南部建立的国家。在马基雅维利写这部著作之前,这个国家已创立三百年了。在现代意义上讲,它是一种绝对的君主政体,它使自己摆脱了教会的一切影响。这个国家的官员不是教士,而是俗人。基督教徒、犹太教徒、伊斯兰教徒,在行政管理中都享有同等权利,没有任何人仅仅由于宗教的原因而被放逐。在弗

---

① 《君主论》,引同前书,第二卷,第320页。(此段参见商务印书馆,一九八五年,潘汉典中译本,第73页。——译者注)

第十一章　马基雅维利主义的胜利及其影响

雷德里克二世的法庭里，教派之间，民族或种族之间的分界线是不存在的。最高的利益也就是世俗的或"尘世的"国家的利益。

这是一个完全不同于中世纪文明的新的事实。但是，这一事实迄今尚未找到一种理论的表述和论证。弗雷德里克二世总是被看作一个狡黠的异教徒，曾两次被革出教门。但丁对他怀有一种伟大的人格上的敬仰，并在他身上看到一个伟大君主的典范。但是，在他的《地狱篇》中却又诅咒弗雷德里克要进异教徒的烈火熊熊的坟墓。① 弗雷德里克二世的法典曾被称为"现代官僚政治的出生证书"。弗雷德里克的政治行为是现代化的，但是绝不意味着他的思想也是现代化的。在他论及自身以及他的帝国的起源时，他不是作为一个无神论者或异教徒，而是作为一个神秘主义者在说话。他主张一种与上帝的直接的个体联系。正是这种个体的联系，使他完全独立于教会的一切影响和命令之外。正如他的传记作者描述他的思想和感情时所说的那样：

> 神圣的上帝唯独选择了他，并直接把他推上了皇帝的宝座，他的天赐的神光环绕着这最后一个"霍亨斯托芬"（Hohenstaufens），使他置身于一种神奇而富有魔力的荣耀的迷雾中，这种荣耀远远超越于任何其他君主的荣耀，也远远超出世俗社会的视界。上帝有目的的、积极的预见，不但没有遮蔽皇帝，反而通过他来显现自身至高无上的理性。他被这样召唤着："领袖应走在理性的大道上"。②

---

① 但丁：《地狱篇》第十篇，第119页以后。
② 恩斯特·坎特罗威茨（Ernst Kantorowicz）：《弗雷德里克二世》，E. O. 洛里默英译本，伦敦，康斯特布尔出版公司，一九三一年，第253页。详见第五章，第215—368页。

宗教与政治

马基雅维利认为，所有这些神秘主义的概念已经完全变为非理性的。在他的理论中，全部以往的神学政治观念和理想都已被铲断了根枝。然而，另一方面，这也并不意味着他把政治学与宗教割裂开来。他虽然是教会的一个对手，但绝不是宗教的敌人。相反，他确信，宗教是人类社会生活中最必不可少的因素之一。但是，在他的体系中，这一因素不能被宣称为任何绝对的、独立的和独断的真理，它的价值和效用完全依赖于它对政治生活的影响。

运用这一标准来衡量，无论怎样讲，基督教仅占据最低级的位置，因为它与所有真正的政治的"美德"公然对抗，它只会使人变得懦弱和娇柔。马基雅维利说："在我们的宗教中，没有那些死后被追认为圣徒的英雄们，他们仅仅是柔弱的、谦卑的人；相反，只有那些异教徒们，他们蔑视一切，只神化那些充分享有世俗荣誉的人，如共和国的那些伟大将领们和卓越杰出的统治者们。"① 马基雅维利认为，宗教的这种异端的运用，是理性的唯一的运用。在罗马，宗教不应当成为一种虚弱的源泉，而应当成为国家强大的根源。罗马人应当利用宗教来改革他们的国家，进行他们的战争，并平息骚乱。② 至于他们所做的这一切，究竟是出于真正的信仰，还是由于算计，则是无关紧要的。庞庇留斯（Numa Pompilitus）的所做所为，是伟大的政治智慧的一个证明：他从超自然的源泉中推导出他的法律，他使罗马人民相信这些法律曾经受到

---

① 《李维史论》，第二卷，第一章；第二卷，第十三章。
② 同上。

第十一章　马基雅维利主义的胜利及其影响

他与埃吉丽亚神女（nymph Egeria）谈话的启示。① 因而，在马基雅维利的体系中，宗教甚至是必不可少的。但是，它本身不再是一个目的，它已经变成政治统治者手中的一种工具；它不再是人的社会生活的基础，而是在所有政治斗争中的一种强有力的武器，这一武器必须在实践中证明它的力量。一种纯粹消极的宗教，一种逃离世界而不是组织世界的宗教，已经被证实毁灭了许多王国和国家。如果宗教能产生好的秩序，它才是善的。因为好的秩序往往与丰富的财富以及在任何事业中的成功联系在一起的。② 这儿，最后的一步已经迈出，宗教不再与一种事物的超验秩序有任何关系，并且，它已失去它的全部的精神价值。世俗化的进程已经达到了它的终结。因为世俗国家不仅在事实上存在，而且在法律上也存在。它已经为它自己找到了确定的理论的合法性。

---

① 《李维史论》，第一卷，第十一章。
② 《李维史论》，第一卷，第十一章。

第十二章　新的国家理论的含义

国家的孤立及其危险

马基雅维利的整个论证是清清楚楚、前后一贯的。他的逻辑是无懈可击的,只要我们承认他的前提,我们就不可避免地要接受他的结论。我们与马基雅维利一起站在了现代世界的门口。欲求的目的达到了,国家赢得了完全的自治。这个结果是以付出高额代价得到的。国家完全是独立的,但同时它又是完全孤立的。马基雅维利的思想就如快刀斩乱麻一般,割断了前人将国家拴系在人类存在的有机整体之上的麻绳。政界不仅失去了同宗教、形而上学的联系,而且也失去了与人的道德生活和文化生活的一切其他形式的联系。它孤零零地站立在一个空寂的空间里。

不应否认这种完全的孤立所孕育着的危险后果。忽视或缩小这些后果是毫无意义的。我们必

第十二章 新的国家理论的含义

须正视它们。我不是说马基雅维利意识到了他的政治理论的所有的含义。在思想史中,一个思想家发展了一种理论,但他对这种理论的完全的目的和意义却一无所知的事不是很少见的。对此,我们实际上必须把马基雅维利和马基雅维利主义明确区分开来。有很多以后的东西是马基雅维利所预见不到的。他的讲话和判断都出自他作为佛罗伦萨书记官的个人经验。他怀着强烈的兴趣研究了"新君主国"的兴起和衰落。但是,十六世纪的小小的意大利的暴政,同十七世纪的绝对君主专制及我们现代的独裁形式相比又算得了什么呢?马基雅维利极为钦佩切萨雷·博尔贾用以消灭对手的方法。然而,同后来极大地发展了的政治犯罪技巧相比,这些方法只不过是儿戏罢了。在马基雅维利主义的原则后来被用于更大的场景和全新的政治条件时,它的真正面目和它的真实危险就显示出来了。在这种意义上,我们可以说,马基雅维利理论的后果是到了我们这个时代才显露出来的。现在,我们可以说能在放大镜里来研究马基雅维利主义了。

还有另外一种环境条件,阻止马基雅维利主义达到完全成熟。在以后几百年中,在十七世纪和十八世纪,他的学说在实际政治生活中发挥了一种重要的作用;但是从理论上说,还有很大的理智力量和道德力量来抗衡它的影响。这个时期的政治思想家,除了霍布斯是个例外,都是"国家的自然权利理论"的坚决拥护者。格劳秀斯、普芬道夫、卢梭、洛克把国家看作一种手段,而不是看作自在的目的。这些思想家还不知道"极权主义"国家的概念。那时还一直存在着一些国家干涉不了的个人生活和个人自由的领域。国家和主权一般说来是"合法的事情"(legibus solutus)。但是,这仅仅意味着它们是出自法律强制的自由,而不是指它们是出自道德的义务。然而,在十九世纪开始以后,所有这一切都突然成了问题。浪漫主义对自然权利理论发起了猛烈的攻击。浪漫

派的作家和哲学家作为坚定的"唯灵论者"来讲话。可是，恰恰是这种形而上学的唯灵论为政治生活中笨拙而不调和的唯物主义铺设了道路。在这方面，有一个极为有趣且引人注目的事实，即十九世纪"唯心主义"的思想家费希特和黑格尔成为马基雅维利的鼓吹者和马基雅维利主义的保卫者。在自然权利理论倒台之后，它的胜利的最后一个障碍被消除了。这样就再也没有伟大的理智力量或道德力量来牵制和抗衡马基雅维利主义了，它的胜利是彻底的，而且似乎是无与伦比的。

马基雅维利的道德问题

马基雅维利的《君主论》包含着最不道德的东西。马基雅维利毫无顾忌地把各种各样的欺诈哄骗、背信弃义、刻毒凶残都举荐给统治者。但是，仍有那么一些现代的作家，故意闭起眼睛无视这一明显的事实，他们不是对此作出解释，而是竭力否认这一事实。他们告诉我们，马基雅维利向君主举荐的措施，不管其本身是如何的要不得，但本意是为了"共同的善"。统治者也不得不尊重这种共同的善。可是，我们在哪儿能够发现这种精神之所在呢？《君主论》是用一种完全不同的方式，用一种完全是毫不妥协的方式来描述的。这部著作以一种完全超然的态度，描述了夺取和维护权力的方法和手段，而关于这种权力的"正确使用"，这本书却只字未提。它对出于对国家的何种考虑来运用这种权力都不加限制。只是在几个世纪之后，意大利的爱国者才开始把马基雅维利的著作全都解释成他们自己的政治的和民族的理想主义。阿尔菲利宣称，在马基雅维利的话里，我们发现了同样的精神，一种正义的精神，一种热爱自由的精神，一种高尚的追求真理的精神。谁只要是正确地理解了马基雅维利的书，那他就必定会成为一个酷爱自由的人，成为

第十二章 新的国家理论的含义

对政治德行的开明的热爱者。①

然而，这对我们的问题只是一种修辞学上的回答，而不是一种理论上的回答。要把马基雅维利的《君主论》看作是一篇道德论文或一本政治德行手册是不可能的。我们现在不需要讨论《君主论》的最后一章（中心是"把意大利从蛮族的束缚中解救出来"的著名奉劝），是该书的一个组成部分，还是后来添加的这样一个争论不休的问题。很多现代的马基雅维利的研究者论及《君主论》，仿佛全书都是为这个结束章节做准备的，仿佛末章不仅是马基雅维利政治思想的顶点，而且也是其精髓似的。我认为这种观点是错误的，据我所见，"说服力"（onus probandi）在这种情况下取决于论题的辩护者。因为全书和最后一章在思想上和风格上存在着明显的不同。在该书里，马基雅维利完全是以一种超然度外的精神来讲话的。每个人都可听到而且认为他的劝告不仅适用于意大利，而且也适用于意大利的最危险的敌人。在第三章里，马基雅维利用最长的篇幅讨论了路易十二在侵入意大利期间所犯下的一切错误。他宣称，没有这些错误，路易十二是不难达到他征服整个意大利的目的的。马基雅维利在对政治行为的分析中，从不泄露任何同情或厌恶的个人情感。他用斯宾诺莎的话，将这些东西说成仿佛是线、面、体。他不攻击道德原则，但他发现，这些原则在思考政治生活问题时是一点用处也没有的。马基雅维利把政治运动看作好像是下棋游戏。他极为详尽地研究了游戏的规则，但他毫无改变或批评这些规则的意思。他的政治经验教会他，如果没有欺诈、哄骗、背叛和犯罪，游戏是从来就玩不成的。他既不责备也不举荐这些东西。他唯一关心的是找到最好的一着——在游戏中取胜的走法。当一名棋手走出一种大胆的套路，或者当

---

① 阿尔菲里：《君主论及其书信》，第八章。

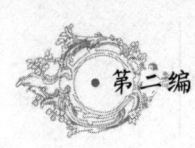

他试图用一切计谋和策略来欺骗他的对手时,我们兴高采烈,而且羡慕他的技巧。这就是马基雅维利看待在他眼前演出的伟大的政治剧变换场面的确实态度。他不仅感兴趣,而且如醉如痴地沉迷于其中,以至于情不自禁地说出他的看法。他有时会因一着坏棋而敲自己的脑壳,有时他还爆发出钦佩的喝彩。他从没有想到去问一问是谁在下棋。棋手可能是贵族或共和主义者,野蛮人或意大利人,合法的君主或篡位者。但这对于一个仅对棋本身感兴趣的人来说,很明显是没有什么区别的。在马基雅维利的理论中,他容易忘记政治的游戏并不是棋手们,而是真正的人即有血有肉的人玩的,而这些人的祸福是朝不保夕的。

确实,在最后一章里,他那种冷漠和超然的态度给一种全新的解释留下了通道。马基雅维利突然抛弃了他的逻辑方法的障碍,他的风格不再是分析的而是修辞的了。他把最后一章和伊索克拉特对菲利普的规劝相比不是没有理由的。① 就个人而言,我们或许更为喜欢最后一章的情感特征而不是其他章节的那种冷漠的特征。当然,断言马基雅维利在书里隐瞒了他的思想,认为他在书中所说的话都只是假话,也是错误的。马基雅维利的书是诚实正直的,但受他的政治理论的意义和任务的概念所支配。这样的一种理论必须对它进行描述和分析,而不能进行赞扬或责备。

还没有人曾对马基雅维利的爱国主义有过怀疑。但我们不应该把哲学家和爱国者混淆起来。《君主论》是一部政治思想家而且是一个非常激进的政治思想家的著作。很多现代学者都容易忘记或者至少是低估马基雅维利理论的激进主义。他们在努力清除由于他们把他的著作搞得混乱不堪而指责他所作的一切,从而为马基雅维利昭雪声誉。他们描绘了

---

① 见伯德(L. A. Burd)在他编辑的《君主论》第366页所作的注释。

第十二章　新的国家理论的含义

一个无害的、不关痛痒的，但同时又是非常浅薄的马基雅维利。真正的马基雅维利是极为危险的，危险在于他的思想而不是在于他的性格。缓和他的理论就意味着对他的理论的歪曲。一个温和的或者冷淡的马基雅维利的画像并不是一个真正的历史的画像。"凶暴的"马基雅维利的概念就像一个"虚构的东西"（fable convenue）那样是和历史的真理极为对立的。这个人自身是不愿意妥协的。在他对政治行为所作的判断里，他一再地告诫要反对优柔寡断、犹豫不决。罗马的伟大和昌盛就在于：在罗马的政治生活中，那种不充分的措施被人避免了。① 只有软弱的国家才总是在下决断时犹豫不决，而延宕的决定总是可恶的。② 确实，人们一般说来很少知道何为完全的好或何为完全的坏。而恰是在这一点上，真正的政治家、伟大的国务活动家有别于一般人，真正的政治家是不愿从这些标示着一种天生的伟大罪行中退缩的。他或许会做很多善行，但当环境需要一种不同的进程时，他会成为"臭名昭著的恶人"。③ 这里，我们听到了真正的马基雅维利的声音，而不是传统上的那个马基雅维利的声音。而且即使马基雅维利的一切劝告都注定仅仅是为了"共同的善"，那么，谁是这种共同的善的裁决者呢？很明显，君主本人而外是没有任何人能担当此裁决者的。而且君主总是喜欢把共同的善与他的私人的兴趣相等同。他将按照这条格言行动："朕即国家"（L'etat c'est moi）。再者，如果共同的善能够为马基雅维利在书中所举荐的那些东西作辩护，如果它能被用作欺诈、哄骗、犯罪和凶残的借口，那么，它就几乎不能和共同的恶相区分了。

然而，在人类的文明史中还留有一个极大的难题：一个像马基雅维

---

① 《李维史论》，第二卷，第二十三章。
② 《李维史论》，第二卷，第十五章；第一卷，第三十八、二十七章。
③ 同上。

利这样的人，一个伟大的高贵的心灵，如何会变成"昭著的恶"的鼓吹者呢？而且，如果我们将《君主论》与马基雅维利的其他著作相比，这个难题就变得更使人迷惑不解了。在其他著作里，有很多东西看来都和《君主论》中所阐述的观点公然对立。在他的《李维史论》里，马基雅维利是作为一个坚定的共和主义者说话的。在罗马的贵族和平民的斗争中，他的同情明显是在人民一边的。他保护人民，反对那种说人民反复无常、毫不稳定的指斥。[1] 他宣称，公众的自由，保卫在平民手中要比保卫在贵族手里更为安全。[2] 他以极为不同的口吻论及纨绔子弟，这些人依靠他们的等级的收入，过着富裕悠闲的生活。他宣称，这类人在每一个共和国或者国家之中，都是非常有害的。但更为有害的是这些人，他们是其等级之外的要塞和城堡的领主，他们有着听他们使唤的家臣和奴仆。当然，这两种人充斥于那不勒斯王国、罗马哥纳和龙巴底，因此在这些省份发生了这样的情况，共和国或自由的政府形式从来没有存在过，因为这一类人是自由机构的不共戴天的敌人。[3] 把一切都作了考虑之后，马基雅维利宣布，人民比君主更聪明、更恒定。[4] 在《君主论》里，我们极难听到这类声音。这里，切萨雷·博尔贾的魅力如此强烈，以至于它似乎完全消除了一切共和的观念。博尔贾的方法变成了马基雅维利政治反思的隐蔽的中心。他的思想不可抗拒地被吸引于这个中心。马基雅维利说：

当我回顾公爵的一切行动之后，我认为他并无可非难之处，恰

---

[1] 《李维史论》，第一卷，第五十八、四、五章。
[2] 同上。
[3] 《李维史论》，第一卷，第五十五、五十八章。
[4] 同上。

第十二章　新的国家理论的含义

好相反，我觉得应当像我在上面提出的把公爵提出来，让那些依靠幸运或者依靠他人的武力而取得统治权的一切人效法。因为他具有至大至刚的勇气和崇高的目的，他只能采取这种行动，舍此别无他途。只是由于亚历山大的短命和他本人的患病，才使他的宏图终成画饼。①

如果马基雅维利要对切萨雷·博尔贾有所指责的话，那不会是他的性格、他的残酷无情、他的背信弃义和贪得无厌，因为他对这一切没有说一句责备的话。他对他的责备只是他政治生涯中的一大错误：允许他的不共戴天的敌人朱利奥二世（Julius Ⅱ），在亚历山大六世死后当选教皇。

有这么一个传说，塔利兰德在拿破仑·波拿巴处死英格亨公爵后惊呼："这是一个罪过，这是一个错误！"（C'est plus qu'un crime, c'estunc faute！）如果这个轶事是真的，那么我们一定会说，塔利兰德是作为马基雅维利的《君主论》的真实信徒来说话的。并且马基雅维利的一切判断都是政治判断和道德判断。他认为在政治家那里，最要不得和最不能原谅的不是他的罪过，而是他的错误。

一个共和主义者能够把瓦伦提诺公爵当作他的英雄和典范，这似乎是非常奇怪的。因为在一个像切萨雷·博尔贾这样的统治者统治之下，怎么会有意大利共和国及其自由的习俗制度？然而在马基雅维利的思想里，有两个似乎是不相一致的理由对它作了说明：一个是一般的理由，一个是特殊的理由。马基雅维利确信，他的所有政治思想都完全是现实主义的。但当我们研究他的共和主义时，我们发现，他的政治现实主

---

① 《君主论》，第七章，也参见第八章，法思沃思英译本，第247页，304页；参见潘汉典中译本，一九八五年商务印书馆，第36页。

义非常之少。他的共和主义是"学术上的"远重于政治上的、沉思的远重于行动的。马基雅维利曾经忠心耿耿地为佛罗伦萨城邦的事业效劳。他曾作为城邦的书记官反对过梅迪奇（Medici）家族。但当梅迪奇家族重新得势以后，他希望保住自己的位置，并做了最大的努力同新的统治者修好，这是很容易理解的。马基雅维利不用政治纲领之话来宣誓效忠。他的政治纲领不是一种坚定顽强、毫不妥协的共和主义。他能够很容易地接受贵族的统治，因为他从没有推荐过一种暴民政治，一种民众的统治。他宣称，人民的声音已经被当作上帝的声音，① 这不是没有理由的。但另一方面，他又确信，给予国家一个新制度，或在新的基础上重建旧制度，必须是一个人的工作。② 群众没有一个头便会一无所成。③

如果马基雅维利赞慕罗马的平民的话，他也不会同样地相信现代国家的公民统治自身的力量。和文艺复兴时期的许多其他别的思想家不同，他并不抱有恢复古代生活的希望。罗马共和国是建立在罗马的德行之上的，而这种德行永远消失了。马基雅维利把复兴古代政治生活的企图看作是痴心妄想。他的头脑是一副敏锐、清晰、冷静的头脑，而不是像考拉·底·伦齐（Cola di Rienzi）那样的幻想和热情的头脑。马基雅维利在十五世纪意大利的政治生活中看不到任何东西来激励他的共和理想。作为一个爱国者，他对他的同胞感到强烈的同情，但作为一个哲学家，他又对他们作非常严厉的判决：他的情感近似于蔑视。他只是在北部还能够发现一些自由之爱和古代德行的遗迹。他说，北部的民族之所以在一定程度上被拯救，是因为它们没有学会法国人、意大利人或西班

---

① 《李维史论》，第十一卷。
② 同上。
③ 同上。

第十二章 新的国家理论的含义

牙人的生活方式,即这种世界性的腐败。① 马基雅维利对他自己时代的这个判决是不可改变的,他甚至不承认任何人能对此提出疑问。他说:

> 如果在我的论文里,过分赞扬古代罗马,同时就是对我们自己时代指责的话,我不知道我是否值得被算作那些自欺欺人的人。实际上,那时显示出来的优越同现在所呈现的腐败是清楚无比的。我在不得不说话时也应更加提防……但既然每个人都已看到,事情是如此的清楚,我将自由大胆地说出我所想的一切,不管是谈及旧时代还是新时代,为了使那些碰巧读我的这些著作的年轻人的头脑避开现代的例子,我都准备效法古代提出的这些例子,无论何时,机遇总提供机会。②

马基雅维利绝不是特别喜好现代"新的君主国"(principati nuovi)。他不会看不到现代专制的一切缺陷和罪恶。但他认为,在现代生活的环境和条件下,这些恶是不可避免的。毫无疑问,马基雅维利本人对于他举荐给新国家的统治者的大多数措施都是憎恶的。他用了那么多的话来告诉我们,这些措施是最为残酷的权宜之计,不仅仅是每一个基督徒都对之反感,而且是每一个文明的行为规则以及每一个人都应当避开的,就这些措施对人类如此有害来说,那就宁可选择去过一种个人的生活也要比当一个国王为好。但他又特别地补充说,谁要不能保持走公正的善之路,必得保存自身而走恶的路。③ "或是凯撒,或是虚无"(Aut Caesar aut nihil),或者过一种个人的、无害的、不招人怨的生活,或者

---

① 《李维史论》,第一卷,第五十五章;第二卷序言。
② 《李维史论》,第一卷,第五十五章;第二卷序言。
③ 《李维史论》,第一卷,第二十六章。

进入政治舞台，为权力争斗，并用最为残酷和激烈的手段来维持权力。在这两种生活之间是没有任何选择余地的。

当论及马基雅维利的"非道德主义"时，无论如何，我们必须不要用我们现代的意义来理解这个术语。马基雅维利并不是从一种"超善恶"的观点出发来对人类行动作出判断。他对道德没有任何蔑视，但他对人很少尊重。如果说他是一个怀疑主义者，那么他的怀疑主义与其说是哲学的怀疑主义，不如说是人的怀疑主义。这种根深蒂固的怀疑主义的最好证据和这种对人类本性的深深怀疑的最好证据，可以在他的喜剧《曼陀罗华》（*Mandragola*）里找到。这部喜剧文学的杰作或许比他的政治著作和历史著作更能展示马基雅维利对他同代人所作的判断。因为他在他的同代人和他自己的国家那里看不到任何希望。他在《君主论》里努力向国家统治者的头脑中反复灌输对人的深深的道德堕落的确信。这是他的政治智慧的一个组成部分。统治人的首要条件是理解人。只要我们有对一个人的"性本善"的幻想，我们绝不会理解他。这样一种"性本善"的概念可能是非常人道和仁慈的，但在政治生活中却被证明是极为荒谬的。马基雅维利说，那些写书论述公民统治的人，否认把"性本善"作为第一原则，一切历史学家也作同样的论证说，无论谁要建立一个国家，并且要制定统治这个国家的合适的法律的话，就必须预先假设，所有的人都是性本恶的，他们不会看不到，一旦有了适宜的机会，人心就会自然堕落。①

这种堕落是法律所不能救治的，它只有用武力来救治。实际上，法律对每一个国家都是必不可缺的，但一个统治者应该使用其他更为使人信服的论证。马基雅维利说，一切国家，不论是新的、旧的还是混合的

---

① 《李维史论》，第一卷，第三章。

第十二章 新的国家理论的含义

国家,其最好的基础是好的法律和好的武装。没有武装,好的法律是无效的。另一方面,好的武装对于这样的法律来说又是举足轻重的。既然如此,那么,我在这里就不再为法律作论辩而只谈论武器了。① 即使是圣者、宗教上的先知,一旦他们成为国家的统治者,也总是按照这个原则而行。没有这样一种原则,那他们在开国之初就丧失了统治。萨沃纳罗(Savonarola)② 没有达到他的目的,因为他既没有力量保持承认他教义的教派的稳定,也没有力量使别的人相信他们所否定的东西。因而,结果就是这样的,所有靠武装力量支持的先知都在其事业中成功了。相反地,那些没有这种力量作后盾的先知都被打败,遭受灭顶之灾。③

当然,马基雅维利对善良、贤明、高尚的统治者的喜爱远胜于那些坏的残酷的统治者。他对一个马可·奥勒留(Marcus Aurelius)的喜爱远胜于对一个尼禄的喜爱。然而,如果一本书完全是为这些好的和公正的统治者写的,这本书可能是很优秀的,但是却找不到多少读者。这种国王是例外而不是规则。每个人都承认,一个君主要是保持诚实,过一种正直的生活,是如何地值得赞扬,然而,事实却是,一个君主不得不学会与此相反的艺术——诡计和奸诈的艺术。

君主必须懂得怎样善于使用野兽和人类特有的斗争方法。关于

---

① 《君主论》,第七章。
② 季罗拉莫·萨活纳罗修士(Fra'Girolamo sarolamo),佛罗伦萨宗教改革家,一四七五年为多米尼加会修道士。五年后进佛罗伦萨马尔科修道院传教,抨击当时教会和教士腐化堕落,主张改革和复兴宗教,并建立一个有效的共和政府。一四九一年成为圣马尔科院长,政治影响日增。一四九四年后,曾掌握佛罗伦萨的支配权,主持制定一四九四年宪法,至一四九七年为其全盛时期,但为老兵亚历山大所敌视,势力骤削,一四九八年作为异教徒被捕,并被烧死。——译者注
③ 《李维史论》,第一卷,第六章。

第二编 政治思想史上反神话的斗争

这一点,古代的作家们早已谲秘地教给君主了。他们描写阿基里斯和古代许多其他君主怎样被交给半人半马的怪物基罗尼喂养,并且在它的训练下管教成人。这不外乎说,君主既然以半人半兽的怪物为师,他就必须知道,怎样运用人性和兽性,并且必须知道,如果只运用其中一种而缺乏另外一种,那么不论哪一种都是不经用的。君主既然必须懂得善于运用野兽的方法,他就应当同时效法狐狸与狮子。由于狮子不能够防止自己落入陷阱,而狐狸则不能够抵御豺狼。因此,君主必须是一头狐狸以便认识陷阱,同时又必须是一头狮子,以便让豺狼惊骇。①

这个著名的比喻是一种高度的刻画,而且是有启发性的。马基雅维利并不是要说,一个君主的教师应该是一头野兽,然而他又不得不做野兽的事。他可以和君主们面面相对、直呼其名而不必畏缩。仅仅在政治活动里才从不实行人道。甚至最好的政治也仍然只能保持在人性和兽性之间的交界处。因此,政治教师必须懂得两件事:他必须一半是人,一半是兽。

在马基雅维利之前,没有任何政治著作曾经是以这种方式来说话的。这里,我们看到了他的理论同他前辈们——古典的和现代的作者们的理论的区别。帕斯卡尔说,有一些话能突然出乎意料地把全书的意思弄得一清二楚。一旦碰到这些话,我们对全书的特征就不会再有任何怀疑了,一切模糊含混之处顿时消失了。马基雅维利所说的一个君主的教师必须是"半人半兽"(un mezzo bestia e mezzo uomo),就是这类的话。它像一道迅疾的闪光,揭示了他的政治理论的本质和目的。没有人怀

---

① 《李维史论》,第二卷,第十八章。

第十二章 新的国家理论的含义

疑,政治生活作为存在着的事实充满着罪行、奸诈和犯罪。但在马基雅维利之前,没有任何思想家去承担教授犯罪的艺术,这些事是光做不教的。马基雅维利承诺要成为一个教授奸诈、背信弃义和残酷艺术的教师,倒是一件闻所未闻之事。而且他在讲授中还非常彻底地和盘托出,毫不犹豫、毫不妥协。他告诉统治者,既然残酷是必不可少的,那就应该快点残酷无情地去做。在这种情况下,而且只有在这种情况下,它们才会有一种欲求的效果。它们将证明"残酷是有用的"(crudeltà bene usate)。推延或减缓一种残酷的措施是毫无益处的;必须一下子做成,而且不顾及人类的一切情感。一个赢得王位的篡位者一定不允许任何别的男人或女人挡他的道,他必须把合法统治者的全部家族斩草除根。① 所有这一切都可以被称作不道德的,但在政治生活里,我们不能在"善"和"恶"之间画一条明显的界线,二者经常变换位置。如果好好地考察一下每一件事,我们就会察觉,某些事情好像是好事,可是如果君主照着办就会自取灭亡,而另有一些事情看来是恶行,但是如果照办了却会给他带来安全和福祉。② 政治里的一切都在变换着位置:美好的是腐恶的,腐恶的是美好的。

确实,有一些现代的马基雅维利的研究者,用一种大为不同的眼光来看待他的著作。他们告诉我们,这本书与其说是一个激进的创新,毋宁说终究不过是平常的东西,它属于为人所熟悉的文献类型。这些作者向我们保证,《君主论》仅是那以各种各样的题目为国王的教育所写的无数部书中的一部。中世纪和文艺复兴的文献中充满了这一类的论著。在公元八〇〇年到一七〇〇年,出了近千本书,告诉国王如何做人,这样他在"他的大办公室里可能会是清楚的。"大家都知道并且读过这些

---

① 《李维史论》,第三卷,第四、三十章;参见《君主论》,第三章。
② 《君主论》,第十五章。

书：《论君主的职责》(De officio regis)，《论管理原则》(De institution principum)，《论统治原则》(De regimine principum)。马基雅维利仅仅是向这个长长的书单增加了新的一节。他的著作与其说是"自成一类"的书，毋宁说是一本典型的书。《君主论》没有任何真正的新奇之处，既没有新奇的思想，也没有新奇的风格。①

然而，要反对这种判断，我们可以求助于两个证据：即马基雅维利本人的证据和他的读者的证据。马基雅维利深信他的政治观点的独创性。他在他的《李维史论》的序言里写道："靠自然根植于我的欲望所激励，我毫无畏惧地承担那些我认为向一切人提供共同益处之事。我走上一条无人走过的路，这虽然使我遭受麻烦，然而也会使我赢得那些以友好精神判断我的努力的人的感谢"。② 这个希望并没有落空，马基雅维利的读者作了同样的判断。不仅是学者和政治的研究者阅读他的著作，该书得到广泛的流传。几乎任何一个伟大的现代政治家都知道马基雅维利的书并对该书着迷。在它的读者和倾慕者中，我们看到有梅迪奇③、查理五世、里舍留④、瑞士的克里斯提娜女王、拿破仑这些名字。对这些读者来说，这部著作不仅仅只是一本书，而且是这些人政治生活中的向导和指导原则。如果这本书只是一个著名的文学形式的样本，那么，《君主论》具有如此深远持久的影响是难于理解的。拿破仑宣称，在一切政治著作中，马基雅维利的书是唯一值得读的。我们能认为里舍

---

① 见吉尔伯待（Allan H. Gilbert）：《马基雅维利的〈君主论〉及其先驱》（*Machiavelli's "Prince" and Its Foreunners*）和《〈君主论〉之为统治原则的典型著作》（*"The prince" as a Typical Book "de Regimine Principum"*，Duke University Press，1938）。
② 《李维史论》，序言，汤姆森英译本，第3页。
③ 梅迪奇（Catarina de'Medici 1519—1589），法国亨利二世的皇后。——译者注
④ 里舍留（Richelieu，1585—1642），法国红衣主教和政治家。——译注

第十二章 新的国家理论的含义

留、梅迪奇、拿破仑是托马斯·阿奎那的《论统治原则》、爱拉斯谟的《基督教的管理原则》，或费乃龙（Fenelon）的《泰莱玛格》这样一类著作的热情读者吗？

要揭示《君主论》和其他一切著作（如《论统治原则》）的明显的不同之处，我们并不需要仅仅依赖自己的判断。其他的更好的读者会证明，在马基雅维利的观点和以前的政治著作家的观点之间有着一条真实的鸿沟。当然，《君主论》有它自己的先驱，什么书会没有呢？我们可以在这本书里找到不少和其他著作家类似的话。在伯特的辑本里，这些类似的话已被清清楚楚地收集起来并加以注释。但是，文字上的相似并不一定能证明思想上的相似。《君主论》属于一种同以前的作者对这一主题的论述颇为不同的"舆论"。其区别可用两句话来加以描述：传统的论著如《论皇室与统治》（*De rege et regimine*）、《论皇室的管理》（*De institutione regis*）、《论皇室和皇室管理》（*De regno ef regis institutione*），是"教学法的"（pedagogical）论著，其目的在于对君主进行教育；而马基雅维利没有野心，也不企望去完成这样的任务，他的著作所关切的是完全不同的问题，它只是告诉君主，如何去夺取权力，并且在困难的环境里，如何去保持这种权力。马基雅维利还不足以天真到这一步，即设想"新君主国"的统治者，像博尔贾这样的人，是"教育"的适宜的主体。在以前或以后自称是"国王的明镜"的书里，自以为能使君主像在一面镜子里那样，从中看到他的基本的职责和义务；但在马基雅维利的《君主论》里，我们到哪儿去找这类东西呢？在他的著作里，"职责"这个术语似乎是失踪了。

政治的技巧

然而，如果仅仅根据《君主论》不是道德的或教育法的论著，是不能得出它是一本不道德的书的结论的。无论是道德的书或是不道德的书的判断都是错误的。《君主论》既不是一本道德的书，也不是一本不道德的书，它只是一本技巧书。我们不能在这本技巧书里寻找道德行为的规则和善与恶的规则。如果我们被告知什么是有用的，什么是无用的，这也就足够了。《君主论》里的每个字都必须用这种方式来读。对统治者来说，这部书既不含有道德的方剂，也不邀他去犯罪。它特别关切的东西及其目的在于"新的君主国"，它只试图给新君主国以劝告，这些劝告对新君主国自身免遭危险是必需的。这些危险，对于新君主国比对一般国家——教会国家或世袭的君主国的威胁要大得多。为了避免这些危险，统治者必须求助于非常手段。但要等邪恶攻入政治机体之后才去寻求补救就太晚了。马基雅维利喜欢把政治家的艺术和熟练的医生的技艺相比。医疗的技艺包括三个部分：诊断、预后（根据症状预测能否治愈）和治疗。在这三者之中，一个良好的诊断是最为重要的任务。首要之事是在恰当的时刻辨识出疾病，以便能够为防止其后果作准备。要是这一下搞错，病症的治愈就成了毫无希望的了。马基雅维利说：

  关于这一点，正如医生们就消耗热病患者所说的情况一样，在患病初期，是治疗容易而诊断困难；但是日月荏苒，在初期没有检查出来也没有治疗，这样变成诊断容易而治疗困难了。国家事务也是这样，如果对于潜伏中的祸患能够预察于幽微（这只有审慎的人才能够做到），就能够迅速加以挽回，但是如果不曾察觉，让祸患得以发展直至任何人都能够看到的时候，那就无法挽救了。①

---

① 《君主论》，第三章，参见潘汉典中译本，第11—12页。

第十二章 新的国家理论的含义

马基雅维利的所有劝告都应以这种精神来解释。他预见到那威胁不同形式政府的可能的危险并对它们做好准备。他告诉统治者，为了建立和保持他的政权，避免内部倾轧，预见和防止阴谋活动，他必须要做的事。所有这些劝告都是"设定的必须遵守的规则"，或者用康德的话来说，是"技巧方面的命令"。康德说："至于目的是否合理、是否善良的问题这里并不涉及，而只是为了达到目的，人们必须这样做。一个医生为把病人完全治愈作出的决定，和一个放毒者为了保证把人毒死作出的决定，就它们都是服务于**意图**的实现来说，在价值上没有什么两样。"① 这些话是对马基雅维利的态度和方法的精确描述。他从来不对政治行动进行责备或赞扬，而纯粹是给予一种描述性的分析，和医生对某种疾病所作的描述用的是同样的方式。在这样一种描述里，我们仅仅关切描述之真，而不关心被说及的事物。甚至对最坏的东西，也可以作一个正确的和卓越的描述。马基雅维利以化学家研究化学反应的同样方式来研究政治行动。确实，一个在实验室里制作一种强毒药的化学家对这种毒药的后果是不负责任的。毒药在熟练的医生手里，可能会救一个人的生命；在谋杀者手里，却可以害人。在这两种情况下，我们都不能对化学家给予赞扬或责备。如果他教给我们制作这种毒药所需的全部过程，如果他给予我们这种毒药的化学方程式，那么他也就尽到责任了。马基雅维利的《君主论》含有不少危险的有毒的东西，但他是用科学家的清醒和冷漠来看待这些东西。他开出了他的政治方剂。他开的这些方剂将被使用，但这些方剂是被用作善的目的还是被用作恶的目的，与他的方剂却不相关。

---

① 康德：《道德形而上学原理》，见阿博特（T. K. Abbott）英译本《康德的〈实践理性批判〉和关于伦理学理论的其他著作》，纽约和伦敦，一九二七年第六版，第32页。（参见苗力田中译本，上海人民出版社一九八六年版。——译者注）

马基雅维利想介绍的东西不仅是一种新的科学，而且也是一种新的政治艺术。他是第一个论及"国家的艺术"的现代作者。确实，这样一种艺术的观念是非常古老的，但马基雅维利给予这种古老的观念以一种全新的解释。从柏拉图时代起，一切伟大的政治思想家们都强调不能把政治看作纯粹的例行公事。必定有指导我们的政治行动的确定规则；必定有一种政治的理论。柏拉图在其《高尔吉亚篇》的对话里，把他自己的国家理论同智者派（普罗泰戈拉、普罗底库斯、高尔吉亚）的观点相对立。他宣称，这些人已经对我们的政治行为给出了很多规则。但是，所有这些规则都没有任何的哲学目的和价值，因为他们没有能看到基本点。这些规则是从特殊的事例中抽引出来的，而且仅关系到特殊的目的。它们缺少"理论"的本质特征，即普遍性的特征。这里，我们理解到了柏拉图的"理论"和马基雅维利的"国家的艺术"之间的本质上不能消除的区别。柏拉图的"理论"并不是马基雅维利意义上的"艺术"，它是基于普遍原则之上的"知识"。这些原则不仅是理论上的，而且是实践上的；不仅是逻辑上的，而且是伦理上的。只有洞察到这种原则的人才算是真正的政治家。一个人可以认为自己在一切政治生活问题上是个行家里手，因为他靠长期的经验，已经形成了对政治的东西的正确意见。但是，这并不能使他成为一个真正的统治者，而且这也不能使他做出一个确定的判断，因为他对"原因没有任何的理解"。①

柏拉图和他的追随者试图给出一种合法国家的理论。马基雅维利是第一个介绍一种理论来消除或限制这种尝试的人。他的政治技艺对不合法国家和合法国家都同样适合。政治智慧的太阳照耀着合法的君主，也照耀着篡位者和专制者；照耀着公正的统治者，也照耀着不公正的统治

---

① 见柏拉图：《理想国》，533B；参见本书第六章，第70页。

者。他把关于国家事务的劝告慷慨大方而毫不吝啬地给予所有的人,我们不需要为这种态度而对他进行责备。如果我们想把《君主论》压缩为一个简短的准则,那么,或许我们最好莫过于指出十九世纪一个伟大的历史学家的话。依波利特·泰恩(Hippolyte Taine)在他的《英国文学史》导论里宣称,历史学家应用化学家谈论不同的化学化合物的方式来谈论人类的行动。恶和善是像硫酸和糖那样的产物,我们应以同样冷静的不偏不倚的科学精神来对待它们。严格说来,这就是马基雅维利的方法。确实,他有个人的情感,有他的政治理想,有他的民族志气,但他不允许这些东西影响他的政治判断。他的判断是一个科学家和一个政治活动技巧熟练的人所作的判断。如果我们不是这样来读《君主论》,如果我们将这部著作看作是政治宣传家的著作,那我们就失去了整个问题的要旨。

马基雅维利政治哲学中神秘的成分: 命运

马基雅维利的政治科学和伽利略的自然科学是建立在一个共同的原则基础之上的。他们都是从自然的一致和同性的原则出发的。自然总是相同的,一切自然事件都服从同样不变的规律。这在物理学和宇宙学里,导致了破坏"较高的"世界和"较低的"世界之间的区分。一切物理现象都处在同样的水平上:如果我们发现了一个描述下落的石头的运动公式,我们就可把它运用于环绕地球的月亮的运动以及最遥远的恒星运动。在政治生活里也是这样,我们看到一切时代都有相同的基本结构,谁要是知道了一个时代,那他也就知道了一切时代。面临具体实际问题的政治家,总会在历史中发现类似的情况,靠这种类推,他将能够以正确的方式来行动。过去的知识是确实可靠的向导;一个人如果对过

第二编 政治思想史上反神话的斗争

去的事件有一种清楚的识见,那他就会明白如何对付现在的问题,如何为未来作准备。因此,对一个君主来说,再没有比忽略历史事例更大的危险了。历史是政治的线索。马基雅维利在其著作的开头写道:

> 当论述君主和国家都是全新的君主国的时候,任何人都不应该感到惊异。因为人们几乎常在他人走过的道路上走,并且效法他人的事迹,虽然他们并不能够完完全全地沿着别人的道路或者不能够取得他们所效法的人的功效。然而一个明智的人总是应该追踪伟大人物所走过的道路,并且效法那些已经成为最卓越的人们。这样一来,即使自己的能力达不到他们那样强,但是至少会有几分相似。①

然而,在历史领域,这种相似有其确定的限制。在物理学中,我们可以老是争论这个原理:同样的原因必定产生同样的结果。我们可以绝对确定地预言一个未来的事件,例如,一次日食或月食。但一到人类的行动,所有这一切似乎都突然成了问题。我们可以在某种程度上对将来有所预期,但我们并不能预言它。我们的期望或企求破灭了,甚至连最有计划的行动也没能达到其效果,如何说明这种差异呢?在政治领域里,我们应该放弃普遍的决定论的原则吗?我们是否应该说,这里的事情都不可预测,在政治事件里没有任何必然性,和物理世界相反,人类世界和社会世界仅仅为机遇所支配吗?

这是马基雅维利的政治理论不得不解决的最大难题。他把这个问题建立在他的政治经验之上,这与他的一般科学原则公然矛盾。经验教导

---

① 《君主论》第六章,见中译本第25页。

第十二章　新的国家理论的含义

他,即使是最好的政治劝告也经常是无效的。事物将走其自己的路,它们将使我们的一切意愿和目的受挫。甚至最为狡猾奸诈的预谋程式也易于失败。事物的进程会突然出人意料地将其打乱。这种人类事务问题上的不确定性似乎使一切政治科学成为不可能。我们生活在一个不规则的、变动不居、变幻莫测的世界里,它使我们的一切预测和预言落空。

马基雅维利很清楚地看到了这种二律背反,但他不能给予解决,甚至不能用一种科学的方式对之进行表述。他的逻辑的和理性的方法在这点上把他抛弃了。他不得不承认,人类的事并不为理性所支配,因此,用理性的术语不能对它们作出完全的描述。我们必须求助于其他的力量——求助于一种半神秘的力量。"命运"似乎是事物的统治者。万物的命运是最为荒诞古怪的,一切将其归于一定规则的企图,都注定要失败。如果命运在政治生活中是必不可缺的因素,那么,对一种政治科学的希望就是荒谬可笑的。谈论一种"命运的科学"将是一种术语上的矛盾。

这里,马基雅维利的理论到了一个关键之点。然而,马基雅维利不能接受理性思想这种表面上的缺陷。他的头脑不仅是一个非常清楚的头脑,而且是精神饱满和顽强的头脑。如果命运在人类事务中起着一种领导作用,那么哲学思想家就要理解这种作用。为此理由,马基雅维利不得不在他的《君主论》中插进新的、该书中最为难以理解的一章。什么是命运?命运确指什么?它和我们人的力量、和人的理智以及意愿是什么关系呢?

马基雅维利绝不是文艺复兴时期考虑这一问题的唯一的思想家,因为这个问题本身是他那个时代的一切思想家都很熟悉的,它渗透到文艺复兴的整个文化生活之中。艺术家、科学家和哲学家都渴望找到这个问题的答案。在文艺复兴的文学和诗歌里,这个主题被一遍又一遍地重复

 第二编 政治思想史上反神话的斗争

着,在美术中,我们看到无数命运女神的象征。① 博尔贾肖像勋章的背面就有一个这样的象征。② 马基雅维利对这一问题的"处理"又一次证明了他的伟大的独创性。根据他的主要兴趣,他是从公共生活的角度,而不是从私人生活的角度来探讨这个问题的。"命运"成了他的历史哲学中的一个因素。正是命运女神的力量,今天把这个民族推向前去,以后又把别的民族带到前台,使它主宰世界。马基雅维利在他的《李维史论》第二卷的序言里说,在一切时代,世界总是差不多一样的。在一切时代,世界几乎一直有善和恶的命运在其中,但是这种善和恶有时改变它们的位置,会从一个帝国行进到另一个帝国。善曾经似乎固定于亚述,③ 后来移动到米堤亚,④ 从米堤亚又移至波斯,最后来到罗马定居下来。太阳之下没有任何东西是稳固不变的。善继之而起的是恶,恶继之而起的是善,一个总是另一个的原因。然而,这并不意味着人必须放弃奋斗。寂静教⑤是积极生活致死之物。文艺复兴在感情和思想上处于占星术的强烈压抑之下。除米朗多拉(Pico della Mirandola)以外,再没有任何文艺复兴的思想家能够避免或克服这种压抑。像马·菲省这样的伟大而高尚的人物的生活亦充满着对占星术迷信的恐惧。⑥ 甚至马基

---

① 详细说明参见我的著作《文艺复兴哲学中的个人和宇宙》(*Individuum und Kosmos in der Philosophie der Renaissance*),第三章:"文艺复兴哲学中的自由和必然",载《瓦堡图书馆研究》第十卷,莱比锡,一九二七年,第77—129页。
② 在缪尔夫人(Mrs. D. Erskine Muir)的著作《马基雅维利和他的时代》(纽约,一九三六年)第150页里,我们可以发现这种勋章的复制品。
③ 古代东方一奴隶制国家。——译者注
④ 伊朗高原西北部的奴隶制古国。——译者注
⑤ 十七世纪一种基督教的神秘主义教派。——译者注
⑥ 见卡西尔这本书的105页以后,以及《观念史杂志》,第三卷,第二、三期(一九四二年),第123—144、319—346页。关于费希诺对占星术的态度见克里斯特纳(Paul Oska kristeller)的《马西留·费希诺的哲学》,纽约,一九四三年,第310页以后。

第十二章　新的国家理论的含义

雅维利也不能完全摆脱占星术的观念。他用他所处的那个时代和他同代人的方式思维和说话。他在《李维史论》里说，我们从古代和现代历史的许多例子里看出，在一个国家发生大的不幸之前，一般都被占卜者，或由启示，或由天上的征兆所预告。他承认，由于不能解释这个事实，所以他是愚昧无知的，但事实本身是不能否定的。① 然而，马基雅维利并不赞同任何种类的宿命论。谚语"智者受艺术统治"（Sapiens vir dominabitur astris）在文艺复兴中经常被引用。② 马基雅维利把这条谚语引到一个新的方面。要克服命运力量和意志作用的有害的影响，还必须加上智慧。命运的力量是巨大的、不可预测的，但不是不可抗拒的。如果它看起来是不可抗拒的话，那是那些不会运用自己的力量、太胆怯以至不能拿起武器对抗命运的人的过错。

　　我知道，有许多人向来认为，而且现在仍然认为，世界上的事情是受命运和上帝支配的，以至人们运用智慧亦不能加以改变，并且丝毫不能加以补救；因此他们断定在人世事务上辛劳是没有用的，而让事情听从命运的支配……考虑到这种变幻，有时我在一定程度上倾向于他们的这种意见。但是，不能把我们的自由意志消灭掉，我认为，正确的是，命运是我们半个行动的主宰，但是它留下其余一半或者几乎一半归我们支配，我把命运比作我们那些毁灭性的河流之一，当它怒吼的时候，淹没原野，拔树毁屋，冲毁堤坝；在洪水面前人人奔逃，屈服于它的暴虐，毫无能力抗拒它。事情尽

---

① 见《李维史论》，第一卷，第五十六章。
② 见雅克布·伯克哈特（Jakob Burckhardt）的《意大利文艺复兴时期的文化》（*Die kultur der Renaissance in Italien*），英译本，纽约，一九三七年，第269页。

 第二编 政治思想史上反神话的斗争

管如此,但是我们不能因此得出结论说:当天气好的时候,人们不能够修筑堤坝与水渠做好防备,以求在将来涨水的时候能顺河道宣泄,不至于毫无控制而泛滥成灾。①

这是用一种纯粹隐喻的、诗的或神秘的方式来说这番话的。然而在这种神秘表达的掩蔽物之下,我们发现了决定着并弥漫于马基雅维利思想中的趋向。因为这里所给出的,不是别的东西,不过是命运女神象征的世俗化而已。甚至在中世纪的文学里,这种象征也是人们非常熟悉的。但在马基雅维利这里,它已经历了另一种意义上的有特色的变化。对于命运女神在中世纪的体系里所具有的作用的经典表达,可以在但丁《地狱篇》(Inferno)的著名段落里找到。正是弗吉尔(Virgil)把命运女神的这种真正的本性和功能教给但丁。弗吉尔对但丁解释说,人们习惯于把命运女神说成仿佛是一个独立的存在。而这样一种概念仅是人类盲目性的结果。命运女神无论做什么,她都不用自己的名字,而是用一个更高的力量的名字。人们只在受命运女神恩惠时才赞扬她,一旦他们发现自身受到她的欺侮,他们就会辱骂她。这两种态度都是很愚蠢的。命运女神既不应该受责备,也不应该受颂扬。因为她自己没有任何力量,而只不过是一个更高的原则的代理人。如果她要干什么,那也是在神圣天意的控制下去干,她必须在掌管人类生命的过程中执行神圣天意分派给她的任务。因为她远优于人的判断,所以她对责备和赞扬是毫无所动的。② 这种基督教的成分在马基雅维利的描述里被消除了。他回到希腊、罗马,回到异教的概念。而在另一方面,他又介绍了一种新的特别现代的思想情感成分。命运女神是世界的统治者的观念是真的,但只

---

① 《君主论》,第二十五章。(参见中译本,第117页——译者注)
② 但丁:《地狱篇》,第七章,第67页以下。

是真理的一半；人并不屈服于命运女神，他并不任凭风浪摆布，他必须选择自己的航道并沿着自己的航道前进。如果他没能履行这种职责，那么，命运女神就会嘲弄和抛弃他。

在《君主论》的第二十五章里，马基雅维利阐述了对抗命运女神的浩大而长久的战役所需的战术上的规则。这些规则十分复杂且不易正确地运用。因为这些规则包含有两个似乎是互相排斥的因素。一个想在战斗中立住脚的人必须把两种对立的品质结合在自己的性格之中。他必须既是软弱的又是勇敢的，既是含蓄的又是暴烈的。只有靠这样一种矛盾的混合，他才能有希望赢得胜利。没有任何为一切时代所遵循的统一方法。在这一时刻我们必须警惕一切事情，而在下一时刻我们又必须敢于做一切事情。我们必须是每时每刻都能改变自己形状的普罗蒂厄斯，① 人是很少有这样一种才能的。

> 没有一个人如此谨慎小心地使自己能够适应这种情况，这是因为他不能够离开天性驱使他所走的路子，还因为他走一条路子亨通已久，他就不能说服自己离开这条路子。因此一个谨慎的人，到了需要采取迅猛行动的时候，他不知所措，结果他就毁灭了。但是如果一个人能够随着时间和事态的发展而改变自己的性格，那么命运是决不会改变的。②

谁要向命运女神挑战，那他必须知道两种方式，即他必须懂得防御战和进攻战，而且还必须会突然出人意料地从一种形式转变为另一种形式。马基雅维利或许是更喜欢进攻战。他说，"大胆要比忸怩为好；因

---

① Proteus，希腊神话中变幻莫测的海神。——译者注
② 《君主论》，第二卷，第414页，参见中译本第119—120页。

为命运女神像一个必须用骑士风度逗弄和对待的女人,她期望用骑士风度征服她。"①

给我们讲命运理论的马基雅维利和前面章节的作者似乎是完全不同的人。我们在这里看到的不是他通常的那种清楚的逻辑风格,而是一种想象的和修辞学的风格。然而,甚至在这种命运的理论里,也是不乏哲学上的价值的。这并不是一种纯粹的偏离主题,而是和全书联系在一起的。马基雅维利试图使他的读者确信,在对抗命运女神的斗争中,仅依赖物质的武器是不够的。对这种武器他确实并不低估,但贯穿全书的是他对君主不要忽略战争艺术的规劝。一个君主,应该将其一切思想、注意和心思都转向战争的艺术。② 如果他的军备是精良的,他对世界上的评判就无须在意;他总是按照这样的原则行动:"恨自畏惧来"(Oderint dum metuant)③ 如果他装备精良并有好的同盟,他就能对付任何危险。当他的军备可观之时,他总是确信能稳操胜券了。④ 这里,马基雅维利俨然是作为一个军国主义的斗士在说话。我们甚至在他身上看到了一种坚定的军国主义的第一个鼓吹者。他写了一篇论述战争艺术的论文,在这篇论文里,他论述了许多技术上的细节,论述了用雇佣兵的危险,论述了一切公民都需要军事机构,论述了步兵优于骑兵和炮兵。但所有这些都仅有一种传记上的旨趣而不是一种方法论上的旨趣。马基雅维利在他的《兵法》里,只能作为一个简单的业余爱好者来讲话。他在这个领域里的经验是贫乏的。一个当过几年佛罗伦萨国民军指挥官的人是不能够作为军事专家进行很好的谈论并作出可信的判断的。和他的

---

① 《君主论》,第二卷,第416页;参见中译本第119—120页。
② 《君主论》,第十六、十七、十一章。
③ 同上。
④ 同上。

整个著作相比，这种因素显然是一个可以忽略的因素。但是，这里还是有别的更为重要得多的东西。马基雅维利发现了一种建立在精神武器之上的全新的战略，而不是建立在物质武器之上的战略。在他以前，没有任何作者曾经教过这种战略。这种战略是两种因素的复合，它由一个清楚、冷静、逻辑的头脑和一个能够运用他在国家事务中丰富的个人经验和对人类本性的深刻认识的人创造出来。

第十三章　斯多葛主义的复兴和国家的"自然权利"理论

　　十五世纪、十六世纪是现代世界分娩的阵痛阶段。在人类文化的各个分支里，在宗教、艺术和哲学中，一种新的精神开始产生并显示其力量，但这种精神仍然处于一种浑沌的状态之中。启蒙运动的哲学是一种新的、有成效的推动力量，但它充满着严重的矛盾。现代思想已开始找到自己的道路，但它对此尚不理解。我们看到，同经验观察这个伟大礼物相率而来的是所有"神秘科学"新的繁盛。魔术、炼金术、天文学受到最高的尊崇。乔尔丹诺·布鲁诺是哥白尼体系的第一个哲学发言人，他通常被认作是现代科学的先驱和殉道者。但是，如果我们对他的著作进行研究，就会发现一种大为不同的情景。他对魔术有一种不可动摇的信仰；他的逻辑是对雷蒙多·卢鲁（Raymundus Lullus）《伟大的艺术》的一种模仿；

第十三章　斯多葛主义的复兴和国家的"自然权利"理论

这一点和它别的方面一样，一切都处于一种不确定的状态之中；哲学思想正在自我分化并趋向于相反的方向。

十七世纪的伟大科学家和哲学家第一次结束了这种混乱，他们的工作可在伽利略和笛卡尔这两个伟大的名字之下得到概括。伽利略以对科学和哲学的任务的一般陈述，开始了他对自然现象的考察。他宣告，自然现象并不隐藏在神秘之中，也并不是一种复杂难懂的东西。哲学就写在那经常呈现于我们眼前的宇宙大书里。但人们的心灵必须学会如何解释和翻译这本书。这本书是用数学的语言写成的，它的特征不是一般的感性知觉，而是三角形、圆和其他的几何图形。如果我们不能掌握这种几何语言，那我们对这本自然之书就目不识丁。① 笛卡尔的物理学在许多方面，无论是对特殊现象的解释还是关于运动规律的一般观念，都是和伽利略的观点相对立的。② 但它们又是同一个哲学精神的产物。物理学不是人类知识的特殊分支，它是普遍而一般的科学，也即研讨一切可被排列和测量的东西的"一般数学"的重要部分。笛卡尔是从他的普遍怀疑开始的，但这种怀疑不是怀疑主义的怀疑，而是方法论上的怀疑。这种怀疑，成了"阿基米德点"，成了哲学真理新世界的固定不变的中心。一个"清楚明白观念"的新时代，从笛卡尔和伽利略开始了。在伽利略的"两种新科学"和笛卡尔的几何学分析和逻辑分析的灿烂光辉之下，文艺复兴的"神秘科学"黯然失色了。发酵阶段被成熟阶段代替了。现代精神开始意识到它的创造性活力，它开始形成并理解自身了。文艺复兴的分离和不连贯倾向，被一种优越的理智力量结合在一

---

① 伽利略：《著作集》（二十卷本），第六卷，佛罗伦萨，第 232 页。对伽利略自然观的详细讨论，参见恩斯特·卡西尔《文艺复兴哲学中的个人和宇宙》，第 165 页以后，第 177 页以后。
② 考伊尔（A. Koyre）在《伽利略研究》第三卷的"伽利略和惯性定律"里，对伽利略物理学和笛卡尔物理学之间的关系，作过出色的阐述。

起了。它们不再是孤立的和分散的,而是朝向了一个共同的中心。在笛卡尔的哲学里,现代精神降生了。它脚踏实地地保卫其权力,反对传统观念与外部的权威。

但是,假如物质世界变得能够为人的心灵所看透,那么,在完全不同的领域,是否能有相同的东西呢?如果知识意指数学知识,那么我们还能对任何政治科学寄予希望吗?这样的一种科学观念和理想,乍一看来,似乎只不过是乌托邦而已。伽利略所谓哲学是用几何学特征写成的说法,能够应用于自然,但不能应用于人的社会生活和政治生活,因而它不是用数学术语表述和解释的,它是情感和情欲的生活。任何纯粹思想上的努力,看来都不能支配这些情欲,不能对情欲规定确切的界限,不能指导它们达到理性的目的。

十七世纪的思想家们在这种显而易见的反驳面前束手无策。他们都是坚定的理性主义者,对人类理性的力量几乎抱有一种无限的信仰。在这一方面,我们很少能在各种学派之间看到有什么不同之处。霍布斯和雨果·格劳秀斯(Hugo Grotius)是十七世纪政治思想中的对立的两端。他们理论的前提条件和政治要求是不一致的,但他们所遵循的还是同样的思维方式和论辩方式。他们的方法不是历史的和心理学的方法,而是分析的和演绎的方法。他们从人的本质和国家的本质推导出他们的政治原则。在这方面,他们都效法着同一个伟大的榜样——伽利略。我们这里有雨果·格劳秀斯的一封信,在这封信里,他对伽利略的著作表示了极大的赞赏。① 霍布斯也持同样的看法。在其哲学生涯的初期,他就立下了雄心壮志,要创立一种政治物体的理论,这种理论,在明晰、科学

---

① 雨果·格劳秀斯:《书信集》,第六五四封(阿姆斯特丹),第 266 页。更详细的讨论可参见 E. 卡西尔的《伽利略的真理概念和真理问题》,载《科学》,米拉诺,一九三七年十月,第 188 页。

第十三章 斯多葛主义的复兴和国家的"自然权利"理论

方法和确定性上,要同伽利略物理物体的理论相匹敌。雨果·格劳秀斯在其著作《论战争与和平法》(*De jure belliet pacia*)的导言里,表达了同样的信念。按照他的看法,创立一种"政治的数学"决不是不可能的。人的社会生活不是一堆杂乱无章的事实,它是建立在与任何数学命题具有同样的客观有效性和同样能被确证的判断基础之上的。因为它们不是依赖于偶然的经验观察,而是具有普遍永恒的真理品格。

在这方面,十七世纪的一切政治理论,不论其在目的和手段方面有何分歧,但都有着一个共同的形而上学的背景。形而上学思想明显地处于神学思想的地位之上。但没有数学的帮助,形而上学本身是毫无力量的。这两个领域的界限已变得难于分辨了。斯宾诺莎按照几何学的方法,发展了一种伦理学体系。莱布尼茨甚至更进了一步,他毫不犹豫地将其《综合科学》(*Scientia generalis*)和《通用语言》(*Characteristica universalis*)① 里的一般原则应用于具体的和特殊的政治问题。当向他征求关于波兰王位的竞争者中,谁最有权力要求当选这个问题的意见时,他写了一篇文章来试图论证自己的观点即选举莱提津斯基(Stauislaus Letizinsk),这篇文章用的是形式的论证。② 莱布尼茨的弟子克里斯提安·沃尔夫(Christian Wolff)仿效其老师的榜样,第一个按照严格的数学方法写出了关于自然法的教科书。③

但这里又产生了另一个对政治思想的进一步发展来说是极其重要的问题。即假定用论证数学真理的同样方式来论证政治的和道德的真理是可能的,而且甚至是必须的,那么我们在哪里能找到这样一种论证的原

---

① 书名译法均根据《人类理智新论》后的"莱布尼茨生平和著作年表",商务印书馆,陈修斋译,一九八二年。——译者注
② 参见莱布尼茨:《历史的、政治的和国家学说的著作》,第二卷,第100页以后。
③ 沃尔夫:《民族法科学方法之详讨》,一七九四年。

则呢？假若也有一种"欧几里德式的"政治方法，我们就必须假定，我们在这个领域也具有某些不证自明、确定无误的公理和公设。这样一来，任何政治理论的首要目标就变成为要找出这些公理，并对之加以陈述。这对我们来说是一个极为困难的、错综复杂的问题，但十七世纪的思想家们并不感到困难，他们中的大多数人都相信，这个问题甚至在提出以前就已经解决了。我们是不需要寻求人的社会生活的第一原则的，因为它们在很久以前就已经被找到了。现在把这些原则重新申明，陈述一番，用逻辑的观念、清楚明白的语言来表述也就足够了。在十七世纪的哲学家们看来，这个任务毋宁说是一个消极的任务，而不是积极的任务。我们必须要做的工作，是驱散那迄今遮蔽理性光芒的乌云，丢掉我们的一切成见和偏见。斯宾诺莎说过，理性有这种阐明自身和对立面的特殊能力；它既发现真理也发现谬误。

十七世纪政治上的理性主义是斯多葛观念的复兴。这个过程开始于意大利，但不久就遍及整个欧洲文化。新斯多葛主义在其迅速的发展过程中，从意大利传到法国，又从法国传到尼德兰、英国和美洲的殖民地。这个时期最著名的政治著作无不显示着明白无误的斯多葛派思想的烙印，也不只是学者和哲学家才对它们进行研究。如皮埃尔·查朗（Pierre Charron）的《论智慧》（Dela sagesse），杜·瓦尔（Du Vair）的《国难中的坚忍和安慰》（De la constance et consolation es calamitez publiques），贾斯特斯·李普修斯（Justus Lipsius）的《论不动心，或斯多葛的哲学和心理学》（De constantia or Philosophia et physiologia Stoica）变成了一种道德名言的世俗祈祷书。这些著作的影响是如此之强大，以至于在实践的政治问题的领域也能感觉到其影响。在对王子和公主的教育里，这些现代的论著代替了中世纪的《论皇室与统治》（De rege et regimine）或《论管理原则》（De institutione principum）。我们从瑞典克

第十三章　斯多葛主义的复兴和国家的"自然权利"理论

里斯提娜（Christina）王后的事例中得悉，她的第一个老师知道，对她介绍政治问题，最好的办法莫过于学习李普修斯和古典的斯多葛派的著作。①

一七七六年，托马斯·杰佛逊受其朋友们之托，起草《美国独立宣言》，他用这样的著名的话作开头："我们认为这些真理是自明的；所有的人生来平等；造物主赋予了他们某些不可转让的权利，其中有生命、自由和追求幸福的权利。为了保护这些权利，人们建立了政府，政府的权利来自其治下的赞同。"杰佛逊在写这些话的时候，他几乎没有意识到他正在说着斯多葛派哲学的观点。这些话可以认为是理所当然的，因为从李普修斯和格劳秀斯起，斯多葛派哲学已在伟大的政治思想家那里占有共同的位置。这些观念被看作是不能再进一步分析、不需要再作论证的基本准则；因为它们表达了人的本质和人类理性的特性。在《美国独立宣言》之前，已经有了一个甚至可以说是更为伟大的事情，在前面为它作了准备。这就是我们在十七世纪的理论家那里看到的《理智的独立宣言》。正是在这里，理性第一次宣告了它的力量和它要统治人的社会生活的要求。它已经从神学思想的监护下解放了自己，已经能站立在自己的领域中了。

以美国的《人权法案》和法国的《人权和公民权宣言》为顶点的伟大的理性运动的历史已被详尽地研究过了。我们现在看来已完全拥有这段历史的一切事实，但并不意味着已足以认识这些事实，我们必须去努力理解这些事实，去探究其原因。这些原因决不会是显而易见的，人们似乎至今尚未找出对此问题的令人满意的答案。为什么现在会突然用一种全新的眼光来看待两千年来一直为人们所熟知、所讨论的同样的观

---

① 参见我的论文《笛卡尔和瑞典克里斯提娜王后》（Descartes und Konigin Christina von Schweden），载《笛卡尔》，斯德哥尔摩，一九三九年，第177—278页。

念呢？因为斯多葛派思想的影响本来就一直没有间断，而且还在继续。我们可以在罗马法里，在教父学里、在经院哲学里，对之进行追溯。①但所有这些毋宁说都只有一种理论上的旨趣，而没有直接的实践上的旨趣。这个伟大的思想汇流的巨大意义是直至十七世纪和十八世纪才显现出来的。从此以后，人的自然权利不再是一种抽象的道德教条，而是成为政治行为的主要动因了。这种变化是如何造成的呢？是什么东西使得古老的斯多葛派思想变得如此新颖奇特、力量空前，从而在形成现代精神和现代世界中变得极为重要呢？

就其表面价值而论，这种现象的出现实际上是不合理的，它仿佛是同我们关于十七世纪一般特征的流行看法都是相矛盾的。如果有任何可以刻画这个时代的特征，并且可以被看成是该时代的明显标志的话，那么这个特征就是理性的勇气和思想的激进主义。笛卡尔哲学是从一个一般的前提开始的，即每个人在其一生中，必须要有一次彻底地忘却以前学过的一切知识，必须拒斥一切权威，必须蔑视一切传统的力量。笛卡尔的前提导致了一种新的逻辑和认识论，新的数学和形而上学。但十七世纪的政治思想，乍一看去，似乎尚未为笛卡尔的观念所触动。它还没有走上一条全新的道路，相反地，它倒似乎在继续一种为时代所尊崇的传统。我们可以对这个事实作怎样的解释呢？显而易见，十七世纪文明的一般背景和希腊罗马文化的一般背景是不同的。理智的、宗教的、社会的和经济的传统差异很大。任何一个严肃的思想家怎么能一直靠两千年前创造的术语和概念进行言谈、思考，并解决该时代和现实世界的问题呢？

这个事实可用一个双重的理由来解释。这里的问题与其说是斯多葛

---

① 参见本书的第八章。

第十三章 斯多葛主义的复兴和国家的"自然权利"理论

派理论的内容，不如说是这种理论必须在现代世界的伦理与政治的冲突中发挥作用。为了理解这种作用，我们必须回到文艺复兴和宗教改革所创立的新传统。文艺复兴和宗教改革所有的伟大的无可争辩的进步都被一种严重的无可补救的损失抵消了。中世纪文化的统一和内在和谐已经完结了。实际上，中世纪没有摆脱深刻的冲突。教会和国家的斗争一直不断，对逻辑、形而上学和神话问题的讨论没完没了。但这些讨论对中世纪文明的伦理的和道德的基础并没有什么严重的影响，唯实论者和唯名论者，理性主义者和神秘主义者，哲学家和神学家，有着一个历来都没有疑问的共同基础。十五世纪、十六世纪以后，这个基础动摇了，它再也不能重新回复到原来的稳固状态了。那种在一般秩序中给予每个事物以恰当、稳固、无疑问的位置的存在的等级链条被破坏了。"日心说"的体系，剥夺了人的特殊地位，人成了无限宇宙中的流浪者。教会的分裂，威胁和毁坏着基督教教义的基础，无论是宗教界还是道德界，看来都没有一个固定的中心。在十七世纪，神学家和哲学家仍怀着再次发现这样的中心的期望。该时代最伟大的思想家之一莱布尼茨就锲而不舍地研究这一问题，他竭尽全力去寻找一种使不同的基督教会重新联合起来的方案，但所有这些努力都是徒劳无功的。很清楚，在教会本身之内，以前的"天主教"不能再回复了。如果将会有一种真正的普遍的伦理或宗教的体系的话，那么它必须建立在能为一切民族、一切教义、一切教派所接受的原则之上。看来只有斯多葛主义才能担当起这个任务。它变成为"自然"宗教和自然规律体系的基础。斯多葛派哲学并不能帮助人解答形而上学的宇宙之谜，但它却包含着一种伟大的与更为重要的前提：这个前提恢复了人的道德尊严。他断言，尊严是不能丢失的，因为尊严是不依赖于一种专断的教义，或任何外在的启示的。它完全依赖于道德意志，依赖于人归属给自己的价值。

这就是自然权力理论给予现代世界实际上无可估价的伟大的贡献。看来,没有这种理论,就不能从道德上的完全混乱之中逃脱出来。博休特(Bossuet)是十七世纪最伟大的神学家之一,仍然代表着天主教会的内部统一和旧的力量中的传统,但他也不得不做各种各样的调节了。如果基督教的教义要在新的时代,在路易十四的世界保存下来的话。这些调节是必不可少的。路易十四被赞颂为基督教的保护人和卫士,被命名为"基督教之王"(rex Christiannissimus),但是,在他的宫廷里,旧的基督教观念简直是不能存在的。

路易十四时代隐藏着的矛盾冲突,在詹森教和耶稣教之间的斗争中突然公开了。这场斗争的真实意义和目的似乎是很难理解的。假如一个现代的读者试图去研读詹森论圣·奥古斯丁的巨著,他就完全不能够理解,为什么像这样的一本书能够引起那样一阵最强烈的激情。这样一本经院神学的著作、一本探讨最为晦涩难懂的教义问题的书,为何居然能动摇整个道德秩序和社会秩序,并且对法国的公共生活产生如此巨大的作用呢?

我们在阅读十七世纪法国文学的一本最伟大的著作时找到了答案。帕斯卡尔的《致外省人信札》(Lettres provinciales)也是从讨论教条神学的最细微的问题开始的,讨论"充足的"和"有效的"恩惠之间的差别,用来观察神性知觉的人的"真实"能力和"近似"能力之间的区别。但这一切只不过是一个引言,帕斯卡尔突然出人意料地变换了他的问题和战术,他从另外一个方面,从一个最弱的弱点上来攻击对手。他宣告耶稣教道德体系含糊不清、邪恶堕落。这里,帕斯卡尔不是作为一个神学家在讲话,因为与其说他在宣扬神话思想,不如说他在宣扬一种逻辑学的思想和数学思想。他对打有耶稣会烙印的道德神学深为不满,于是不得不在逻辑上和道德上寻找隐藏着的动机,即促使耶稣教诡辩术

第十三章　斯多葛主义的复兴和国家的"自然权利"理论

的作者们申辩自己写作和宣传他们著作的动机是什么。按照帕斯卡尔的看法，一句话就可以回答这个问题，即耶稣教会是"战斗的教会"。他们竭尽全力去维护教皇和天主教的绝对权威，不惜为此目的付出最大的代价。而在现代世界，在路易十四的时代，这种旧的严厉苛刻的基督教的观念已经毫无地位了，它不得不成为一种牺牲品了。随之而起的一种新道德，即耶稣教会的"颓废道德"，看来只不过是拯救教会或基督教的工具，在耶稣教著作家那里，拯救教会和拯救基督教是一样的。帕斯卡尔以锐利无情的逻辑分析，揭露了耶稣教体系的前提，耶稣教的道德被揭示为耶稣教宗旨的必然产物。帕斯卡尔宣告：

> 耶稣教著作家的目的并不是使道德腐败，这不是他们的计划；但他们的整个目的也不是要对之进行改革，这是坏政策。他们的意图是，他们自己有这么好的一种看法，他们相信这种看法是有用的，而且对好的宗教来说是必须的东西。他们的声誉将扩展到世界上的每一个地方，他们将对所有的意识进行统治。作为严肃的福音准则，适于用来统治一些人，每当时机有利，他们就把这些准则付诸实施。但这些准则并不合于大多数人的看法。为了提供普遍的满足，他们不能对这些人弃置不顾，为此就不得不应付各种生活条件的人和各种不同民族的人，就必须有诡辩家出来与这全部的多样性相匹配……他们中的少数人为被挑选出来的少数人效劳，而大批放荡的诡辩家则为爱好放荡的群众效劳。他们以此方式扩展到整个世界，使用的是这种或然性看法的教义，这种教义是所有这类混乱的源泉和基础……他们对此是毫不掩饰的……只是由于这种区别，他们就以基督的精明掩饰了他们的人的与政治上的老谋深算，仿佛为传统所支持的信仰并不总是同一个，仿佛在一切时间、地点都是在

变化的，仿佛信仰是从属于这个窝子里的人的教规的一部分。①

这是把神学著作家分为两个敌对阵营的鸿沟。人们也已经清楚地看到。这条鸿沟是不可能被填平的。在帕斯卡尔的《致外省人信札》出版后，任何和解和妥协都是不可能的了，所剩下的只能是二者择一：即一个人在其道德行为中不得不在詹森教的严格要求和耶稣教体系的松弛放荡这两种对立中进行选择。在这场冲突中，"哲学"处于什么样的地位呢？难道能期望伽利略、笛卡尔时代的东西倒退到圣·奥古斯丁的天赐和自由意志的教义上去吗？难道十七世纪的"观念清楚明白"的哲学，能够回到经院哲学关于"充足的"和"有效的"、"伴随的"和"动力的"恩惠之间的区分上去吗？难道像雨果·格劳秀斯这样的人道主义者和道德哲学家，一个伟大而高尚的心灵，能够堕入耶稣教的道德放荡中去吗？两条道路都是不可能的。但是，十七世纪的哲学思想家不需要一种"道德神学"，他们甚至相信，这样一种道德神学的观念，在某种意义上说来，是一种术语上的矛盾。因为他们已接受了斯多葛派关于人类理性"自足"原则。理性是独立自主的，它不需要任何外在的帮助；即使向它提供这种帮助，理性也是决不会接受的；它一定要找到自己的道路，并且相信自己的力量。

这个原则成了一切自然权利理论的基石。雨果·格劳秀斯在其《论战争与和平法》的导论里，已对此作了经典式的表述。格劳秀斯说，万能者的意志也不能改变道德的原则或废除受自然法保护的基本权利。倘若我们应当假定（这是不可能的），没有上帝或上帝不管人间事，这些

---

① 帕斯卡尔（Pascal）：《致外省人信札》，英译本，纽约，一九二八年，第69—71页。

第十三章　斯多葛主义的复兴和国家的"自然权利"理论

法则仍具有客观有效性。①

如果我们不去分析第一原理，而着眼于一般方法，那么，十七世纪政治哲学的理性特征就变得更为清楚了。关于社会秩序的原则问题，我们发现，博丁或霍布斯的绝对主义体系与民众权利和人民主权的保卫者之间有着尖锐的对立。但这两个党派不管如何互相争斗，在有一点上他们是一致的，他们都要回到同一个基本的假设上来，并力图证明这一点，使国家契约论在十七世纪成为政治思想中的一个不证自明的公理。

在我们所研究的问题的历史里，这个事实标志着伟大的决定性的一步。如果我们采纳这种观点，如果我们把法律秩序和社会秩序归结为个人的行动，归结于被统治者的自愿的契约服从，那么一切神秘都没有了。契约并不神秘。一个契约必须是在充分意识到它的意义和后果之后制订的，它是以一切党派关切的自由同意为先决条件的。如果我们对国家的这种起源进行追溯，那么，它也就成为一种完全清楚明白的事情了。

这种推理的研究并没有被人们认为是一种历史研究。只有少数几个思想家才幼稚地认为，像社会契约论那样对国家的"起源"所作的解释，在国家的开端问题上，给我们提供了一种识见。很显然，我们是不能够确定国家在人类历史上第一次出现的确切时刻的。但这种历史知识的缺乏是和持国家契约说的理论家没有关系的。他们的问题是一种分析的问题而不是一种历史的问题。他们是在逻辑的意义上，而不是在年代的意义上，来理解"起源"这个术语的。他们所寻求的不是国家的开端，而是国家的"原理"即它的"存在理由"（raisond'etre）。

如果我们对霍布斯的政治哲学进行研究，那么这个问题就特别清楚

---

① 格劳秀斯：《论战争与和平法》，导论，第十一节。

了。霍布斯是导致社会契约论的普遍精神的一个典型例子。他的结论从未得到普遍接受,而一直是遭受到反对的,但他的方法却产生了极为巨大的影响。这种新方法是霍布斯的逻辑的产物。霍布斯政治著作的哲学价值不在于其主题材料,而在于其论辩和推理的形式。在其著作《论物体》的第一章里,霍布斯向我们阐述了他的一般知识论。知识是对第一原理的探究,或如他所说,是对"第一原因"的探究。要理解一个东西,我们必须从对其本性和本质下定义开始。这种定义一旦成立,那么该事物所有的性质都能够按照严格的演绎方式被推导出来。如果一个定义以标示主体的一种特殊性质为满足,那么这个定义就是不充分的。真定义必须是"发生的"或"始因的"定义。即定义不仅要回答一个事物是什么的问题,而且要回答该事物所以存在的原因。只有依照这种方法,我们才能达到一种真正的洞察。霍布斯说,"没有产生,就没有真正的哲学知识"(Ubi generatio nalla…ibi nala philosophia intellegitur)。① 但霍布斯根本没有把这种"产生"理解为一种自然的或历史的过程,甚至在几何学领域,霍布斯也要求一种产生的或原因的定义。几何学的对象也必须构思出来,以便对其进行全面的理解。显然。这种构思的活动是一种精神的活动,而不是一种时间上的进程。我们现在所寻求的是理由上的起源而不是时间上的起源。我们试图把几何学上的对象分析为最初元素,然后再用综合的思想过程对它进行重新构造。同样的原理也适用于政治上的对象。如果霍布斯要对从自然状态到社会状态的过渡进行描述的话,那么他的兴趣并不在国家的经验起源上;争论之点不是在历史方面,而是在社会秩序和政治秩序的价值上;问题不在于国家的历

---

① 霍布斯:《论物体》(*De corpore*),第一部分,第一章,第三节和第八节。见《拉丁文哲学著作》(*Opera Philosophica quae Latine scripsit, London*, 1839 年),第一卷,第 9 页。

第十三章　斯多葛主义的复兴和国家的"自然权利"理论

史基础。而在于其法律的基础，而法律基础问题正是社会契约论所要回答的问题。

霍布斯的理论，在他所作的荒谬论断里达到极点。他断言，统治者和其臣民之间的契约一旦建立，就成为不能被解除的了。个人放弃一切权利和自由来服从契约是必要的前提条件，这样做的第一步，将产生社会秩序。但在某种意义上说，这第一步也是最后的一步，因为在此之后，个人就不再作为独立的东西而存在了，他们已经没有自己的任何意志；社会意志已经和国家的统治者一体化了。这种意志是不受限制的，没有任何其他的力量与这种绝对的统治者并列或者高于它。① 显然，这是一种不能被社会契约的观念所证明或论证的无理设想。因为当这种社会契约的观念与斯多葛派的自然权利学说相结合时，这种观念就导致与之极为对立的结果。十分清楚，对个人来说，当他们同其他的人或同统治者缔约时，他们只能为自己而行动。他们不能够创立一种绝对严格且不会改变的秩序，他们不能约束他们的后代。甚至就从当代人的观点看，无条件地、绝对地放弃一切权利，把它转交给统治者，这也是不可能的。因为至少有一种权利是不能转让和放弃的，这就是人的存在的权利。十七世纪的大多数有影响的政治著作家，都驳斥霍布斯所得出的结论。他们指责这位大逻辑学家用词矛盾。因为一个人如果能放弃他的人格存在，他将不再是一个道德的存在物，变成一种无生命的东西了。这样一种东西如何能对自己进行强制，又如何能作出承诺或缔结社会契约呢？这种基本的权利，即人的存在的权利，从一定意义上说，包括了一切其他的权利，维护和发展其人格存在是一种普遍的权利，它不受个人的任性和幻想所支配，因而是不能从一个人那里转让给另外一个人

---

① 霍布斯：《论公民》（*De cive*），第五至七章；《利维坦》（*Leviatham*），第十七至十九章。

的。因此，作为一切公民权利法律基础的统治权契约有其固有的限制。不能有"隶从的契约"（pactum subjectionis），不能有使人放弃其自由主体的状态并使自己受奴役处在服从地位的条约，因为，这种条约将会使人放弃构成他的本性和本质的特征，也就是说他将失去他的人性。

第十四章　启蒙运动的哲学和它的浪漫主义批评者

在政治思想的发展中，十八世纪即启蒙运动阶段，是最为丰富的时期之一。在这以前，政治哲学从未起过这样重要的、决定性的作用。它不再被看作一个特殊的分支，而是被看作一切理智活动的焦点。其他所有的理论兴趣都朝向并集中于这个目标。卢梭在他的《忏悔录》里写道：

> 在我已经动笔写的那些作品中，我很久以来就在构思，搞得最有兴趣，并想以毕生精力去搞，而且，以我主观的看法，将来最能使我成名的，就是我那部《政治制度论》……我发现，一切都从根本上与政治相联系；不管你怎样做，任何一国的人民都只能是他们政府的性质将他们造成的那个样子。①

---

① 卢梭：《忏悔录》，第九章。中文译文见范希衡译本，人民文学出版社一九八二年版，第500页。——译注

尽管对一切政治问题有着这种强烈的兴趣，但启蒙运动阶段并没有发展出一种新的政治哲学。当我们对最著名、最有影响的作者的著作进行研究时，我们惊奇地发现，这些著作并不包含任何全新的理论。同样的观念被重复来重复去，而这些观念直到十八世纪还没有被创造出来。我们看到卢梭自相矛盾的说法，但一论及政治，我们听到的是颇为不同、很有理智的口吻。在卢梭政治哲学的目的和方法的概念里，在他关于人的不可剥夺的和不可转让的权利学说中，几乎没有任何东西不能从洛克、格劳秀斯或普芬道夫（Pufendorf）的著作里找到类似的表述或原型。卢梭与他同时代人的功劳是在一个与此不同的领域。他们更为关切的是社会"生活"而不是政治"学说"。他们不是要去证明，而是要去断定和运用人的社会生活的第一原理。在政治问题上，十八世纪的著作家从来没有开创性的意图。事实上，他们对这个领域的开创性是极为怀疑的。作为时代代言人的法国百科全书派也总是告诫要提防他们称作"体系精神"（l'esprit de systeme）的东西。他们丝毫没有同十七世纪的伟大体系（如笛卡尔、斯宾诺莎或莱布尼茨的体系）一试高低的抱负。十七世纪是一个形而上学的世纪，它创造了自然的形而上学和道德的形而上学。启蒙运动阶段已丧失了对形而上学思辨的兴趣，它的整个精力集中于另一点上，因为思想毕竟不像行动那样充满活力。"观念"不再被看作是"抽象的观念"，它们被锻造成为政治斗争的武器。问题决不在于这些武器是否新颖，而在于它们是否有效。在大多数情况下，最旧的武器往往是最好的、最有力的武器。

《大百科全书》的作者及美国民主之父如达朗贝尔、狄德罗和杰佛逊等人，对自己的观念是否新的问题很少有什么理解。他们都确信，这些观念在某种意义上是同世界一样古老的。这些观念被看作是"时时处处为一切人所信奉"（quod semper, quodubique, quod ab omnibus）的东

第十四章　启蒙运动的哲学和它的浪漫主义批评者

西。拉博鲁亚（La Bruyere）说"理性无处不在"（est de tous les climats）。杰佛逊在一八二五年给亨利·李（Henry Lee）的信中写道：

> 《独立宣言》的目标，不是要找出新的原理或者作出从未被人思考过的论证，它不仅仅是要说出尚未为别人说过的东西，而是要用为人们所喜闻乐见的明白确定的词句，把该主题的常识提到人类面前……它的目标既不在于原则或观点的独创，也不是要模仿任何特殊的作品和前人的著作。它旨在表述一种美国人的思想，而且是要用适当的语气和当时所需要的精神来表达。①

但是，这种被北美《独立宣言》和法国《人权和公民权宣言》所抛弃的原理，不仅仅是一种通常流行的思想感情的表达。[我们这里不需要研讨令人烦恼的《人权宣言》的历史渊源问题。乔治·杰里内克（Georg Jellinek）在一八九五年发表的一篇论文中试图证明，把《人权和公民权宣言》看作是十八世纪法国哲学观念的结果这种观点是错误的。按照杰里内克的看法，我们必须在《美国权利法案》，特别是要在《弗吉尼亚州权利法》中去寻求法国革命的法律观念和政治观念的真实原因。其他作者则着力否定这种观点，例如，马卡吉（V. Marcaggi）的《一七八九年人权宣言的起源》（*Les origines de la declaration des droits de l'homme de*, 1789, Paris, 1904）。但在这种情况下，时间上的超前性问题没有太大意思。很清楚，不管是杰佛逊还是亚当斯（Adams）或拉菲特（Lafayette）和孔多塞（Condorcet）都没有"创造"出体现在《人权宣言》里的观念，他们仅仅表现了对一切"自然权利"理论先驱所

---

① 托马斯·杰佛逊：《文集》，第十卷，纽约，一八九九年，第343页；《现代文库》，第719页。

第二编 政治思想史上反神话的斗争

持观念的确信。]大概没有什么东西能像这一事实更能刻画十八世纪文化的内在统一性的鲜明特征了:这个时代的一个最深刻的思想家康德,通过"纯粹理性批判",又维护和确证了上述原理。

康德是一个法国革命的热情崇拜者。在法国革命事业看来已经失败时,他也仍然没有改变他的判断,这充分显示出他的思想和品格的坚定性。他对于《人权和公民权宣言》所表达的思想的伦理价值坚信不疑,毫不动摇。他说:

> 这样一个事件,并不是由人的伟大行为和错误行为所构成的;并不是由于这些行为,伟大的人物变成了渺小的人物,或渺小的人物变成了伟大的人物……古老的辉煌的政治大厦消失不见了,而新的大厦却又在原来的地基上取而代之,矗立起来。不,根本没有这样的事!……我们已经亲眼看到,有独创性的人民革命可能会成功,也可能会失败。它或许会由于不幸事件和残暴而失败,这种暴行对一个正直的人来说,甚至在他确认能幸运地运用它时,也决不会决定以如此高的代价去重复这样的经历。尽管由于这一切,这场革命还是在所有目睹者的心灵里,找到了一种近乎狂热的同情。……人类历史中的这样一种现象永远不会被忘记,因为它证明了:在人类的本性里,存在着一种对更美好的事物的喜好和意欲,这种更美好的事物,是没有任何政治家能靠对以前事件原因的总结来进行预言的。①

十八世纪的精神通常被描述为一种"理智的"精神。但是,如果

---

① 康德:《学院的争论》(*Der Streit der Fakultäten*, 1798),卡西尔编辑的《康德全集》,第七卷,第397页以后,第401页以后。

第十四章　启蒙运动的哲学和它的浪漫主义批评者

理智主义意指一种超然冷漠和抽象玄奥的态度，并与实践的、社会的和政治的生活实际问题相脱离的话；那么，没有任何描述会比这更不恰当，更易为人误解的了。这种态度和启蒙运动思想家是根本不相容的。所有这些思想都会接受康德后来提出的所谓"实践理性的至上地位"的原则，但他们绝不赞同理论理性和实践理性之间的截然区分。他们并不把思辨与生活分离开来。或许没有哪个时期会像十八世纪那样，在理论和实践、思想和生活之间，存在一种较为完全的和谐。一切思想都立刻转化为行动；一切行动都从属于一般的原理和依照理论标准而下的判断。正是这种特征给予了十八世纪的文化以力量和内在的统一。文学和艺术，科学和哲学有一个共同的中心，并且向着共同的目的而互相协作。由于这种原因，该时代的伟大的政治事件受到了那样普遍的热情欢呼。孔多塞（Condorcet）写道："它们（指本源的不可剥夺的权力）仅仅停留在哲学家的书本里和正直的人们心里是不够的，愚昧或弱小的人们必须从伟大民族的榜样中去理解它们。美国已经为我们树立了这种榜样。北美《独立宣言》是对这些长期被遗忘的神圣不可侵犯的权利的简明而卓越的表达。"①

这一切伟大的成就怎么突然成为问题了呢？十九世纪怎么开始攻击和公然蔑视前代人的哲学和政治观念起来了呢？回答这个问题似乎是容易的。法国革命已经在拿破仑战争中终结了，最初的热情之后，继之而来的是深深的幻灭感和不信任。本杰明·弗兰克林在法国革命开始时所写的一封信里，表达了这样一种期望：人的神圣权利将犹如烈火陶冶黄金一样发挥作用，"它将毫无损坏地得到净化。"看来所有的人都曾对

---

① 孔多塞（Condofcet）：《美国革命对欧洲的影响》（*De l'influence de la revolution d'Amerique sur l'Europe*），第一章，第十一节，布伦瑞克和巴黎，一八〇四年，第 249 页。

这种乐观的希望灰心丧气。法国革命的一切伟大的许诺都没有兑现。在欧洲社会和政治的秩序似乎受到一种完全崩溃的威胁。埃德蒙·伯克（Edmund Burk）把一七九三年法国宪法称作"无政府学说汇纂。"在他看来，不可转让的权利学说是"一份暴动的请柬，是动乱的一个持久的原因。"① 约瑟夫·德·梅斯特（Jeseph de Maistre）在其著作《论教皇政治》（De la papaute）中写道："人的理性，对于人的引导，显然确实是软弱无力的……因此，一般说来，唯有当理性出于权威，它才是善的。"（La raison humaine, est manifestment convaincue d'impuissance pour conduire les hommes…en sorte qu'en general il est bien, quio quondise, de commencer per l'autorite）

这就是我们在十几世纪最初十年中所见到的观念迅速彻底改变的明显原因。但把这种反动作用仅仅描述为政治上的原因是不够的，它还有另外的更深的原因。德国浪漫主义者首先开战，在反对启蒙运动哲学的战斗中成为第一批先驱者，但他们的主要兴趣并不在政治问题上，他们更多的是生活在"精神"世界（诗和艺术）里，而不是伫立在铁一般的政治事实面前。当然，浪漫主义不仅有其自然哲学、艺术哲学和历史哲学，而且也有其政治哲学。但在此领域里，浪漫主义的作家们从未发展成一种清晰的自圆其说的理论，他们的实践态度也不是始终如一的。弗里德里希·施莱格尔（Friedrich Schlegel）有时是保守观念的拥护者。有时又是自由观念的鼓吹者，他能从共和政治转到君主政治上去。看来不可能从浪漫主义的作家中，产生一个明确、固定而切实的观念体系，在大多数情况下，他们是从一个极端跳到另一个极端。

尽管如此，在浪漫主义和启蒙运动之间的斗争中，仍然有两点是极

---

① 见查尔斯·格罗夫·海恩斯（Charles Grove Haines）：《自然法观念的复兴》，剑桥大学、马萨诸塞理士学院、哈佛大学出版社，一九三〇年，第65页。

第十四章　启蒙运动的哲学和它的浪漫主义批评者

为重要的：第一是对历史的新兴趣；第二是关于神话的新观念和新估价。至于第一点，它成为一切浪漫主义作家的口号，成为一种不断被重复的战争呼喊，即启蒙运动时期完全是一个非历史的时代。一种冷静而无偏见的事实分析是决不能证实这种观点的。确实，启蒙运动的思想家和早期的浪漫主义者对历史事实的兴趣是不一样的。他们从不同的角度探讨问题，以不同的观点来看待它。这并不意味着十八世纪的哲学家失去了对历史世界的看法，恰恰相反，这些哲学家们最先把新的科学方法引入了历史的研究。虽然还没有收集起来大量的历史材料提供给他们，但他们对历史知识的重要性有一种深邃的识见。大卫·休谟在谈及十八世纪的英国文化时说："我相信这将是历史的时代、历史的民族。"像休谟、吉本（Gibbon）、罗伯逊（Robertson）、孟德斯鸠、伏尔泰这样的人，是不能被指责为缺乏历史兴趣和历史理解的。伏尔泰在他的《路易十四时代》（*Siecle de Louis XIV*）和《论风俗》（*Essai sur Ies moeurs*）里，创造了一种新的现代形式的文明历史。①

然而，在十八世纪的历史观和十九世纪的历史观之间，还是存在着一种基本的差异。浪漫主义者为了过去的缘故而热爱过去。对他们来说，过去不仅是一个事实，而且也是一种最高的理想。这种把过去理想化和精神化，是浪漫主义思想的一个最鲜明的特征。一切东西，一旦我们追溯到它的本源，那就成了可理解的、正当的、合理的了。这种心情是同十八世纪的思想家完全相异的。他们对过去进行回顾，是因为他们要为一个更好的未来作准备。人类的未来，新的政治秩序和社会秩序的产生，是他们的伟大主题和真正关切的东西。为此目的，对历史的研究是必须的，但历史研究本身并不是目的。历史可以教会我们很多东西，

---

① 详细材料见卡西尔的《启蒙运动的哲学》（*Die Philosophie der Aufklärung*），图宾根摩尔，一九三二年，第五章，第263—312页。

但它所教给我们的只能是已经存在的东西,而不是应该存在的东西。把这种结论认作确实无误的东西,是对理性尊严的一种冒犯。历史意味着对过去的一种赞美,对古代制度的一种确证,这在"大百科全书派"的"哲学家"的头脑里,一开始就是注定了的。他们对历史没有任何理论上的兴趣,因为它缺乏真正的道德价值。按照实践理性的优先性原则,这两种东西是互相关联、不可分离的。经常被对手指斥为理智主义的十八世纪的思想家们,他们决不仅仅是为了满足理智的好奇心而研究历史。他们在历史中看到一种行动的指南,看到了一个能把他们引向未来和更好的人类社会状态的指南针。十八世纪的一个作家说道,"我们较少羡慕我们的祖先,可我们更爱我们的当代,因而我们对后代更加抱有期望。"① 如杜克洛斯(Duclos)所说,我们的历史知识不会比一种"预期的经验"更多和更好些。②

这就是启蒙运动阶段和德国浪漫主义之间的真实差异和鸿沟。在法国革命爆发的前夜或其后不久写的政治小册子里,我们看到这样的话:"我们有可靠的向导,它们比古迹还要古老。向导无处不在,人人俱有,这就是支配我们思想的理性,和指导我们感情的道德,以及自然权利。"③ 但浪漫主义是从相反的原则开始的。他们说,每一个历史时代都有其自己的权利,必须用它自己的标准来衡量,而且还甚至会走得更远。"历史权利学派"的创始人宣称,历史是权利的来源和起因,历史

---

① 查斯特勒克斯(Chastellux):《论公众的幸福》(De la felicité publique),第二部,第 71 页。引自贝克尔(Carl L. Becker)的《十八世纪哲学家的天堂》(The Heavenly City of the Eighteenth Century Philosophers),耶鲁大学出版社,一九三二年,第 129—130 页。
② 见贝克尔的《十八世纪哲学家的天堂》,第 95 页。
③ 引自弗里茨·克罗维考恩(Fritz Klovekorn)《人权和公民权宣言的形成》(Die Entstehnung der Erklarung der Menschen und Burgerrecht),载《历史研究》第九十期,柏林,一九一一年,第 31、224 页。

第十四章　启蒙运动的哲学和它的浪漫主义批评者

之上,不存在任何权威。法律和国家不能由人"制造"出来,它们不是任何人的意志的产物,它们也不受这些意志的管辖,也不必受所谓个人生来就有的权利的限制。人绝对不能像制造语言、神话和宗教那样来制造法律。按照历史权利学派的看法,如萨维哥尼(Savigny)所表述的以及在他的学生和追随者的著作里所发展的那样,人类文化并不是自由的、有意识的人类活动的产物。它起源于一种"更高的需要",这种需要就是形而上学的需要,它是无意识地进行工作和创造的自然精神。

按照这种形而上学的观点,神话的"价值"就完全改变了。对一切启蒙运动的思想家来说,神话曾是一种愚昧野蛮的东西,是混乱观念和十足迷信的一种奇怪而又未受触动的谜团,是一种可怕的怪物。神话和哲学之间,没有任何联系之点。哲学诞生之地,也就是神话的葬身之处,就像是太阳升起黑暗离去一样。一到浪漫主义哲学家那里,这种观点就经历了一种根本的变化。在这些哲学家的体系中,神话不仅成了最高的理智所感兴趣的对象,而且成了敬畏和崇拜的对象。它被认作是人类文化的主要源泉,艺术、历史和诗都起源于神话。一种哲学,如果它忽略或忽视了这种起源,就会被宣布为肤浅的和不完全的哲学。谢林体系的一个基本目的就是要在人类文明中给神话以合理合法的地位。在他的著作里,我们第一次见到,"神话哲学"是和他的自然哲学、历史哲学和艺术哲学平起平坐的。看来,他的一切兴趣最终是集中在这个问题上,神话不是和哲学相对立的,而是变成了哲学的同盟者,甚至在某种意义上可以说神话成了哲学的顶点。

所有这些,可能显得很荒谬,然而,它们却正是由浪漫主义的思想原则产生的结果。谢林只不过是表达了德国整个年轻一代的共同信念而已,他成为浪漫主义诗歌的哲学代言人,他深深地希望回到诗的源泉,以说明浪漫主义对神话感兴趣的原因。诗必须学会说一种新的语言,这种语言不是由概念、由"清楚明白的观念"组成的，而是由符号、由秘密而神圣的象征组成的。那就是诺瓦里斯的《海因里希·冯·奥佛特丁根》(*Heinrich von Ofterdingen*)中所说的语言。诺瓦里斯是和他自己的"巫术的唯心主义"与康德的批判的唯心主义相对立的。正是这种新型的唯心主义被谢林和弗里德里希·施莱格尔认作是哲学和诗的基本原理。

这在观念的一般历史中是新的一步，而且是最重要的富有结果的一步，这对未来政治思想的发展，甚至比对哲学思想的发展更重要。在哲学中，谢林的影响受到抗衡，而且很快就因黑格尔体系出现而黯然失色。黑格尔把神话的作用仅看作是一段插曲。尽管如此，我们在现代政治中见到，后来导致神话复兴和荣耀的道路已被铺平。

不管怎么说，要浪漫主义精神对后来的发展负责，这是一个错误，而且也是不公正的。在最近的文献里，我们经常碰到这种观点，即认为浪漫主义是二十世纪神话的首要的和最富有的源泉。按照许多作家的看法，浪漫主义已经产生出"极权主义国家"的观念，而且给后来的侵略性的帝国主义的所有形式作了准备。① 但是，以这种方式进行判断，我们很可能就会忘掉主要的，并且实际上是决定性的特征。在其原本意义上，浪漫主义作家的"极权主义"观点是一种文化上的观点而不是政治上的观点。他们所渴望的世界是一个人类文化的世界。他们从来没有想去把世界政治化，而只是想去"诗化"世界。弗里德里希·莱格尔宣称，使人类生活的一切领域——宗教、历史，甚至自然科学，都充

---

① 例如，彼得·维尔雷克(Peter Viereck)：《形而上学政治学：从浪漫派到希特勒》(*Metapolitics. From the Romantics to Hitler*) 纽约，一九四一年。也可参见阿瑟·奥·洛夫乔伊：《浪漫主义对观念历史学家的意义》以及他和利奥·斯皮策非常有趣的讨论，见《观念史杂志》，第二卷，第三期（一九四一年），及第五卷，第二期（一九四四年）。

第十四章 启蒙运动的哲学和它的浪漫主义批评者

满"诗的精神",是浪漫主义运动的最高目的。① 像大多数浪漫派作家一样,弗里德里希·施莱格尔感到,相对于政治世界来说,更为精通"科学和艺术的神话世界"。正是这种态度赋予浪漫派的民族主义以特殊的色彩和特征。确实,浪漫派诗人和哲学家是热情的爱国者,并且大多数是不折不扣的民族主义者。但他们的民族主义并不是一种帝国主义类型的民族主义,他们倒是忧心忡忡地防止征服。他们最大限度地运用他们的一切精神力量,力图保持德国的个性特征,但他们决不想把这种个性强加于其他民族。

这就是德国民族主义历史起源的必然结果。这种民族主义是由赫尔德和十八世纪所有的思想家和诗人创造的。赫尔德具有最敏锐的感觉和对个体性的最深刻的理解。个人主义成为浪漫主义运动的一个突出的最富特色的特征。浪漫主义者决不会为了"极权主义"国家而牺牲文化生活中特殊的和专门的形式——诗、艺术、宗教和历史。他们对标志个人生活和民族生活特征的所有数不清的细微差别深为重视、并感受和欣赏这种差别。同情民族生活的各种形式,对他们来说。这就是历史知识的真实范围和最大魅力。因此,浪漫主义者的民族主义决不仅仅忠于一个民族,恰恰相反,它不仅和世界主义相一致,而且以世界主义为前提条件。对赫尔德来说,每一个民族,只是在一个普遍的包容一切的和谐中的一个个体的声音。在他汇编的民族歌曲集里,我们看到各个民族的歌曲,诸如德国的、斯拉夫的、凯尔特的、斯堪的那维亚的、立陶宛的和土耳其的歌曲。而浪漫主义的诗人和哲学家都是赫尔德和歌德的继承人。歌德第一个使用"世界文学"(Weltliteratur)一词,这一术语成为

---

① 参见弗里德里希·施莱格尔:《谈诗》(Gespräch Über die Poesie),载雅可布·米诺编辑的《早期散文作品》(Prosasche Jungendschriften),第二部,维也纳,一九〇六年,第338页以后。

唤起一切浪漫主义作家巨大激情的术语。施莱格尔在关于戏剧艺术的讲演中,对各个时代的戏剧文学作了普遍的研究,对它们同等热爱,同样给予公正的同情。

这种文学世界主义被一种新宗教的世界主义限制并加强了。早期的浪漫主义者,从中世纪被一种普遍的宗教理想弄到一起的事实中,看到中世纪文化的最大特权。这里,基督教仍然是一个不可分的整体。基督教社会是一个神秘的团体,它为上帝所统治,并体现在两种相互关联的秩序(世界教会与世界皇帝)之中。浪漫主义作家被回归到人类黄金时代的愿望所激励,由此,他们不会只想把他们的文化理想和宗教理想仅限制在自己的国家。他们不仅为一个统一的德国而奋斗,而且为一个统一的欧洲而奋斗。诺瓦里斯在《基督教或欧洲》这篇论文里赞颂的那个光辉而美好的日子,正是当一种基督教居住在欧洲大陆的时候,当一种伟大的利益把这个广阔的精神帝国的边远省份结合起来的时候。① 浪漫主义的最伟大的神学家弗里德里希·施莱尔马赫(Friearich Schleiermacher)甚至更进了一步,他在《关于宗教的讲演》里,论证和捍卫了一种世界宗教,它包括各种各样的信条和崇拜。以前所有的"异教"都能被包容在这种宗教理想之中。"无神论者"斯宾诺莎被施莱尔马赫称作"伟大而神圣的斯宾诺莎"。施莱尔马赫宣称,真实的宗教感情和一切教义的差别是不相干的,宗教是爱,但它不是对"这个"或"那个",或对一个有限的特殊对象的爱,而是对宇宙对无限的爱。

这就进一步解释了浪漫主义的民族主义特征。这种民族主义是爱的产物,而不是像后来许多民族主义那样是恨的产物。在弗里德里希·施莱格尔的《谈诗》里,爱已被宣布为一切浪漫诗的原则。爱就像一个

---

① 诺瓦里斯:《基督教或欧洲》(*Die Christenheit oder Europa*),雅可布·米诺编辑的《著作集》,第二卷,耶拿,底特律,一九〇七年,第23页。

第十四章　启蒙运动的哲学和它的浪漫主义批评者

不可见的媒介，它必须渗透在一首真正的诗的每一行每一节中。对诗人来说，每个事物都只不过是更高的和真实无限的东西的象征，都是永恒的爱和创生自然的神圣生命力的一种象形文字。① 早期浪漫主义者的政治理想充满着同样的感情，它们的确有一种美学的或诗的特征。诺瓦里斯曾用热情的言辞谈论国家，但他真正赞扬的东西，并不是国家的物质力量，而是它的美。他写道："一个真正的君主，是艺术家中的艺术家。每一个人都应该成为一个艺术家；每件东西都能成为美的艺术……君主要在无限多样的场景下演出，在这里，舞台和大众，演员和观众是同一的，并且在这里，他自己既是作者和剧作家，又是戏剧中的英雄。"②

确实，这种诗的和美学的概念并不等同于解决政治生活问题的任务。当这些问题变得越来越严重并具有威胁时，最初的浪漫主义作家所论证的理论就不能坚守它的基地了。在拿破仑战争时代，德国浪漫主义的创始人和先驱者开始怀疑他们自己"诗化"政治生活的理想。他们确信，至少在这个领域里，一种更为"现实"的态度是绝对必要、不可缺少的。很多浪漫主义诗人准备将他们以前的理想奉献给民族的事业。在海因里希·冯·克莱斯特（Heinrich von Kleist）等诗人那里，浪漫的爱变成了一种辛辣的和不能平息的忿恨，甚至施莱格尔也有类似的感觉。他在一八〇六年写道："只要我们的国家不得独立，甚至我们的德意志名称的继续存在受到如此严重的威胁，我们的诗或许就完全屈服于雄辩。"③ 但只有少数几个浪漫主义者遵从这种劝告，甚至在他们极端的民族主义之中，他们也并不拒绝或放弃自己对人类文化的普遍理想。

---

① 施莱格尔：《谈诗》，第二卷，第370页。
② 诺瓦里斯：《信仰和爱》，第三十三节，《著作集》，第二卷，第162页。
③ 见《施莱格尔全集》，第八卷，爱德华·博金（Eduard Bocking）编辑，莱比锡，一八四六年，第145页。

第三编

二十世纪的神话

第二章

中国の巴木

第十五章 前奏： 卡莱尔

卡莱尔关于英雄崇拜的讲演

一八四〇年五月二十二日，托马斯·卡莱尔（Thomas Carlyle）开始对大批尊贵的听众作"论英雄、英雄崇拜和历史中的英雄诗"的讲演。伦敦社会的大批民众听了演讲，讲演激起了一场轰动。谁都没有预见到这一社会事件孕育着巨大的政治后果。卡莱尔是对维多利亚时代的英国人作讲演，听众是二三百名高贵而有地位的知识界人士。如卡莱尔在一封信里所说，"大主教和各种各样的人都到会听讲，他们听到一些新东西，看来他们极为震惊又极为愉悦，他们又是笑又是欢呼。"① 但是，此时此刻，听众当中确实没有人想

---

① 麦克米罕（A. MacMeehan）在本版导言里对卡莱尔的讲演作了详细描述。也可参见《托马斯·卡莱尔和拉尔夫·埃默森的通信》（两卷本），波士顿，一八九四年，第一卷，第293页以后。

到，这些讲演中表达的观点包含着一种危险的爆炸物，卡莱尔本人对此也无知觉。他不是革命分子，而是保守分子。他希望稳定社会秩序和政治秩序，而且确信英雄崇拜是他为这种稳定所能推荐的最好的手段。他绝不想去鼓吹一种布道狂似的政治热情。在他看来，英雄崇拜是人的社会和文化生活中最古老而又最确定的因素。他在"世界管理的永恒希望"中看到了这一点。"一切传统，人所设立的一切安排、教义、社会都消失了，英雄崇拜将继续存在……它像北极星那样，穿过烟云尘雾和激流烈火而闪耀光芒。"①

然而，卡莱尔的讲演所产生的影响和他本人的期望是大相径庭的。如同卡莱尔所指出的那样，现代世界已经经历过三次伟大的革命。第一次来自路德的宗教改革，接着是清教徒革命，最后是法国革命。法国革命严格说来是新教的第三次行动。我们可以把第三次行动称作最后的一次："人不会走到比野蛮的无套裤党人还要低下的地步。"② 卡莱尔说这些话时不会知道，他在讲演里提出的这些观念，也是一场新革命的开端。一百年以后，这些观念转变为政治斗争中的高效能武器。没人能在维多利亚时代预见到卡莱尔的理论会在二十世纪发挥作用。

在最近的作品里，有一种强烈的倾向，即把卡莱尔的观点和我们自己的政治问题联系起来，认为他是那些为未来的"法西斯主义的挺进"效力最大的人之一。一九二八年，莱曼（B. H. Lehman）写了一本《卡

---

① 《论英雄、英雄崇拜和历史中的英雄诗》(*On Heroes, Hero Worship and Heroic in History*，以下简称《论英雄》)，第六讲，第 195 页；申特纳维本（Centenary，以下简称申本），第六卷，第 202 页。我是从 H. D. 格雷编辑的《朗曼英文典籍》里引用该讲演的。卡莱尔的其他著作，我引自申特纳维编辑的《托马斯·卡莱尔著作集》(三十卷)，伦敦一八三一年以后出版（后由于美国出新版本而停出），纽约，查尔斯·斯克里伯纳父子出版公司，一九〇〇年。
② 《论英雄》讲演第六讲，第 229 页，申本第五卷，第 237 页。

第十五章 前奏：卡莱尔

莱尔的英雄理论：其来源、发展、历史和对卡莱尔著作的影响》。① 这仅仅是一种历史的分析。时隔不久，别的研究便接踵而至，这些研究认为，卡莱尔对国家社会主义的整个意识形态或多或少地负有责任。在希特勒夺取政权以后，格里尔森（H. F. C. Grierson）发表了一篇讲演（其实它是三年前作的），原标题是《卡莱尔和英雄》，现在它却被冠以新的标题：《卡莱尔和希特勒》。他说："我曾经试图给它取一个我称作转喻的新标题，德国最近发生的事，说明了发生造就英雄的突然事变的条件，或者说至少是这种条件使英雄成为可能。如卡莱尔关于英雄的主要看法，情感的、宗教的和政治的条件……这些条件掀起推动英雄掌权的浪涛。"②

所有这些在后来得到很大发展并处于颇为不同的"舆论"之下的政治领导观念，似乎不仅是自然地，而且也差不多是不可避免地要归之于卡莱尔。塞利尔（Ernest Seilière）对哲学和现代帝国主义家系素有研究，一九三九年，在他那一系列著作和文章的书目里，又增添了一本论卡莱尔的著作。他在卡莱尔的著作里，能看到一种"美感神秘主义"的一切特征和"种族神秘主义"的最初踪迹。后来，卡莱尔在论弗里德里希大帝的著作中，公开捍卫普鲁士的军国主义。"他探讨了英国保守党主义，他越是沉思生活的教训和人类本性的真实特征，他越是在上院代表团中给政治家和军人更多的地位：这正是德国浪漫主义本质中的普鲁士的倾向。"③ 因此，卡莱尔的浪漫主义普鲁士化，是导致他神化政治领袖、神化强权和权力的最后的决定性一步。

---

① 杜范大学出版社出版。
② 格里尔森：《卡莱尔和希特勒》，英国，剑桥大学出版社，一九三三年。
③ ②塞利尔：《国家社会主义的前兆：卡莱尔的现实》，巴黎，一九三九年，第203页以后。

这种对卡莱尔理论的效果所作的论述，尽管在我看来材料不免过于简单化了，但这里还是包含不少真理。卡莱尔的"英雄"概念，无论就其意义来说，还是就其历史前提来说，都非常复杂。要想完全公正地看待卡莱尔的著作，我们必须对卡莱尔的性格、生活以及他著作中时常相互矛盾的各种因素进行研究。卡莱尔不是一个自成体系的思想家，他甚至根本没有想去构造一种前后一贯的历史哲学。对他来说，历史没有任何体系，只是一系列变动不居的伟大事变。他在论传记的论文里宣称，"历史是无数传记的本质。"① 因此，把卡莱尔的著作理解为整个历史过程的一种确定的哲学结构，或一种确实的政治纲领，是毫无根据的，这完全是由错觉造成的。我们不是要对他的学说匆匆忙忙做个结论，而是首先必须理解他那些多数是含糊不清且尚未被清楚识见的观念下面的动机。卡莱尔的历史观和政治观依赖于他个人的历史，而他个人的历史是传记性的，而不是成体系或有条理的。

　　毋庸置疑，卡莱尔在他的讲演中把"领导"观念发展为最极端的结论。他把整个历史生活与伟大人物的历史生活等同起来：没有伟大人物就没有历史，没有历史，就是一种停滞状态，而停滞则意味着死亡。一连串的事件并不构成历史，历史是由事业和行动组成的，而没有一个行动者，没有一个伟大的、直接的、人格的推动力，就没有行动。卡莱尔大声疾呼："英雄崇拜——对一个像神那样最高贵的人衷心倾倒的赞佩、服从、狂热、无限之爱，不正是基督教本身的起源吗？"② 这种观念，从某种意义上来说，自始至终、从头到尾贯穿于他的全部生活哲学和历史哲学。此外，他在他的第一部著作《修补的裁缝》（Sartor Resartus）里同样说过："神学家对此（英雄崇拜）作过很好的描述。一

---

① 《传记》（一八三二年），载《批判杂文集》，第三卷，第46页。
② 《论英雄》，第一讲，第11页；申本第五卷，第11页。

第十五章　前奏：卡莱尔

个为神圣的权力所支配的国王，从上帝那里获得他的权威，或者说，决不会是人把这种权威给予他的……他将成为我的统治者，他的意志将高于我的意志，他是我在天国的选择。毫无例外，这样一种对天国选择的服从，是唯一可以设想的自由。"①

这种说法，纯粹是对任何专断的宗教都失去了信仰，并试图用一种对人的崇拜代替对神的崇拜的神学家语言。中世纪的僧侣统治形式被改变成现代的"英雄统治"的形式。卡莱尔的英雄，实际上是转换了形态的圣人，一种世俗化了的圣人。这种英雄不需要是一个牧师或预言家，他可以是一个诗人，一个国王，一个文人。卡莱尔宣称，没有这种世俗的圣人，我们就不能生存。这种英雄统治如果没有了，我们一定会对世界完全失望。没有统治者，没有真正的统治者，没有世俗的和精神上的统治者，那么，除了在一切事物中出现最为有害的无政府状态而外，我们不可能看到任何东西。②

可是，什么是英雄呢？必定有某种能对英雄进行辨认的标准，必须有一种试金石，像辨别真金和劣等金属那样来对英雄进行检验。卡莱尔当然知道，在宗教史中有真预言家和假预言家，在政治生活中，有真正的英雄和冒充的英雄。那么，有没有一种我们能借以把英雄从其他人中辨认出来的标准呢？有作为神的观念代表的英雄，也有仅仅是假冒的英雄，这是人类历史必然的、牢不可破的特征，因为群众或如卡莱尔所说的"仆从"，必须有他们自己的英雄。

认识那些会为人信仰的人。哎呀！这在今天还与我们相距很远。只有真诚才能识别真诚。我们不仅需要一个英雄，而且还需要

---

① 《修补的裁缝》，第三卷，第七章，第一节，第 198 页。
② 《论英雄》，第四讲，第 120 页；申本第五卷，第 124 页。

一个适合于他的世界,一个不是仆从的世界……仆从的世界将要受冒充的英雄统治……世界是他的,他是世界的。简言之,我们必须二者择一:或者学会识别英雄,最后我们见到的是一个真正的统治者和将军,或者继续受假冒英雄的人统治。①

所有这些都清楚无疑。再没有什么东西,能比被他归咎于十八世纪和启蒙运动哲学的那种政治生活的"机械"理论,更使他憎恶的了。他尽管把一切都变成唯灵主义,但在政治方面,他仍是一个消极服从的最坚决的鼓吹者。卡莱尔的政治理论,实际上是乔装打扮和改变形态的加尔文教。真正的自由留给了少数上帝的选民,对其他那些作为上帝的弃民的群众来说,他们不得不服从这些上帝的选民和天生的统治者的意志。

到此为止,我们所得到的,只是一个修辞学上的答案,而不是一个哲学上的答案。而且即使我们接受了卡莱尔理论的一切前提,主要的问题仍然有待于回答。当然,期望从卡莱尔那里得到一个他所理解的英雄的清晰定义那未免太过分了。这样一个定义将是一个逻辑上的条例,而卡莱尔的讲演,则对一切逻辑的方法极为蔑视。逻辑决不能穿透现实的秘密,健康的理解不是逻辑的和论辩性的,而是直觉的。"想想旧的经院哲学家对真理的朝拜吧:最为虔信的努力,持久不倦的运动,永存而伟大的自然活力;但却一事无成,只是一个挨着一个的滑稽古怪而无生气的平衡杂耍而已……最多也不过是略有情趣的快速旋转,就像转圈的伊斯兰教的苦修教士们那样,他们在哪儿开始,也就在哪儿终结。"②逻辑是好的,但不是最好的;依靠逻辑,我们不能成功地理解生活,更

---

① 《论英雄》,第六讲,第209页;申本,第五卷,第216页以后。
② 《人物特征》,见《杂文集》,第三卷,第6页。

第十五章 前奏：卡莱尔

不用说作为它的最高形式的英雄生活了。"要认识、得到任何事物的真理，总是通过一种神秘的活动——最好的逻辑也只能揭示其表面。"①"使这样的东西理论化的努力将受益极少，它们不能被弄成定理和图表之类的东西，逻辑应该知道它对此无能为力。"②

但是，如果知识就其本性和本质来说，是一种神秘的活动，那么，似乎就不可能用我们人类语言的贫乏符号去转述、表达它，特别当这种转达是在"伦敦社会的大批民众"面前所作的系列公共讲演时。卡莱尔如何克服这个困难，如何解决这个似乎不能解决的任务呢？他对他的基本论题，只能作出一种说明，而不是加以论证。必须承认，卡莱尔所作的说明还是生动感人的，他一直没把历史看作一种枯燥无味的教科书，而是把它看作一个画廊。我们不能靠单纯的概念来理解历史，而只能靠画像来理解它。卡莱尔在讲演中，试图囊括人类历史的全部领域，他从人类文明的最初阶段讲到现代的历史和文学，所有这些都被他归之为一种伟大的直觉。理智是决不能进行这种综合的，因为这种综合需要其他更高的力量。"支配我们的国王，不是我们的逻辑量度的能力，而是我们的想象能力。我可以说教士和预言家把我们领向天堂，也可以说巫师和术士将我们领向地狱。"③

卡莱尔在讲演中充分地运用了这种想象能力，他的风格实际上就是把我们引向天堂的预言家或是把我们引向地狱的术士的风格。他对这两种方向的描述有时是不能区分的。他宣称，理智的确是你的窗口……；但幻想是你的眼睛健康或有病的摄取颜色的视网膜。④ 他在前面的论

---

① 《论英雄》，第二讲，第 56 页；申本第五卷，第 57 页。
② 同上书，第一讲，第 25 页；申本第五卷，第 26 页。
③ 《修补的裁缝》，第三部，第三章第一节，第 176 页。
④ 同上书，第一节，第 177 页。

文①里说过，奇异的人是神秘的窗口，通过这扇窗口，我们可以更深入地巡视自然的隐藏方式。卡莱尔的演讲向听众们打开了一扇又一扇"神秘的窗口"，他仅仅通过举例来谈论问题，他感到根本没有必要回答"什么是英雄"的问题，但他力图展示那些曾经是英雄的人。他列出了一个冗长而庞杂的名单。他不承认在英雄的性格中有什么特殊的差别。认为这种性格是不可分的总体，它一直是保持不变的。从斯堪的纳维亚的奥丁到英国的萨缪尔·约翰逊，从基督教的神圣创始人到伏尔泰，英雄们都以这种或那种形式受到崇拜。②

靠这种方法，卡莱尔的英雄成为可以变幻成各种形态的"普罗修斯"（希腊海神）。他在每一次讲演里，都向我们展示一副新的面孔：英雄可以表现为一个神秘的神，或一个预言家，或一个牧师，或一个文人，或一个国王。他不受任何限制，也不被局限于任何特殊的领域。

> 从根本上说，出于自然之手的伟大人物总是同一种类型，如奥丁、路德、约翰逊、伯恩斯。我希望揭示出，这些人物都源出于同一种材料……我承认，我只有一种想法：即一个真正伟大的人物必定能成为各式各样的人……我不能理解，一个怀着有血有泪的闪光之心的米拉博，为何不能以写散文、悲剧、诗篇这种方式，来触动一切具有像他那样的生活和教育经历的心灵。③

这是一个颇为荒谬的论题。即使是最强的想象力，要想在奥丁那样

---

① 《彼得·尼莫，一首叙事诗》(*Peter Nimmo, A Rhapsody*)。
② 《论英雄》，第一讲，第14页以后，申本第五卷，第15页。
③ 同上书，第二讲；申本第五卷，第43页；第三讲，第76页；申本第五卷，第78页。

第十五章　前奏：卡莱尔

一个神秘的神灵与一个卢梭（卡莱尔把他描绘为"一个病态的、易兴奋的和痉挛性的人"）之间发现一种共同之处，也是难乎其难的。① 而且，我们也不能把作为学究和教师的萨缪·约翰逊完全想象成一个"神圣喜剧"或莎士比亚戏剧的作者。但卡莱尔却被他自己那口若悬河的雄辩冲昏了头脑。他以同样的热情来谈论他的英雄。在他对伟大人物的"超验的爱慕"里，② 他似乎失去了平衡。我们底下的经验世界的差异几乎被忘却了，最相悬殊的历史人物被置于同样的水平上。

　　这种态度，发生在像卡莱尔这样一个毕生献身于历史研究、并在这一领域具有真正权威的著作家身上，是很令人惊讶的。但我们不要忘记他讲演所处的特殊环境。卡莱尔的风格是演说性大大重于哲学性。但在这以前，卡莱尔决没有像在这些讲演中那样，如此大量地运用修辞手法。作为一个批评艺术的大师，他很懂得区分真正的雄辩和寻常的修辞。他宣称，在演说和修辞的差别里，我们发现，无论在什么地方，被称作自然的东西都要优于艺术的东西。他不知道演讲者如何使人信服和传播这一切；他也不知道修辞学家如何能证明他应该信服和传播这一切。"因此，简言之，要用一切理智的形式，不管是指导发现真理的形式，还是指导正确传授真理的形式。"③ 但卡莱尔这次忘记了这条箴言，他可能是无意识地受到那些听众态度的影响。他们似乎已深受他的修辞风格的感染。他是对特殊的公众——"贵族和知识分子"讲演的，他不得不小心翼翼地掂量语词，对效果进行选择，并一直对此确有把握。他力图赢得、增强和刺激他的听众的兴趣，并成功地完成了这个任务。只有很少几个人，其中有他的一位最好的朋友和最称职的批评家约翰·

---

① 同上书，第五讲，第178页；申本第五卷，第184页。
② 《论英雄》，第一讲，第11页；申本，第五卷，第11页。
③ 《人物特征》，见《杂文集》，第三卷，第7页。

斯图亚特·米尔，看来是保持着清楚明白的批评判断。当卡莱尔谈及边沁的理论并将之宣布为人类最可鄙、最荒谬的观点时，米尔从座位上站起来，打断他的演讲，对这种说法表示抗议。但绝大多数听众的反应颇为不同。《论英雄》讲演成了卡莱尔最后的、也是最伟大的公开的胜利。"善良的人们屏息静坐，或是爆发各种善意的褒奖。"①

卡莱尔本人是富于批判性的，他没为这种胜利所欺骗。他决不是没有看到他的讲演的严重缺陷。他对讲演作过严肃的评价，"我写过的东西再没有比这更使我感到恶心的了。里面没有任何新东西，对我来说，一切都是老掉牙的东西，讲演的格调需要尽可能低得像讲话一样。"②甚至后来出版的这本讲演集，也受到同样的批评。卡莱尔的一个真正的敬慕者宣称，"和卡莱尔的杰作相比，他的《论英雄》一书是一钱不值的。"③ 因此，仅凭这一本书来对卡莱尔论英雄崇拜的思想下判断是不公平的。对这个问题的论述，他以前的著作要比这本书好得多。他的《修补的裁缝》一书，确实既有他的风格的一切优点，又有他的风格的一切缺点，它是用一种稀奇古怪、风格奇特的语言写成的，从而违反和无视正统作品的一切规则。但它每一个字都是诚实的。它带着卡莱尔个性的烙印。在他的那本不幸而成为他最著名、最有影响的论英雄崇拜的著作里，他最为着力之处是说服人，而不是让人确信。他宣称英雄是"一般的人"，但要证明这种一般性，却是一个艰巨的任务，不仅对萨缪·约翰逊或约翰·诺克斯说来是这样，甚至对路德或克伦威尔来说也是如此。卡莱尔的浮夸和不一致是显而易见的。我们不应该太挑剔这种

---

① 见卡莱尔给玛格丽特·卡莱尔和他弟弟约翰·卡莱尔博士的信，参见弗罗德（J. A. Froude）的《托马斯·卡莱尔，他在伦敦的生活史》（*Thomas Carlyle, A History of His Life in London*, New York, 1908）第一卷，第 155 页以后。
② 参见弗罗德的《托马斯·卡莱尔，他在伦敦的生活史》第一卷，第 167 页。
③ 见麦克米罕（MecMechan）写的本版导言，第 35 页以后。

第十五章　前奏：卡莱尔

不一致，对卡莱尔这个等级的历史学家，要根据他自己真实的历史方法的概念来下判断。

> 必须把历史里的艺术家和历史里的工匠区分开来。这里也像在其他一切领域一样，存在着艺术家和工匠；有的人在一个范围里机械地劳作，没有整体的眼光，感觉不到存在着一个整体；有的人则使卑下的部分崇高起来，他们惯于认为，部分只有在整体之中才能被真正了解。这两种人对待历史的做法和职责必定是完全不同的。①

卡莱尔所说的"整体"，不是一种形而上学的整体，而是一种个体的整体。他是后来以存在主义哲学命名的哲学态度的古典见证人。我们在他那里发现了以基尔凯郭尔为代表的思想类型的一切特征，及其对黑格尔体系的攻击。他宣称，我们对一个思想家知道的东西很少，因为我们只需知道他的一些概念。我们在对一个人的理论进行理解和评价之前，必须知道这个人。卡莱尔从德国浪漫主义作者那里，特别是从雅可比（Friedrich H. Jacobi）那里，借用了"生活哲学"的术语。"无论如何，它可能与形而上学及其他抽象的科学一样仅起源于头脑，但生活哲学……它相应地起源于情感，因而也可以同样地说，只有当情感被感知被看见，以及作者的世界观和他如何因而积极主动地活动都一清二楚之时，这一种生活哲学才能获得其意义。简言之，直到他的传记被哲学诗一般地来撰写和阅读的时候，这种哲学才能获得其意义。"② 按照这个原则，卡莱尔突然中断了他在《修补的裁缝》中对"衣服哲学"的描

---

① 《论历史》，见《杂文集》，第二卷，第90页。
② 《修补的裁缝》，第一卷，第十一章，第59页。

述,以便插进各种传记的细节。在"罗曼司"(Romance)一章里,他告诉我们他早年一些可爱的故事,他超越了这种理智的巨大危机,将之看作是他的"炮火的洗礼"。这不仅是一次转折,而且是作为作家和思想家的卡莱尔的方法的一个必备成分。他拒绝在哲学体系和它的作者之间划一条分界线。他称作哲学的东西包括自传的成分在内。在《修补的裁缝》里,卡莱尔描述他的"新的生活"(Vita nuova)即道德生活和哲学生活开始的情景,无疑是真实可靠的。"我记得非常清楚并且能直接找到事件发生的地方……我愿意将这一时刻作为标记着我的精神新生或炮火洗礼的时刻,我或许从此才开始成为一个人。"①

粗略地说,哲学体系可归属于两种不同的类型。它们或者是遵循着经验的、归纳的方法,或者是遵循着理性的、演绎的方法;或者是基于事实,或者是从先验的原理中派生出来。为了对它们作判断,我们必须或者从对经验材料的研究开始,或者从对一般真理的分析开始。但在卡莱尔那里,这两种方法都不能引导我们达到对他的哲学特性的真知灼见。他的哲学既不是一种经验哲学,也不是一种思辨的体系,他从未试图给出比"生活哲学"更多的东西。他没想过要使这种哲学与他的个人经验相分离。在形而上学里,像在一般的体系中一样,他所能看到的只是一种常犯的疾病。在一切时代,同样的问题,例如死和不朽的问题,恶的起源问题,自由和必然的问题,总是在新的形式下显现出来。我们必须不时地反复地去企望形成一些宇宙的原理,但所有这些企图都是注定要失败的。"无限的原理怎么能为有限者所完成呢?"一种哲学的纯存在和必然性是一种恶。人并非生来就要去解开宇宙之谜,人所能做和所应做的事是理解他自己,理解他的命运和他的职责。他站在自然

---

① 《修补的裁缝》,第二卷,第七章,第一节.第135页。

的中心:"他那为永恒所包围的点滴时间,他那为无限所环绕的咫尺空间他如何会不扪心自问:我是什么,从哪里来,到哪里去?"① 我们必须首先知道卡莱尔对所有这些问题的答案,然后我们才能理解他的哲学的各个部分,或者他关于人的历史生活和社会生活的各种理论。

卡莱尔理论的个人背景

卡莱尔的观念和笛卡尔的观念之间几乎没有什么关系。他们的结论和他们的原则都是完全相反的。他们属于"理智世界"(globus intellectualis)的两个不同的半球。然而,在他们之间,还是存在一个结合点,那就是他们对哲学的看法。两人都断言,哲学不是从确定而是从怀疑开始。怀疑本身并不可怕,在我们的理智生活中,它不是一个破坏性的因素而是一个建设性的因素,形而上学是不能不要它的。但伦理学和形而上学不同,只有当一个人不再停留于这个"不偏不倚的中心"时,他的伦理生活就开始了,在某种意义上说,这种中心只是形而上学可能的立足点。人们必须学会如何反对"永恒否定"和"永恒肯定"。在谈及他的青年时代时,卡莱尔说:

> 我既没有任何希望,也没有任何确定的恐惧……然而,十分奇怪的是,我生活在一种持续的、不确定的、如坐针毡似的恐惧之中;却不知道为何感到惊颤,卑怯和恐惧……那充满如此幽默的人,或许正是最可怜的人……在我心中立刻产生了一种思想,就自问道:"你怕什么呢?为什么像一个懦夫呢?你总是抑郁和啜泣、

---

① 《人物特性》,见《杂文集》,第三卷,第25页。

哆嗦和颤抖吗？卑鄙的两足动物！摆在你面前的整个最坏的东西是什么呢？哦，死亡！地狱的痛苦，以及魔鬼和人可能会加害于你的一切！你没有一颗心，无论它是什么你都不能忍受……那么让它来吧，我会见着它并且蔑视它！"我这样想的时候，一股火流涌上来溢满了我的整个灵魂；我永远甩脱了那可卑的恐惧。我是强壮的，具有无限的力量；我是一种精神，差不多是一个神。从这时起，我的可怜的心情改变了，不再是恐惧或悲伤的哀鸣，而是愤慨及眼里冒火的蔑视。①

在晚期的生活和著作里，卡莱尔只要宣讲这种"永恒肯定"的新福音，他总不忘提及歌德的名字。他宣称，没有这个伟大的榜样，他就不能找到自己的道路。歌德的《威廉·麦斯特》使他确信，"无论何种怀疑，都只能靠行动来结束"。② 行动而不是思辨的思想、伦理学而不是形而上学，这才是克服怀疑和否定的唯一手段。我们只有沿着这条道路，才能越过一种否定和破坏的科学，而达到一种肯定和重建的科学。③ 这样一种"重建的科学"，卡莱尔是在歌德那里找到的。但引起他高度钦佩及成为他兴趣中心的不是作为诗人的歌德，他总是把歌德说成是一位伟大的思想家，甚至把歌德说成是自康德以来"我们时代的思想家"。④ 卡莱尔在他的第二篇论歌德的论文里说："如果我们说，在歌德那里，我们发现了一个迄今为止最引人注目的例子，即他是我们时代的一位作家，在严格意义上讲，他的哲学可以称为人的哲学；那么，这

---

① 《修补的裁缝》，第二卷，第八章，第一节，第134页以后。
② 《过去和现在》，第三卷，第十一章，第十节，第198页。
③ 《修补的裁缝》，第一卷，第三章，第一节，第14页。
④ 《狄德罗》，见《杂文集》，第三卷，第248页。

第十五章 前奏：卡莱尔

也就更接近了我们的理解。他既不是贵族，也不是平民；既不是自由主义者，也不是奴隶；既不是异教徒，也不是正统的信徒；他是所有这一切中最优秀的精华，化为一种纯净的统一，是一个'清彻透亮、多才多艺的人'。"他不仅在文学上光彩熠熠，而且在很多方面，也都是他那个时代的导师和榜样。① 他的主要能力是理智，是深邃的洞察能力，它们是其他一切能力的基础。"一个完满的人：门农的颤动的感性和狂野的热情，应当和靡菲斯特对尘世的轻蔑愚弄协调起来；多面生活的每一面都从它那里得到应得的东西。"②

从文学批评的观点看，这种人物特征刻画似乎是片面的，最伟大的抒情诗人被卡莱尔改换成了伟大的教师、贤者和说教诗人。尽管如此，卡莱尔以这种观点看待歌德著作，也确实向前迈出了一大步，甚至超出了歌德在德国的第一个鼓吹者。确实，浪漫主义的作家们，诺瓦尼斯，弗里德里希·施莱格尔，蒂克（Tieck），比卡莱尔更加着迷于歌德的诗，但他们对他的道德理想并不持同情态度。他们甚至在这些道德理想里，看到了一种对诗人歌德的不断的威胁。当歌德开始出版《威廉·麦斯特的学徒时期》时，这些浪漫主义作家们对他一致地热烈赞誉，表示钦佩。当歌德的著作前进了，出现说教倾向的时候，开始发展他的教育观点的时候，他们对他深深地失望了。歌德，这个被诺瓦尼斯称作"地球上诗的精神总督"（Denstatthalter des poetischen Geistes auf Erden）的人，似乎突然抛弃了诗的事业，他赞扬人类生活的最无聊最琐碎的方面。另一方面，歌德的著作也开始受到反对者的驳斥。歌德的朋友，德国最伟大的批评家赫尔德，从未能和《威廉·麦斯特的学徒时期》这第一部著作的道德基调和解。像玛丽安娜或菲利纳那样的人物，对歌德

---

① 《歌德》，见《杂文集》，第一卷，第 208 页。
② 《歌德之死》，见《杂文集》，第二卷，第 382 页。

也是不能容忍的;他在这本书中发现一种道德的中立主义,和在他看来是与一个伟大的诗人不相称的疏忽。①

看穿这两个错误,正是卡莱尔的伟大优点。现代文学史中一桩矛盾可笑的事,就是这个清教徒变成了歌德的道德品行的解释者和保卫者。如果我们要对卡莱尔的宗教背景和文化背景进行考察,这就不是一件容易的任务了。很明显,歌德的观念和卡莱尔的观念之间没有任何一致之处,卡莱尔已把一切教条的宗教放到一边,但他从没有同他的加尔文信条完全决裂。《威廉·麦斯特》中的许多东西和他不一致。他在给詹姆士·约翰斯的通信里坦率地承认,他在该故事里所感觉到的,只是对"演奏者和淫荡的女演员"的厌恶。② 但他不久就克服了这种道德上的顾忌,因为他发现了整体的关键。他开始去理解歌德,这导致了他对自己很好的理解,并造成了他早期生活的伟大转折。他后来在《回忆录》里写道:"我当时感到,并且后来仍然感到,无限地受惠于歌德……我设想,他以他的方式,在我之前走过了陡峭的山路,他是现代的第一个人。"③ 他自己已经"深深陷入维特情结(Wertherism)之中,陷入死亡的悲凉与黑暗之中"。④

卡莱尔或许是以正确的意义解释《威廉·麦斯特》的副标题《被遗弃的人》(*Die Entsagenden*)的第一个现代批评家。他在歌德的著作中看到了"抛弃"(resignation)。但对他来说,抛弃同时又是最高的伦理的肯定。它不是否定,而是重建。他宣称,对人的不幸的埋怨,只是一种感伤主义。"一个才华横溢的拜伦在他的愤怒中升起,他确切地感

---

① 见海姆(R. Haym)《赫尔德》,第二卷,柏林,一八八〇年,第 618 页以下。
② 一八二三年九月二十一日的信,见《早期书信》,伦敦,一八八六年,第 286 页。
③ 《回忆录》,人人丛书,伦敦,一九三二年,第 282 页。
④ 《文学史讲演录》,纽约,一八九二年,第 192 页以后。

第十五章　前奏：卡莱尔

受到，就他而论，他是'不幸的'；同样，他以一种非常激烈的言辞，发布了这条或许有趣的消息。显然，这使他感到非常惊讶。谁都不喜欢看到一个人或诗人在街上宣布这样的消息。"① 人的不幸来自他的伟大；这是一个最确定不移的证据：在他之内有一个无限，纵然他绞尽脑汁，也不能把这个无限隐匿在有限之下。卡莱尔在这里以帕斯卡尔的风格说："生活的分数增值，增加你的分子，而没有减少你的分母，增值得如此之多。而且，除非是我的代数学欺骗我，'一'被'零'来分就得出'无限'。那么，要求为你的工资增加一个零；整个世界就在你的脚下……关住你的拜伦，放开你的歌德。"②

这种对人的活动的强调，对人的实践生活和实践责任的强调，是卡莱尔哲学中非浪漫主义的特征。不论是在观念上还是在这些观念的风格及表达上，他都是一个典型的浪漫主义者。但他的生活哲学与所有的浪漫主义作家都是相去甚远的。他是一个实践的理想主义者，而不是一个具有魔力的理想主义者。在论诺瓦尼斯的论文里，他把时间和空间说成是一切幻象中的最突出的幻象。它们不是外在的而是内在的实体。它们只是人的精神的存在形式。③ 但是，我们一旦接近行动的领域和我们的道德生活，人类知识的幻象特征就销声匿迹了。只有在行动和道德生活的领域，我们才站立于坚实而不可动摇的基础之上。一切怀疑主义和一切理论"唯我论"都被克服了。我们达到了真正的实在，我们认识到"职责的无限本质"。④ 这样的话，形而上学就不能解答这个谜。我们靠纯粹的思辨不能够打破怀疑主义的魔力。"没有什么事情能比这种事情

---

① 《过去与现在》，第三卷，第四章，第十节，第154页。
② 《修补的裁缝》，第二卷，第九章，第一节，第152页以后。
③ 《诺瓦尼斯》，见《杂文集》第二卷，第24页以后。
④ 《论英雄》，第二讲，第73页；申本第五卷，第75页。

更为徒劳无益了,纯粹的形而上学只是为了从否定中推演出肯定而辛苦劳作。……形而上学的思辨,因为它是从无或无物开始的,那它也就必然在无物那里结束。循环必须在无休止的旋涡里循环。它创造自身又吞没自身。"①

这种对实在的伦理学特征的基本确信,对卡莱尔的浪漫主义有着双重的影响。这不仅导致了他思想上的变化,而且导致了他风格上的改变。在《修补的裁缝》里,卡莱尔审慎地模仿了浪漫主义风格的一切特征。让·保罗(Jean Paul)成了他的伟大模特。他的写作方式似乎蔑视一切逻辑规则,稀奇古怪,毫无逻辑连贯性。尽管这样,还是有一种与卡莱尔的本性和气质不一致的浪漫主义的风格特征。在他身上,我们发现有让·保罗的奇异的幽默,但我们找不到浪漫主义的讽刺。卡莱尔在他的第一篇论让·保罗·弗里德里希·里希特的论文里写道:"漫画的讽刺作用,经常以幽默的形式出现,它主要是由一定的外表的形变或对象的颠倒所构成,最多是在笑声中结束,这和里希特的幽默没有任何相似之处……它只是一种贫乏的幽默碎片,或者不如说它是灵魂所要求的形体,它所具有的任何生命都是假的、人工的和非理性的。"② 卡莱尔是不善于讽刺的,他总是以极认真的态度说话。他在《论英雄崇拜》的讲演里说,"没有米拉博、拿破仑、伯恩斯、克伦威尔,人们也不需要去做任何事情,但首要的事是认真对待……这个世界对他来说充满恐怖和惊奇,像生和死那样真实……在任何时刻,火焰般的想象一直在他身上闪耀;无可否认,在这里,在这里!——我希望你把这作为我对一个伟人的首要定义。"③

---

① 《人物特征》,见《杂文集》,第三卷,第 27 页。
② 《让·保罗·弗里德里希·里希特》,见《杂文集》,第一卷,第 16 页以后。
③ 《论英雄》,第二讲,第 44 页;申本第五卷,第 45 页。

第十五章　前奏：卡莱尔

大多数浪漫主义作家对卡莱尔理论的这个方面几乎一直没有理解。当弗里德里希·施莱格尔在他的小说《路辛德》里，对真正的浪漫主义生活进行描述时，他的描述是以赞扬游手好闲而告终的。游手好闲一般被斥之为一种恶习，而实际上，它是一种高尚的德行。它是富有诗意的宇宙观的线索，是一切富有想象力的生活的工具。卡莱尔总是怀着极大的同情来谈论弗里德里希·施莱格尔。再没有什么东西能比这种理论离他的性格和他的学说更远的了。他自称为神秘主义者，但他的神秘主义从未把他引向任何一种寂静教。它不是建立在虔诚的默祷之上的。"善、德行、男子气概、英雄气概……是首要的……勇敢与行为能力。"① "劳动是生活……你完全没有任何其他知识，除非你只能通过工作得到；其余只是一种知识的假设，只是一种在学派里争论的东西，一种在云雾中、在无休止的逻辑旋涡中漂浮的东西，直到我们将之解决，并使它固定下来。"② 如果这不是崇拜，那就是对崇拜的怜悯。卡莱尔的绝对命令就是生产、生产！"如果它只是某种产品最可怜的碎片，那就以上帝的名义，生产它！……工作吧，今天到了。因为黑夜降临，没有人能在黑夜里工作。"③

最后这些话，和卡莱尔著作中不少其他这类话一样，是直接从歌德那里录引来的。④ 在歌德那里，而不是在诺瓦尼斯或弗里德里希·施莱格尔那里，卡莱尔找到了他的设计"劳动是生活"（Laborare est orare）

---

① 《论英雄》，第六讲，第 210 页；申本，第五卷，第 218 页。
② 《过去和现在》，第三卷，第十一章，第十节，第 197 页。
③ 《修补的裁缝》，第二卷，第九章，第一节，第 175 页。
④ 参见歌德《西东胡床集》的"箴言书"（Westöstlicher Divan, "Buch der Spüche"）："这又是一天，人们开始动弹！黑夜降临，没有人能再干。"（Noch ist et Tag, da rühre sich der Mann. Die Nacht tritt ein, wo niemand wirken kann.）

的确证。① 对他来说,歌德是解答了斯芬克斯之谜的现代世界的俄底浦斯。他说:"从我们的观点看,歌德高出我们之上,这在于他是自基督教传入以来,世界所经历的最疯狂最分裂的时代的混乱和冲突因素的结合者和胜利的调和者。"②

歌德在其一则《格言和反思》里说:"人怎么认识自己呢?从不靠思辨,而是靠行动,尽你的义务,同时你将知道你的价值。""但你的义务是什么呢?就是时代的要求。"③ 对卡莱尔来说,这句格言成为真正生活的形而上学,成为他"生活哲学"的核心。作为纯粹理论行为的自我沉思,"无疑是疾病的症状……有一种自我寻求,一种毫无益处的观望,它在我们之后测定我们已经建造的道路;与之相反,我们唯一关切的是继续前进,开辟更多的道路"。④ 为此目的,知道"时代的要求",完成"最近的任务"也就足够了。"做那离你最近,且被你知道是一个义务的义务!你的第二个义务也就更清楚了……你会像《威廉·麦斯特》里的洛塔里奥那样足以惊奇地发现,你的'美洲就在这里,或者是哪里都没有'。"⑤ "我们的工作是一面镜子,精神在这里第一次看到它的自然面貌,由此也看到了'认识你自己'这一不可能的箴言的

---

① 参见卡莱尔一八二七年四月十五日给歌德的信:"如果我得以从黑暗中解脱出来,并进入光明的领域,如果我懂得了我自身的任何东西及我的职责和目标,那就是由于学习了您的著作,而不能把它归因于任何其他条件。"《歌德和卡莱尔通信集》,伦敦,一八八七年,第7页。
② 《歌德的著作》,见《杂文集》,第二卷,第434页。
③ 歌德《格言和反思》(*Maximen und Reflexionen*, Weinar, 1907),第93页。这两段的德文原文是:"Wie kann man sich sebst kennen lemen? Durch Betrachten niemals, wohl aber durch Handeln. Versuch, deine Pflich zu tun und du weisst gleich, was an dir ist." "Was aber ist deine Pflicht? Die Forderung des Tages."——译者注
④ 《人物特征》,见《杂文集》,第三卷,第7页以后。
⑤ 《修补的裁缝》,第二卷,第十章,第一节,第156页。

第十五章　前奏：卡莱尔

愚蠢，应将它解释为一个部分可能的箴言'认识你可以做的东西'。"①

这种积极而生机勃勃的人的生活概念，必然影响到我们的自然概念。这两个问题紧密地交织在一起，它们只是同一个问题的不同方面。人总是按照他自己的想象来形成他对自然的想象。如果他在自身中不能看到一种原始的创造力，那么，自然对他来说也就变成了一种纯粹被动的东西，一种死亡的结构。按照卡莱尔的看法，这就是法国百科全书派和十八世纪"哲学家"的命运。他们的自然理论是他们人的理论的精确副本。霍尔巴赫的《自然的体系》(Systeme de la nature) 和拉美特利的《人是机器》(L'homme machine) 是极为相似的，他们表达了同样怀疑的、破坏的、否定的精神。这种哲学的真正英雄不是浮士德——积极奋斗的人；而是靡菲斯特——"不断否定的精神"。靡菲斯特的格言和伏尔泰的"什么都别信"(N'en croycz rien) 一样。"他所具有的机敏的知悉一切的理智，是代理人的理智；它能进行反驳，但不能确认。他用锐利的目光一扫，就能看出荒谬可笑的不合时宜的坏东西。但对庄重的高贵的有价值的东西，他和他那年迈的母亲一样是个瞎子。"②

实际上，一个人在失去了他自己的伟大视觉之后，又怎能在自然中看到伟大呢？一个自身不再活着，仅仅是一个机械般动作的人，又怎能在自然中看到一种伟大的活生生的力量呢？另一方面，我们在自己身上发现的推动力，也成为我们理解一种新的自然观的线索。自然没有任何靠外在的机械力量推动的发动机，它是"无限"的象征和服饰，"而无限则是上帝的衣服"。这就是卡莱尔在《修补的裁缝》中发展的"衣服哲学"的核心："一切可见的东西都是象征。"（Alles Vergängliche ist nun ein Gleichnis.）在这种伟大的眼光面前，一个寂死的自然幻象消失

---

① 同上书，第八卷，第一节，第132页。
② 《歌德的海伦》，见《杂文集》，第一卷，第157页。

了。"自然的体系！对那些像他的眼光一样宽阔的最智慧的人来说，自然仍保持着无限的深奥。"只要我们试图把它拉入我们贫乏的语词和科学概念的"普罗克拉斯提斯之床"①，那么，自然就是不可思议的，不可理解的。我们可以说"自然之书"，但是，"这是一本用天国的象形文字，用真正的神圣笔迹写成的书，甚至对先知们来说，如果他们能这里读一行，那里读一行的话，那他们也会感到幸福"。② 我们必须用这种真正综合的自然观反对十八世纪分析的观点。这样，也只有这样，我们才能理解"公开的秘密"。③ 我们在物质世界里将不再看到一架"可怕的死机器"，也不会在物质世界里还听见一种由"一座没有磨坊匠或磨坊主的巨大的磨坊所发出的单调喧噪声"。④

卡莱尔的所有这些东西，看来都是简单地复制和解释歌德的观念。但另一方面，他从未能在它们原初的真实意义上接受这些观念。他甚至在放弃了清教徒的信仰之后，也需要一个比他在歌德著作中所能见到的更为人格化的神性和无限。在卡莱尔的作品中经常有一种倾向，那就是隐瞒和缩小歌德的宗教的一切异教特征。卡莱尔自己的东西是一种道德的宗教，而不是一种自然的宗教。在他《论英雄崇拜》的第一讲里，他力图完全公正地对待多神教的不同形式。他说，对伟大的自然力的崇拜，在宗教历史中是第一步，也是不可避免的一步。但是，没有不知不觉地对多神教特征的修改，他甚至不能理解这一步。奥丁，德国神话中

---

① 普罗克拉斯提斯是希腊神话传说中开黑店的强盗，据说他劫人后使身高者睡短床，斩去身体的伸出部分，使身矮者睡长床，强拉其身使之与床齐。——译者注
② 《修补的裁缝》，第三卷，第八章，第一节，第205页。
③ 《论英雄》讲演，第三讲，第78页；申本第五卷，第80页。参见歌德《诗集》（魏玛版），第三卷，第88页：" 在自然的观察里，必须一看作一切，无物是内在的，无物是外在的，因此那内在的，也就是外在的，所以要不迟延地找到圣者公开的秘密。"
④ 《诺瓦里斯》，见《杂文集》，第二卷，第33页，参见诺瓦里斯《塞斯的学徒》。

第十五章　前奏：卡莱尔

最高的神，在他看来完全只是一个人，一个伟大的国王和牧师。我们一定不要把奥丁认作自然力量的人格化，而要把他认作一个真实的人，首先认作一个牧师。他没有为斯堪的纳维亚人解答"这个宇宙的斯芬克斯之谜"吗？存在"在他那里已变得清脆悦耳，他第一个使生活洋溢着活力。我们可以把这个斯堪的纳维亚神话的起源称作奥丁，或无论什么名称——在第一个斯堪的纳维亚的思想家诞生时，他仅仅是众人中的一个"。①

这就是卡莱尔对异教的个人反应，这个反应和歌德大不相同。歌德有时候把自己称作"坚决的异教徒"，并且，在他关于温克尔曼的论文里，他成为温克尔曼的异教解释者和捍卫者。② 卡莱尔不再是一个传统意义上的"有神论者"。但是，如果说他不需要任何人格神的话，那么他至少需要一个人格的英雄。对自然力量的崇拜对他来说实际上是难于理解的。歌德的"三种敬畏"学说，即对我们周围的、我们之上的、我们之下的一切东西的崇拜，给他以深刻的印象，但他绝不赞同在歌德的"伦理宗教"和他自己的宗教确信之间作一比较。对他来说，这样一种宗教至多是"对这个宏伟壮观的宇宙表示敬畏和惊叹的人的一种天真思想"，即一种认识自然神性的未开化的孩童式方式。③

在爱克曼的《歌德谈话录》里，有一段话非常适合于阐明歌德宗教观和卡莱尔宗教观之间的基本差别。歌德一开始就宣称，基督教启示所赖以奠定的各种经文里，明显地存在着一些不一致和自相矛盾之处。"尽管如此，我们还是把四部福音完全看作真经，因为其中反映了耶稣的伟大人格。"接着他还说："如果你问我，按我的本性，是否对基督

---

① 《论英雄》，第一讲，第 21 页；申本第五卷，第 22 页。
② 歌德《温克尔曼和他的时代》，第四十六卷，魏玛版，第 25 页以后。
③ 《论英雄》，第一讲。

表示虔敬,我就回答说,当然,我对他无限虔敬!在他面前我鞠躬俯首,把他看作最高道德的神圣体现。如果你问我,按我的本性,对太阳是否表示崇敬,我也回答说,当然,我对太阳无限崇敬!因为太阳也是最高存在的体现,是我们这些凡人所能认识到的最强大的威力。我崇拜太阳的光和神圣的生育力。我们靠太阳才能生活,才能活动,才能存在;不但我们,植物和动物也都是如此。"① 卡莱尔从没有这种感觉,也从来没有以这种方式谈论过。在他看来,给救世主和太阳以同一水平的尊崇是一种亵渎。

其他还有更有力的理由来说明,卡莱尔的宗教观念和理想为什么不能囿于歌德的著作。歌德在他的一则格言里说过,"我相信上帝,那是一件好事,一件值得说的事。但只有认出上帝所在及他的显现之处,才真是世上极大的福音。"② 按照这条格言,歌德宣布自己是一个"泛神论者",是一个"多神论者",同时也是一个"一神论者"。他说:"作为一个自然主义者,我是一个泛神论者;作为一个艺术家,我是一个多神论者;而在我的伦理生活中,我又是一个一神论者。"③

> 自然之物千变万化,
> 但显示着一个不变的上帝;
> 在广阔的艺术王国的领域,
> 同样是这一个唯一的意义:
> 这就是真理,永恒的理性,

---

① 爱克曼《歌德谈话录》,一八三二年三月十一日。见朱光潜先生中译本,人民文学出版社,一九八〇年版,第254页。
② 歌德《格言和反思》,第八〇九条,第179页。
③ 歌德《格言和反思》,第八〇七条。

第十五章 前奏：卡莱尔

> 它从美中选取其外衣，
>
> 岁岁月月安详地度过，
>
> 它永远处在美丽的东西里。①

然而在这种对神的表现的描述中，有一样东西不见了。歌德谈到了自然和艺术，但没有谈到历史。他从来不能以尊重自然和艺术的同样方式尊重历史。他从来不把历史看作是神的直接显现。在历史中他只看到人类，一切都太具人类的特点了。歌德认为历史知识远远不如我们的自然知识。自然是一个伟大无限的整体，而历史至多给予我们人类生活零碎的一鳞半爪。歌德说："文学是片断的片断，说过的话中最不重要的东西被写出来了，写的东西中最不重要的东西被保存下来了。"② 甚至于假如一切原始材料都已经保存下来，我们对历史又能知道什么呢？我们称作历史"事实"的东西，在大多数情况下都只是传说。每一个作家都按照他自己的爱好，他的同情和厌恶，他的民族偏见，给我们以他自己对政治事件和人类特性的歪曲的想象。③ 卡莱尔是不会用这样一种蔑视、怀疑的方式来谈论历史的。他在历史里，比在自然和艺术里，更多地看到了"上帝的可见的外衣"。对他来说，伟大的人物是被感悟的启示天书的活的经文，这个经文的每个章节是由某些被指定的历史，一个世纪接一个世纪地完成的。许许多多才华横溢的人，只是对这些使人醒悟的经文，作或好或坏的注评。他宣称，"我所研究的正是这使人醒悟的经文本身！"④ 对于一个真正的历史学家来说，历史并不像歌德在

---

① 歌德《艺术家之歌》，出自《流浪年代》。

② 歌德《格言和反思》，第五一二条，第111页。

③ 详细内容可参见 E. 卡西尔的《歌德和历史界》，柏林，一九三二年版。

④ 《修补的裁缝》，第二卷，第八章；申本，第一卷，第144页。

《浮士德》里所说的那样，是一个"垃圾桶和洗澡间"（ein Kehrichtfass wnd eine Rumpelkammer）。它不仅有叙述过去的力量，而且能使过去复活，把它呈现出来。真正的历史学家的言行像格利弗的念咒人：他能唤回"极好的过去，使我们可以观察它，并能随心所欲地仔细品味"。① 卡莱尔能够发现，这种观点在歌德著作中是得不到支持的。因此，作为一个"历史学家"，他必须做出一种新的开端，必须找到并铺设自己的道路。为了达到这个目的，假如说他没有完全改变他的生活哲学的话，那么他至少也对他的生活哲学作了修正。正是这种修正，导致他的英雄崇拜和历史英雄诗的理论。

卡莱尔理论的形而上学背景和他的历史观

卡莱尔期望寻找一个向导，这个人要像歌德曾引导他通过自然和艺术领域那样，引导他通过历史的迷宫。但他在哪里能找到这个人呢？有个人看来适合于做这项工作，那就是赫尔德。但我们没有任何证据能够证明赫尔德曾对卡莱尔的思想起过决定性的影响。那么，还有另一个卡莱尔一开始就极感兴趣和强烈羡慕的思想家。在他一八二七年写的一篇论德国文学状况的早期论文里，卡莱尔把费希特说成一个冷静的、巨像似的、坚强的精神：它清晰挺立，就像堕落人之中的老卡图②一样；如此健全的理智，如此镇静的灵魂，如此崇高、巨大和不可动摇，从路德时代起还不曾落入哲学的纷争。我们可以接受或拒斥他的意见，但他作为一个思想家的价值，则只是由于对他不了解才被低估了。③

---

① 《席勒》，见《杂文集》，第二卷，第 167 页。
② 卡图，马尔库斯·鲍修斯，罗马监察官，政治家。——译者注
③ 《德国文学的状况》，见《杂文集》，第一卷，第 77 页。

第十五章 前奏：卡莱尔

当卡莱尔作这样的判断时，他几乎没有考虑到费希特的形而上学。费希特的《知识科学》（*Wissenschafts Lehre*）是对他的形而上学体系的第一次阐述，这部书也是哲学文献里最难读的书之一。卡莱尔几乎一直未能研究和理解这部著作。他所阅读的是费希特的通俗哲学，如《论学者的使命》（*Das Wessen des Gelehrten*），或许看过《人的使命》（*Die Destimmung des Menschen*）和《当代的基本特征》（*Die Grundzuge des gegenwartigen Zeitalter*）。在这些著作里，他没有看到费希特形而上学的整体，却看到了"老卡图"，把当代说成是"对一切真理完全冷漠的，完全肆无忌惮的时代，陷入彻底邪恶的状况"。① 对于卡莱尔这样一个全部兴趣都集中于道德问题的思想家来说，这样一种判断势必给他以深刻的印象。能够找到一副治疗费希特描述的现代世界道德疾病的良药吗？

但是，卡莱尔能够接受费希特的观点，而不会变得对这个人不忠诚吗？对于他，卡莱尔不仅像徒弟对师傅，而且像儿子对"精神之父"那样深感其恩。② 把歌德和费希特的"生活哲学"调和起来，这是可能的吗？很明显，它们不属于同一类型。费希特的"主观唯心主义"，依其原则，和歌德的"客观唯心主义"是很不一致的，但卡莱尔看来没有意识到这种不同。他的头脑不是一个逻辑的或推论的头脑，而是一个直觉的头脑。尽管他不是一个纯粹的折衷主义者，仅仅从差异极大的源流中剽其所需，但是，只要他能够使某种东西适合他的道德和宗教的需要，他仍然很容易接受任何一种理论。

在这方面，在费希特和歌德的观点之间，的确是有一个相通之点。那就是卡莱尔一再提及的歌德的话，"唯有行动才能终于结束怀疑"。

---

① 参见费希特《当代的基本特征》，W. 史密斯英译本《费希特的通俗哲学》，第二卷，第二讲，伦敦，一八八九年，第17页。

② 参见《与歌德的通信》，一八二〇年四月十五日。

这个基本命题他也能在费希特那里找到。费希特的《人的使命》分为三篇，第一篇的标题是"怀疑"，第二篇是"知识"，第三篇是"信仰"。按照费希特的看法，知识不只是一种理论上的行动。靠逻辑的推断，靠我们论辩和推理的力量，我们决不能企望接触实在和真理，更不用说深入它的本质了。这条道路只能把我们引向极端的怀疑主义。如果这是达于真理的唯一途径，那么，我们将永远被宣告为生活在梦境之中。我们所谓物质世界的东西只是一种幻影的存在；它是自我"设定"非我的一种产物。但是，还有另外一条道路，它能够引导我们超越这种幻影的世界。那清晰、确定、不容动摇、不容怀疑的唯一的实在，只能是我们道德生活的实在，一种"实践的"而非纯粹理论的实在。这儿，也只有在这儿，我们才立足于坚实的基础之上。道德律的确定性，绝对命令的确定性，是给予我们的首要的东西——它是一切其他知识的条件和基础。我们对实在的把握，不是靠我们的理智，而是靠我们的意志。

在费希特的《人的使命》里，精灵说："那个你以为看到的实在，一个不依赖于你而存在的、你生怕变为其奴隶的感性世界，对你来说已经消失了。因为这整个感性世界，只是通过知识才产生的，它本身也就是我们的知识；但知识不是实在，它之所以不是实在，正是由于它只是知识……如我清楚地知道的，你有你充分的理由，终归还去寻找某种在单纯映象之外存在的实在东西，并且如我同样知道的，寻找一种不同于刚才消灭的实在。但是，你要想通过你的知识并根据你的知识去创造这种实在，却是徒劳无益的，你想用你的认识去把握它，也是徒劳无益的。假如你没有别的感官去把握它，你就永远觉察不到它。但是你有这样一种感官……不仅要认识，而且要按照认识而行动，这就是你的使命……你在这里生存，不是为了对你自己作无聊的冥想，或为了对虔诚感作深刻的思考；不，你在这里生存，是为了行动；你的行动，也只有

第十五章 前奏:卡莱尔

你的行动,才决定你的价值。"①

所有这一切,都在卡莱尔著作中被重新提到,并经常以费希特的术语表达出来。他说,"我的王国,不是我有什么,而是我做什么"②。"知识吗?那种适用于工作的知识,为你开辟去那儿的道路;因为自然本身对那认可,对那赞同。"③ 如果有任何确定无疑的知识的话,那么它不属于外在世界,而是属于内心生活的固定的中心,我们自己的意识。卡莱尔摘录让·保罗(Jean Paul)的话说:

> 我决不会忘记内心发生的事……在那里,我目睹了我的自我意识的诞生,我还能说出其诞生的时间和地点。一天上午,我,一个很年轻的孩子,正站在大门里,往左边看着柴垛,这时候,内心的想象一下子全来了,"我是个自我"(Ich bin ein Ich),就像一道闪光从天上来到我面前,并且,从那以后,不断闪现;于是,我便有了我的自我,因为这是第一次看见了我自己,而且永远地看到我自己。④

但这个"自我"是什么?"我是谁;是那个能说'我'的东西吗?"⑤ 我们如何能找到它,且在什么地方能找到它呢?很明显,它不是万物中的一物——一个可用科学方法发现和描述的对象。它不能被计算和测量。它不是以与物质的东西同样的方式被"给予"的;它必须

---

① 费希特《人的使命》,梁志学、沈真中译本,商务印书馆一九八二年版,第77—79页。——译者注
② 《修补的裁缝》,第二卷,第四章,第一节,第96页。
③ 《过去与现在》,第三卷,第十节,第198页。
④ 《让·保罗》,见《杂文集》,第二卷,第11页。
⑤ 《修补的裁缝》,第一卷,第八章,第一节,第41页。

被"做"。如费希特所说的那样,它不是一个事实(Tatsache),而是一个行动(Tathandlung);没有这种行动的进行,关于我们自己的知识,从而任何外部实在的知识,都是不可能的。

由于这些,卡莱尔发现了一些他在歌德著作中找不到的东西。费希特的《论学者的使命》是他反复摘引的著作,为他历史领域的概念提供了一种哲学基础。按照费希特的看法,历史领域不仅仅是一种副产品,一种次要的现象,它被包容于浩瀚的自然万物间,并且在某种意义上,它在这自然中是孤寂的。在他的体系之中,自然和历史的关系被颠倒过来了。费希特宣称,只要我们把自己局限于自然现象,我们就不能发现真理,也不能理解"绝对"。费希特极为突出地否定自然哲学的可能性。当谢林发展了他的自然哲学的时候,费希特指责他严重背叛了先验唯心主义的事业。费希特在对他的学生们所作的第二次讲演里说,不允许你们靠假设一种称作自然哲学的哲学而盲目地走向死胡同。那种哲学离迈向真理的一步还非常远,它只是回复到一种旧的而且已广泛流传的错误。[①]

在这种历史观里,在作为真实的"精神"世界里,也即仅仅在绝对里,卡莱尔发现了他的英雄主义和英雄崇拜理论的第一个决定性推动力,费希特能为他的英雄崇拜提供一个完整的形而上学。

我们只能满足于对费希特体系的一般描述。[②] 它可以被描述为"主观"唯心主义体系。但"主观"这个词一向是含糊不清并且被人误解的,因而需要对它作一确定的界说。费希特的"先验主体"——设定"非我"的"自我"既不是经验的主体,也不符合我们在以前的哲学体

[①] 费希特《论学者的使命》,《费希特全集》,第六卷,德文版,第363页;《通俗著作》,第一卷,第224页。
[②] 对费希特科学学说的更细致的分析,可参看 E. 卡西尔的《知识问题》,柏林,一九二〇年。

第十五章 前奏：卡莱尔

系里看到的那些主观性的类型。它既不是笛卡尔的逻辑上的主体，也不是贝克莱心理学上的主体。它属于一个不同的层次，属于纯粹的伦理学上的层次；属于"目的"的领域而不是"自然"的领域；属于"价值"的领域而不是"存在"的领域。首要的基本的实在，我们称作："实在的"其他任何东西的条件和前提，就是道德的主体。我们找到这个主体，不是靠诸如思辨、沉思或论证这样的逻辑过程，而是靠我们的自由意志的行动。在费希特的哲学里，笛卡尔的"我思故我在"（Cogito, ergo sum.）被改换为这样的原理："我欲故我在。"（Volo, ergo sum.）但费希特既不是唯我论者，也不是一个利己主义者。"我"靠一种自由的原初的行动发现自己。能动性正是它的本质和意义。但没有一种物质的作用，它就不能活动。它需要一个"世界"作为它的能动性的舞台。在这个世界里，它发现别的行动和工作的主体。它不得不尊重它们的权力和它们原初的自由。因此，它不得不限制自己的能动性，以便给主体其他的能动性以地盘。这种限制不是由某种外在的力量强迫我们如此，它之必需不是一种物质东西的必需，而是一种道德的必需。按照道德律——真正的绝对，我们必须和其他主体进行合作，而且必须建立一种社会秩序。我们借以发现自己的自由行动将被其他人的行动所补充，据此我们认识到其他自由主体。这种认识的行动是我们首要的、基本的职责。

因此，职责和义务是被我们称作"真实"世界的成分。我们的世界是用感觉形式表示出来的我们职责的材料。"我们的世界是我们义务的感性材料；它是事物里原本的实在，一切现象的真实材料。把对实在的信仰强加于我们的强制，是一种道德上的强制。这可能是对道德行为唯一的强制。"①

---

① 费希特《论我们对一种神性的世界统治信仰的根据》（*Über den Grund unseres Glaubens an eine göttliche Weltregierung*），《费希特全集》（德文版），第 185 页。

但是，我们道德世界大厦的柱石尚未找到。费希特的哲学是以这样的原则为开端的，即实在的基本成分，它由之形成的原材料，是人的道德能力。可我们到哪里去寻找这种道德能力呢？有的人是那么的软弱，以至于他们不能够将自身提高到自由的概念。他们没有任何关于自由人格是什么及意味着什么的概念。他们不知道也不理解，自己有一种人格的、独立的存在和价值，他们只是那种能说"我"的东西。① 另一方面，我们看到另外一些个人，在他们身上，道德的能力、"我"的意识，以其全部的力量显现出来。

说到历史领域和文化领域，我们必须在心里牢记这种基本的差别。十八世纪的哲学家是坚定的个人主义者。他们从他们对"理性"平等的绝对信仰里推论出他们人的平等"权力"的学说。笛卡尔的《方法谈》以这样的话开头："善的意识，是人的一切东西中分配最为平等的东西；因为每个人都认为自己如何地富有善的意识，以至于那些对其他所有的东西都极难满足的人，通常也不愿意他们已具有的这种品质更多一些。"费希特打破了这种观念。在其晚期的著作里，他在理性平等的命题里看到的仅仅是一种理智上的偏见。如果理性指的是实践理性，指的是道德意志，那么，它决不是平等分配的。它不是在任何地方都可以看得到的，而是集中在一些伟大人物身上。在他们那里，历史过程的真实意义以其充分的、无与伦比的力量表现着自己。这些人是"英雄"，是人类文化的第一批先驱。费希特问道：

那么，是谁首先给予现代欧洲国家以其当前可居住的形式，从而使其成为有教养的人值得居住的场所呢？历史回答了这个问题。

---

① 费希特《科学学说的第一序论》(*Erste Einleitung in die Wissenschaftslechte*)，《费希特全集》，第一卷，第 434 页。

第十五章　前奏：卡莱尔

正是虔诚的、圣洁的宗教信徒们相信，上帝的意志使那森林里胆怯的逃亡者应被提高到文明的生活……再向前进入不毛的荒野……是谁把野蛮的种族联合起来，且使对立的部落处于法律的统治之下呢？……谁在这种条件下维持了他们，且保护这种存在状况不受内乱或外力的分解呢？不管他们会叫什么名字，这就是英雄，他们把他们的时代远远地甩在了后边，在物质力量和精神力量方面，他们是周围人中的巨人。①

我并不是要说，卡莱尔在一切细节上都接受了费希特的这种形而上学学说。也可能他甚至不能够理解费希特先验唯心主义体系的全部意义和目的。他没有清楚领会他的理论前提或它隐含的东西。费希特是作为一个形而上学家说话，而卡莱尔则是以心理学家和历史学家的身份说话。费希特力图借论证来使人信服，卡特尔通常则是以向其读者和听众倾吐情感而得到自身满足。他仅仅宣告，英雄崇拜是人类本性中的基本的本能，一旦英雄崇拜被消除了，就将会导致对人类的绝望。②

回顾我们历史的和系统的分析的结论，现在我们可以在一种更为恰当的位置上，来判断卡莱尔英雄崇拜理论的意义和影响。可能没有其他的哲学理论为开拓通向现代政治领导观念的道路而做了如此多的工作。卡莱尔不是已明确而着重地宣布过，作为国王，作为人们的指挥官的英雄，"实际上不正是对我们一切英雄主义人物的概括"吗？"牧师，教师，我们能够设想的存在于人之中的无论什么尘世的和精神的尊严，都

---

① 费希特《当代的基本特征》，见《费希特通俗著作》，第二卷，第三讲，第47页。
② 参见《修补的裁缝》，第一卷，第十章，第54页。

在这里体现自己,命令我们,为我们提供经常不断的实践教诲,告诉我们每日每时所要做的一切。"① 这种说法清楚明白,现代的法西斯主义的捍卫者并不是没有在这里看到他们的机会,他们能够轻而易举地把卡莱尔的话转变为政治武器。但是,用从他的理论中引出的结论来对卡莱尔进行指控,是违反所有的历史客观性规则的。因此,我们不能接受最近在论述这个主题的文献里所看到的判断。② 卡莱尔的"英雄主义"或"领导"所指的含义和我们在现代法西斯理论中所看到的东西决不是一回事。按照卡莱尔的看法,我们根据他的两个标准,即他的"识度"和"忠诚",可以很容易地分辨出真英雄和假英雄,卡莱尔决不会把谎言想成或说成伟大的政治斗争中的合法的武器。如果一个人,比如拿破仑在他的晚年,一旦开始撒谎,他马上就不再是一个英雄了,"虚假得如同公报"成为拿破仑时代的一条谚语。他做了他有理由可说的一切,这对诱骗敌人、保持自己人的勇气等也许是必需的,但从整体上讲,却是毫无理由的……"谎言就是无,你不能用无做什么;如果你用无做事,最后只能做出无,且把你的劳动丧失在纷争中。"③ 当卡莱尔谈及他的英雄们时,他首先关切的总是使我们确信,这些英雄是憎恶一切欺骗方式的。"人的最大遗憾莫过于像马奥米特或克伦威尔那样被说成是撒谎者。我坦率地承认,很早以前,克伦威尔的欺诈理论对我来说就已经是不可信的了。甚至,不论什么类似的伟大人物我都不能相信。"③ "我相信大多数东西都较此为快,如果骗人的大话如此增长且在这里得到赞同,一个人真是完全不知道对这个世界想些什么了。"④

————————

① 《论英雄》,第六讲,第189页;申本,第五卷,第196页。
② 《论英雄》,第六讲,第190、230、203页。
③ 《论英雄》,第六讲,第190、230、203页。
④ 《论英雄》,第二讲,第43页,申本第五卷,第44页。

第十五章　前奏：卡莱尔

还有另一个特征可以区分卡莱尔的理论和后来各种类型的英雄崇拜。他最钦佩的英雄，不仅在感情上是忠诚的，而且在思想上是明晰的。伟大的行动能力和伟大的意志力量总是含有一种理智的成分，没有与之相等的思想力量，那么坚强的意志和性格也将软弱无力。这两种要素之间的平衡是真英雄的显著标志。他不是生活于事物的表面，而是生活于事物之中的人。当其他人在俗套和传闻中生活，且对此十分满足时，英雄只是与他自己的灵魂和事物的实在联系在一起。① 卡莱尔是作为一个神秘主义者在讲话，但他的神秘主义不仅仅是非理性主义。他的所有的英雄——先知、牧师、诗人，同时都被描述为深刻的、真正的思想家。在卡莱尔的描述里，甚至奥丁这个虚幻的神，也作为一个"思想家"出现。"我们应该把他叫做第一个斯堪的纳维亚的'天才人物'！无数的人经过这个宇宙，带着一种茫然无声的惊讶，犹如动物那样感觉；或带着一种痛苦的、徒劳探究的惊讶。唯有人才这样感觉——直到伟大的思想家出现，独创性的人，先知，他的条理化的言论思想才把一切沉睡着的能力唤醒，转入思虑。这就是思想家——精神英雄的道路。"② 如果思想是深刻的、忠诚的、真正的，那么它就有力量去创造奇迹。在《修补的裁缝》里，卡莱尔提到"思想之高超的魔术般的艺术"。"我把它叫做魔术，因为它创造了迄今为止的一切奇迹，今后还将创造无数的奇迹。"③ 如果没有这种"思想的魔术般的艺术，诗也将是非常贫乏的东西"。因为诗的概念是很不充分的，除了想象力的表演外，在它里面看不到任何东西。但丁、莎士比亚、弥尔顿和歌德是伟

---

① 《论英雄》，第二讲，第 53 页；申本第五卷，第 55 页。第四讲，第 125 页；申本，第五卷，第 128 页。
② 《论英雄》，第一讲，第 21 页；申本第五卷，第 21 页。
③ 《修补的裁缝》，第二卷，第四章，第一节，第 95 页以后。

大的、深刻的、真正的思想家,这是他们诗的想象力的最丰富的源泉之一。没有思想,想象力是不生育的;除了阴影和幻象,它是什么都产生不出来的。卡莱尔说,"实际上,思想是诗人的首要天赋,就如具有足够的理智是一切人的首要天赋一样。"①

因此,按照卡莱尔的理论,正是人全部生产的力量与构建力量的罕见而完美的结合,形成了英雄的性格。在所有的这些力量中,道德力量处于最高的等级,占着优势。在他的哲学里,"道德"指的是压倒否定力量和消极力量的肯定力量。那真实的东西,并不是像肯定的行动本身和这种行动力量那样肯定的东西。

这里,卡莱尔又求助于歌德。歌德在其自传里叙述过,当他年轻的时候,他的朋友们试图使他皈依一种特殊的信仰,他不断地拒斥他们的尝试。

> 我说过,在信仰里,每一样东西都依赖于所相信的事实;被信仰的东西是完全不同的。无论对于当前还是未来,信仰都有一种深刻的安全感;这种信仰源于对一个巨大的、万能的、不可思议的上帝的确信。但我们对这个上帝怎么想,则依赖于我们的其他能力,甚至依赖于环境,而且是完全不同的。信仰是一个神圣的容器,每一个人都准备着将其情感、理解、想象,尽可能完全地倾注于其中。②

这里,卡莱尔在放弃了对加尔文教义的信仰之后,对他自己的宗教情感给我们作了一个引人注目的表达。在他论英雄的讲演里,他强调的

---

① 《论英雄》,第三讲,第102页;申本第五卷,第105页。
② 歌德《诗与真》,第十四卷,第二章,奥克森福德英译本,波士顿、卡西诺,一八八二年,第190页。

第十五章 前奏：卡莱尔

重点不是放在宗教感情的类别上，而是放在宗教情感的强烈程度上。他把这种程度看作唯一标准。因此，他能够怀着同样的同情心来谈论但丁的天主教、路德的新教、古老的斯堪的纳维亚神话、伊斯兰教或基督教。卡莱尔对但丁最为钦佩的是其宗教情感的强烈。他说，但丁并不是作为一个宽广的天主教的心灵，而是作为一个狭隘的甚至是偏执的心灵来到我们面前。他是世界性的伟大人物，这不是因为他的世界性的广博，而是因为他的世界性的深刻。我不知道还有什么像但丁那样强烈的宗教感情。①

卡莱尔并不总能实践这种普遍的、包容一切的宗教理想。在他那里还存留着某些影响他作判断的本能的同情或憎恶。这在他对十八世纪的态度上表现得特别清楚。当卡莱尔试图用简洁的准则来描述这个历史过程的特征时，他把它说成是"信仰反对不信仰之战"。② 歌德在《西东胡床集》的一则笔记里说过：

> 世界历史和人类历史的特殊的、唯一的、深刻的主题（其他的一切主题都从属于它），仍然是信仰与非信仰的冲突。一切信仰占优势的时代，不论其可能处于什么形式之下，对当代人和后代人来说，都是辉煌的、心情振奋的、富有成果的时代。与之相反，一切非信仰占优势的时代，不论是处在什么形式之下，如何保持着可悲的胜利，甚至在一瞬间闪耀着虚假的光辉，但很快就会从后代人的眼中消失；因为没有一个人愿意让自己承担无效研究的重担。③

---

① 《论英雄》，第三讲，第90页；申本第五卷，第92页。
② 《论英雄》，第六讲，第197页：申本，第五卷，第204页。
③ 歌德《较好理解〈西东胡床集〉的笔记和论文》，《歌德全集》，第七卷，魏玛版，第157页。

在他论狄德罗的论文的结尾,卡莱尔摘录了这些话,且真心实意地赞同这些话。① 可是,他却没有在和歌德相同的意义上理解这些话。他的"信仰"和"非信仰"的概念是和歌德大为不同的。按照歌德的看法,人类历史中的每一个生产阶段实际上都被看作信仰的阶段。信仰的术语没有神学的含义,甚至没有一种特殊的宗教的含义,只是积极力量压倒消极力量的简单表述。因此,歌德决不会把十八世纪说成是非信仰的阶段。他也对大百科全书里表达的一般倾向感到一种强烈的个人的反感。他在他的自传里说:

> 无论什么时候,我们听到提及百科全书派,或打开他们巨著中的一卷,我们仿佛正走在大纺织厂数不清的运动着的络纱机和纺纱机之间,在那里,到处都只是吱吱嘎嘎、嘎啦嘎啦作响的东西;到处是困扰眼睛和感官的机械;到处是一种不可理解的排列,其各个部分以最为多样的方式互相作用;到处都想着这是一匹布的必要的准备,使我们对穿在背上的上衣感到一种厌恶。②

尽管有这种情感,但歌德从不把启蒙运动阶段说成是不生产的时期。他虽严厉地批评过伏尔泰,但他对伏尔泰的著作一向表示深深的钦佩。歌德把狄德罗看作是真正的天才,他翻译了他的《拉摩的侄子》,并编辑和评注了他的《关于绘画的论文》。③

所有这些东西,对卡莱尔来说都是不能接受甚至是不能理解的。作

---

① 《杂文集》,第三卷,第 248 页。
② 歌德《诗与真》,第十一卷,英译本第二卷,第 82 页。
③ 《歌德全集》,第四十五卷(魏玛版),第 1—322 页。进一步的详细了解可参看 E. 卡西尔的《歌德和十八世纪》,载《歌德与历史界》,柏林,一九三二年。

第十五章　前奏：卡莱尔

为一个历史学家，卡莱尔比歌德略胜一筹。他对历史问题的兴趣更为强烈，他对历史事实的知识更为广博。但另一方面，他又仅仅能够用他自己的个人经验来理解历史。他的"生活哲学"是理解他的历史著作的线索。在他青年时期的大转折里，他已经发现了引导他从否定和绝望通向肯定和重建之路：从永恒的"不"到永恒的"是"。从此以后，他以同样的方式来思考和解释人类的整个历史。在他作为一个清教徒的想象里，历史成了一出伟大的宗教剧——善的力量和恶的力量之间永恒的冲突。"所有活着的或曾经活着的真正的人，都是同一个军队的士兵，他们在天国首领的指挥下，进行战斗，反对共同的敌人——黑暗和错误的帝国，不是吗？"① 所以，卡莱尔决不会简单地"撰写"历史，他必须或者把一个人列为圣徒，或者将其革出教门；或者将其捧到天上，或者将其打入地狱。他的历史画像给人以深刻的印象，但我们在这里看不到在其他伟大历史学家的著作中所流露的那种微妙的差别。他总是用黑与白这两种颜色作画。从他的观点来看，十八世纪从一开始就是注定要灭亡的。被歌德说成是"光明的普遍来源"② 的伏尔泰，对卡莱尔来说仍然是黑暗的精神。如果我们相信卡莱尔的描述，那么伏尔泰就缺少一切想象的能力，因而缺少一切生产的能力。整个十八世纪没有什么创造。没有一种人的德行、人的能力应归之于它。"哲学家们"只能是批评，争吵，弄得四分五裂。路易十五时代是"一个没有尊贵的时代，没有天才人物的高尚德行或高尚表现的时代；是一个浅薄而清晰的时代，是优雅、自负、怀疑论与全部揶揄形式的时代"。③

在这种判断里，卡莱尔简单地追随浪漫主义作家的榜样，但他带着

---

① 《论英雄》，第四讲，第117页；申本，第五卷，第120页。
② 见爱克曼的《歌德谈话录》，一八二八年十二月十六日。
③ 《伏尔泰》，见《杂文集》，第一卷，第464页。

一种不断增长的狂热的憎恶来讲话。一个像弗里德里希·施莱格尔这样的人很难否认,带着其局限性的十八世纪是一个天才的时代。这里,卡莱尔不是作为一个历史学家或一个文学批评家在说话,而是作为一个神学的狂热信奉者在说话。他把百科全书派的著作描写为"反基督教的巴黎教会的《使徒行传》和《使徒书》"。① 他完全没有看到启蒙运动文化生活中的积极因素。最可怕的不相信是对你自己的不相信。我们能用这种不信仰来指责启蒙运动的思想家、大百科全书的作者们吗?事实上,指责他们与此完全相反的错误则要恰当得多,即指责他们对自己力量及人类普遍理性的力量过于自信。

另一方面,在卡莱尔对法国革命理想的厌恶里,我们几乎看不到一个明确的政治的或社会的纲领。他的兴趣一向是在人物传记而不是在社会问题上,尽管他后来对他那个时代的社会问题逐渐有了较多的兴趣。他所关心的主要问题是个体的人而不是市民政府或社会生活的形式。最近的文献中,那种把他和圣西门主义联系起来,或者将一种社会学的历史观强加于他的著作的尝试,都是枉费心机的。② 恩斯特·塞里尔（Ernest Seilliere）在其著作《卡莱尔的现实》（*L'actualite de Carlyle*）里试图证明,卡莱尔属于他很早以前在他的论帝国主义哲学的大作里研究过的那一长串思想家的名单之列。③ 其他的一些作者也把卡莱尔描写为

---

① 《狄德罗》,见《杂文集》,第三卷,第 177 页。
② 参见默文·杨（L. Mervin Young）女士的著作《托马斯·卡莱尔和历史艺术》（*Thomas Carlyle and the Art of History*）,费城,彭绍瓦纳大学出版社,一九三九年；希尔·夏因（Hill Shine）的《卡莱尔和圣西门派》（*Carlyle and the Saint - Simonians*）,巴尔提摩,约翰·霍布金斯出版社,一九一四年。对这些著作的批评可参看勒奈·韦勒克（René Wellek）的《卡莱尔和历史哲学》,载《哲学季刊》,第二十三卷第一期（一九四四年一月）。
③ 见恩斯特·塞里尔的《帝国主义的哲学》（*La philosophie de L'imperialisme*）,四卷本,巴黎,一九〇三年至一九〇六年。

第十五章　前奏：卡莱尔

"不列颠帝国主义之父"。① 无论如何，卡莱尔的观点，甚至他关于殖民政策的观点，与不列颠帝国主义的其他形式之间，还是存在一种明白无误的区别的。② 甚至卡莱尔的民族主义也有其独特的色彩。他从一个民族道德生活的强度和深度及其理智成就中，而不是从其政治抱负中，看到一个国家的真实的伟大。他讲话非常直率大胆。在谈及莎士比亚时，他向其贵族听众问道：

> 在我们这片国土上所造就的哪一个英国人，甚至上百万英国人，会比这个斯特拉福特的乡下人更为我们所不能放弃呢？不存在我们将为之而出卖他的高官显贵团体，他是我们所创造的最伟大的东西。我们在国外的荣誉，作为英国皇帝的装饰物，有哪一种能比他更为我们所不能放弃呢？那么，想一想，如果他们问我们，你们宁愿放弃你们的印度帝国，或是你们的莎士比亚，还是你们的英语，你们宁愿从来就不曾有任何印度帝国，还是宁愿从来就不曾有任何莎士比亚？事实上，这是一个重大问题。官员们无疑将以官方语言回答这个问题；至于我们，则不应被迫回答放弃或不放弃印度帝国，我们不能没有莎士比亚！无论如何，印度帝国终将在某一天消亡，而莎士比亚则是不朽的，他将永远和我们在一起，我们不能放弃我们的莎士比亚！③

---

① 参见冯·舒尔第-盖维尼茨（G. von Schulze - Gaevernitz）的《不列颠帝国主义和不列颠的自由贸易》（*Britischer Imperialismus und englischer Freihandel*），莱比锡，一九〇六年；盖齐奥（Gazeau）的《英国帝国主义》（*L'imperialisme anglais*）。博德森（G. A. Bodelsen）在其《维多利亚中期帝国主义研究》（*Studies in Mid - victorian Imperialism*，哥本哈根和伦敦，一九二四年）中，已指出这种描述之不正确。见该书第22—32页。
② 这一点可参看博德森的《维多利亚中期帝国主义研究》一书。
③ 《论英雄》，第三讲，第109页；申本，第五卷，第113页。

这些话听起来与二十世纪的帝国主义和殖民主义是极为不同的。无论如何，我们可以驳斥卡莱尔的英雄崇拜理论，但一个说出这些话的人不应该被指控为当代国家社会主义观念和理想的鼓吹者。确实，卡莱尔曾抑制不住地说过"强权出公理"，但他一向是从道德的意义上而不是从物理的意义上来理解"强权"这个词的。英雄崇拜对他来说是指对一种道德力量的崇拜。他似乎常常对人类的本性表示一种深深的怀疑。但他确信并以充分的乐观设想和断言，"人决不会使自己完全地屈服于蛮力，而一向是降服于道德的伟大。"① 如果我们忽视他这条思想原则，我们就破坏了他整个的历史观、文化观、政治和社会生活观。

---

① 《人物特征》，见《杂文集》，第三卷，第 12 页。

第十六章 从英雄崇拜到种族崇拜

戈比尼的《论人类种族的不平等》

在过去几十年的政治斗争中,英雄崇拜和种族崇拜一直处于一个如此紧密的联盟里,以至于在其所有的利害和趋向里,它们似乎都差不多是同一个东西。正是靠这种联盟,政治神话逐渐形成了它们当前的形式和力量。无论如何,在进行一种理论的分析时,我们自己不应该被这两种力量的联盟所欺骗。无论是在发生学上还是在分类学上,它们都决不是等同的。它们心理学上的动机,历史的起源,意义和目的,都是不同的。要理解它们,我们必须把它们分开。

通过对十九世纪下半叶成为这两种思想倾向的主要代表的著作家的研究,我们会很容易地确信这种差异。这些著作家很少有共同的东西,因为卡莱尔论英雄崇拜的讲演同戈比尼的《论人类种族的不平等》(Essai sur l'inegalité des races humaines),从某种意义上来说,是不能够进行比较的。这两本书无论在观念上,在理智趋向上,还是在风格上都是不相类似的。在苏格兰的清教徒和法国贵族之间不会有什么休戚相关的利益。他们代表着极为分歧的道德、政治和社会的理想。他们的观念后来能被用于一个共同的目的这个事实,并不能消除这种差异。当英雄崇拜丧失其原初的意义,并且和种族崇拜融为一体的时候,当它们两者都成为同一个政治纲领必不可少的部分的时候,这是新的一步,而且是具有极大重要性的一步。

为了把握戈比尼著作的主旨,我们一定不能把它理解成后来的这些政治倾向。后来的政治倾向和作者的本意是大相径庭的。戈比尼并不打算写一本政治小册子,而是要写一篇历史的或哲学的论文。他从未想过把他的原则运用于政治秩序和社会秩序的重建或革命。他的原则不是一种行动的哲学,他的历史观是宿命论的,他认为,历史遵循着确定不移、不可抗拒的规律。我们不能企图去改变事件的进程,我们所能做的一切是去理解它和接受它。戈比尼的著作充满着一种"命定的爱"(amor fati)。人类种族的命运是从一开始就预先确定了的,人的任何努力都不能改变他,也不可能改变他的命运。但另一方面,他又情不自禁一遍又一遍地询问同样的问题:如果一个人不能掌握他的命运,那么,他至少要知道他从哪里来和往哪里去。这个欲望是人的一个基本的不能根除的本能。

戈比尼不仅确信他发现了探讨问题的一条新门径,而且也确信他是第一个成功地解答了这一古老之谜的人。以前所有宗教和形而上学的回答都被他宣布为是不充分的。因为所有这些答案都失去了基本点,即人类历史中的本质因素。没有对这个因素的洞察,历史就是一本未打开的天书。但现在封条已被开启,人类生活和人类文明的奥秘被展示出来。

第十六章　从英雄崇拜到种族崇拜

因为人类种族道德和理智多样化的事实是显而易见的，没有人会否认或忽视这个事实。但这个事实的意义和极端重要性则完全未为人所知。在其重要性被清楚地理解之前，人类文明的全部历史学家都只是在黑暗中摸索。

历史不是科学。它只是一种主观思想的混合物，一种痴心妄想，而非首尾一贯的成体系的理论。戈比尼自夸他已经结束了这种事态。"这是一个使历史加入自然科学家族的问题，是一个赋予这种知识的一切精确性的问题，最后，这是一个消除有偏见的统辖（其专横的政治派别直到今天还在利用它）的问题。①戈比尼不是作为一个确定的政治纲领的鼓吹者在讲话，而是作为一个科学家在讲话，而且，他认为他自己的演绎是不会错的。他确信，历史在经过无数次徒劳的努力之后，最后终于在他的著作中达到成年时期。他把自己看作第二个哥白尼——历史界的哥白尼。一旦我们发现了这个世界真正的中心，一切东西都改变了。我们不再关心对于事物纯粹的意见，而是生活和活动于事物本身中。我们的眼能看，我们的耳能听，我们的手能摸。②

可是，把这种宏大的计划同这个计划的执行情况相比较，戈比尼著作的读者会情不自禁地感到失望。在科学史里，或许再没有别的例子是以如此不恰当的方法提出那么高的目的。确实，戈比尼从多种材料里积累了广博的资料。他不仅是作为一个历史学家在讲话，而且是作为语言学家、人类学家和人种学家在讲话。然而，当我们着手分析他的论证时，我们发现，这些论证在大多数情况下极为软弱无力，犹如一座雄伟的大厦竖立在一个非常狭小而脆弱的基础之上。戈比尼著作的第一个法

---

① 戈比尼（Gobineau）《论人类种族的不平等》，二卷本，"总的结论"，第二节，第548页。
② 《论人类种族的不平等》，第二卷，第552页。

国批评家马上就看出了他的历史方法的基本缺陷。① 甚至戈比尼的坚决支持者和追随者也不得不坦率地承认，在他所谓的"科学"论证中存在着缺陷和明显的谬误。休斯顿·斯图尔特·钱柏林（Houston Stewalt Chamberlain）把戈比尼的著作说成是"孩童式的无所不知"。事实上，他似乎对一切都知晓。对他来说，历史没有任何秘密。他不仅知道历史的一般过程，而且知道它的一切细节，他感到他自己能回答最为复杂的问题。他看透了事物最为久远的起源。他根据每一事物的真实条件和适当的位置来观察这些事物。但是，一旦事情到了关键点上，他的论题的经验证据，他的著作的弱点，就变得显而易见了。他以最专断的方式来对待事实。一切似乎是支持他的论题的东西他都乐于接受；另一方面，一切否定的例子他都全然不理，至少是将之由大化小。他似乎完全缺乏十九世纪历史学家教导的那种批判方法。

让我们对他的论辩和推理方法举一些具体的例子。他的一个最为根深蒂固的信念是，白色人种是唯一的一个有意志、有力量去建立一种文化生活的种族。这个原则成为他的人类种族极端差异理论的基石。黑种人和黄种人没有生命，没有意志，没有他们自己的活力。他们不过是其主人手里的僵死的材料——初高等种族所驱动的呆滞的民众。但另一方面，戈比尼也不能完全忽略这样一个事实，即在世界上的一些地区，有着人类文明的确实的遗迹，而白色人种是极不可能影响到这些地区的。如何排除这个障碍呢？他的答案非常简单。教条本身一旦被建立起来，它就不容许有任何怀疑和例外。如果我们的证据不足以确证教条，或者是证据与教条处在一种公开的矛盾之中，那么，历史学家就要补充和修

---

① 例如，可参见夸特里法格（Quatrefage）的《人类种族的交叉》（*Du croisement des races humaines*），载于《两个世界评论》（*Revue des deux mondes*），一八五七年三月一日。

第十六章 从英雄崇拜到种族崇拜

正证据了。他必须曲解事实,使事实适合于原先设想的场景。

对于用最为大胆的假设来填充我们历史知识的缺乏,戈比尼从来就没有感到过丝毫顾忌。例如,中国在非常古老的时代,就显示出一种高度发展的文化生活。但另一方面,既然黄种人和黑种人确是两个低劣的人种,他们只是白种人用来纺织自己精致丝织物的粗布、棉花和羊毛,① 那么,结论不可避免的是,中国文化不是中国人民的作品。我们必须把中国文化看作是从印度移民过来的外国部落的产物,是这些侵入和征服中国、奠定中央王国和天朝基础的刹帝利的产物。② 这种观点也同样地被他用来解释我们在西半球发现的非常古老的文化遗迹。不能想象,美洲的土著部落能够靠他们自己的努力,发现到达文明之路。按照戈比尼的看法,美洲大陆的印第安人没有形成独立的种族。他们只是一种混合物,是黑种人和黄种人的混合。这种可怜的劣等货怎么能够对他们自身进行统治和组织呢?只要是黑种人还在他们自身中间进行争斗,只要是黄种人还在他们自己狭隘的圈子里运动,那么,他们就不可能有历史,不可能有发展。这些矛盾冲突的结果完全是徒劳无益的,它们不能在人类历史上留下任何痕迹。美洲、非洲的绝大部分,亚洲相当大的部分都是这种情况。但无论何时何地,只要我们发现了历史和文化,我们就一定注意到白人,我们断定能够发现白人。因为从戈比尼理论的第一原理,"历史仅仅起源于白色人种的交际",③ 靠一种纯粹的演绎推理,就可以推断出白种人的存在和活动。

戈比尼承认,没有任何证据证明,在西半球发现之前,白种人和美洲的土著部落之间有着某种联系,但是,靠普遍的先验原则的力量却能

---

① 《论人类种族的不平等》,"总的结论",第二节,第 539 页。
② 《论人类种族的不平等》,第三卷,第五章,第一节,第 462 页以后。
③ 《论人类种族的不平等》,第四卷,第一章,第一节,第 527 页。

够断定这个事实。

> 地球上生存着和曾经生存过大量的民族，只有十个民族上升到完全的社会地位。剩余的民族都受这些民族的吸引，或多或少独立地绕着这些民族旋转，就如行星绕着它们的太阳旋转那样。如果这十种文明有任何活的因素，它们不是由于白色人种的推动；或者说有任何死亡的种子，它们不是来自与低等血统的混合。那么，这本书所依赖的整个理论就都是错误的。①

戈比尼绝对确信他的结论。他的自信心是没有限制的。他宣称，他的证明"像金刚石那样牢不可破"。他大声疾呼，蛊惑观念的毒蛇似的牙齿，也决不能咬破这些颠扑不破的证明。但是，这些所谓金刚石般的、颠扑不破的证明的真实特征是很容易看出来的。它们不过是实用的原则（petitio principii）而已。如果在一本逻辑教科书里，我们需要一个这种谬见的引人注目的例子，那么，选取戈比尼的书是再好不过的了。他的事实总是和他的原则相一致，因为，如果缺乏历史事实，那么这些事实可以根据他的理论捏造或伪造出来。同样的事实也被再次用于证明理论的真理。戈比尼确实并不是要存心欺骗他的读者，但他常常自欺欺人。他非常诚挚和天真，他从未意识到他整个理论所依赖的恶性循环。他是作为一个哲学家和学者在讲话，但他从未声称他已靠理性方法建立了他的原则。

对他来说，个人的情感总是比逻辑的论证或历史的论证更好一些，更可信一些，而且这种情感是非常清楚和坦率的，他属于那种旧贵族家

---

① 《论人类种族的不平等》，第一卷，第十六章，第一节，第220页，引自柯林斯英译本，伦敦，纽约，一九一五年，第210页。

第十六章　从英雄崇拜到种族崇拜

族，而且过分的傲慢，这常常是很丢丑的。他，作为高贵种族的成员，不得不生活于他深感憎恶的资产阶级体系的低下地位之中。对他来说，从他的种姓出发对此作思考不仅是自然的，而且在某种意义上说也是一种道德上的责任。对他来说，种姓是比民族和个人高贵得多的实在。在他的书里，他赞扬了雅利安的婆罗门，因为他们第一次理解和牢固地确立了种姓的价值和至高无上的重要性。他们的工作是一个真正的天才的闪光，是为人种进步指示全新道路的一种深刻而独创的观念。为了证明法国贵族的主张，戈比尼退回到十八世纪为布兰维利亚人（Boulainvilliers）所提出和捍卫，并且成为法国封建主义理论基础的学说。孟德斯鸠在分析布兰维利亚人的著作时，曾将它说成是一个"反对第三等级的阴谋"。布兰维利亚人断然否认法国是一个同族的整体。法国民族分为本质上完全不同的两个种族。他们虽然说着共同的语言，但他们既没有共同的权利，也没有共同的起源。法国贵族源出于法兰克人——日耳曼侵略者和征服者，人民群众属于被征服者，属于失去了一切独立生活要求的农奴。这种理论的一个鼓吹者写道："在我们的时代，表现为贵族及其党徒的真正的法国人，是自由人的儿子；以前的奴隶和所有那些被其主人雇佣来主要进行劳动的种族，是第三等级的祖先。"①

所有这一切都被戈比尼热切地接受了。但他为自己设立了更伟大、更困难得多的任务。他把人类文明说成一个不能将自身局限于法国历史狭隘界限里的哲学家。我们在法兰西民族所见的，只是一个更为一般进程中的一个例子和征兆。法国历史本来也就是一个缩影，它把对整个文化进程的想象展现在一个缩小了的比例上。贵族和平民、征服者和奴隶

---

① 详细内容可参看蒂利（A. Thierry）的《法国历史的考察》，第五版，第二章，巴黎，一八五一年。以及恩斯特·塞里尔（Ernst Seillière）的《戈比尼伯爵和历史上的雅利安主义》一书的导言，巴黎，一九〇三年。

之间的冲突是人类历史的永恒主题。那理解了这种冲突的本性和原因的人，也就发现了人的历史生活的线索。

戈比尼理论的这种出发点立刻就显示出英雄崇拜和种族崇拜间的差异。它们表现出极为歧异的，甚至绝然对立的人类历史观。卡莱尔问，"传记不就是历史的全部含义吗？"而且，他毫不犹豫地用肯定的语气对这个问题作了回答。在戈比尼的著作中，对个人的这种兴趣是全然缺乏的。实际上，他所作的整个阐述，甚至于没有提到特定的名字。读卡莱尔的著作时，给我们的印象是，每一个新出现的伟大人物，每一个宗教上的、哲学上的、文学上的、政治上的天才，都开始了人类历史的新篇章。例如，穆罕默德（Mahomet）或路德的出现，宗教世界的整个特征被完全改变了。克伦威尔或但丁以及莎士比亚使整个政界和诗界革命化了。每一个新的英雄都是同一个"神圣观念"即看不见的伟大力量的一个新体现。在戈比尼对历史界和文化界的描述里，这种神圣的观念消失了。他也是一个浪漫主义者和神秘主义者，但他的神秘主义属于一种更为现实主义的类型。伟大人物并不是从天上掉下来的，他们的整个力量来源于地上，来源于他们所扎根的故土。伟大人物的最好品质就是他们种族的品质。靠他们自己，他们则会一事无成；他们只是他们所属的种族的最深力量的体现。

在这种意义上，戈比尼能够赞成黑格尔关于个人只是"世界精神的代理人"的话。但是，当戈比尼写这本书的时候，时代已经变了。戈比尼和他的同代人已经不再相信崇高的形而上学原则了。他们需要一些更为明确可知的东西：某些"我们的眼能看，我们的耳能听，我们的手能摸"的东西。新的理论似乎能满足所有这些条件。

从实践上来说，这是一个伟大而明显的优势。因为这儿有着能弥补十九世纪下半叶所缺乏的某种东西，这种东西在任何地方都可以感受到。人毕竟是一种形而上学的动物，人的"形而上学的需要"是不能根除的。但是,十九世纪形而上学的伟大体系已不再能对这些问题作出清楚明白的解答。它们变得那么复杂难懂,以至于不能被人理解了。戈比尼的书则与之大为不同。确实,他自己的种族理论,作为人类历史中基本的、支配的力量仍完全是形而上学的。但戈比尼声称其形而上学是一种自然科学,而且似乎是基于一种最简单的经验之上。并非每个人都能追随一条形而上学推演的长链;并非每个人都能研究黑格尔的《精神现象学》或他的《历史哲学》,但任何人都理解他的种族和他的种族的语言,或者相信他是理解这种语言的。形而上学从其一开始就寻求一种不可怀疑、不可动摇、普遍的原则,但其希望却经常地破灭。按照戈比尼的看法,只要形而上学坚持其传统的理智的态度,这是不可避免的。所谓的"普遍"及其实在问题的讨论贯穿于整个哲学史,但哲学家们从未能实现这样的事实,即真实的"普遍"不应到人的思想中寻找,而是要到决定其命运的这些物质力量里去寻找。在所有这些力量中,种族是最为强大和最无疑问的力量。这里,我们有了一个事实,而不是一个纯粹的观念。

牛顿发现了物理界的一个基本事实,他发现了万有引力规律,通过这个事实,他能够解释整个物质世界。但在人类世界,吸引一切事物的共同中心仍是人所未知的。戈比尼确信他已经找到了这个问题的结论。而且他把同样的情感也加在他的读者的心灵上。这是一个新型的理论,从一开始它就有着一种强烈的、奇异的魅力。一个人要是否定或者抗拒他的种族力量是愚蠢的,其愚蠢程度就如同一个物质微粒试图抗拒地球引力一样。

"极权主义种族"的理论

种族是人类历史中的一个重要因素,不同的种族建立了不同的文化形式，这些形式不是建立在同样的水平上，它们的特征和价值都在不断变化，所有这些都是普遍承认的事实。从孟德斯鸠《论法的精神》(Esprit des Lois) 以来，甚至是这些变化的物质条件都已被仔细地研究过了。但戈比尼所关心的并不是这个著名的问题，他关切的是更为一般、更为困难的任务。他必须证明种族是历史领域唯一的主人和统治者。一切其他力量都是它的下属和仆从。我们现代的极权主义国家观念和戈比尼的观念是完全不相类似的，如果他知道的话，他会强烈地反对它的。甚至爱国主义在他看来也仅仅是一种谬误和偏见。然而，不管戈比尼如何反对一切民族主义的理想，他还是属于那些以间接方式为极权主义国家的意识形态作了大量准备的著作家。正是种族的极权主义为后来极权主义的国家观标明了道路。

从我们当前问题的观点来看，这是戈比尼理论中一个最重要、最有趣的特征。但是，就我所知，这一点还没有在关于这个主题的文献里得到应有的表现。戈比尼的学说已被从每一个可能的角度作了分析和批判，哲学家、社会学家、政治家、历史学家、人类学家都参与了这些讨论。① 但在我看来，种族之作为戈比尼理论中最重要的成分本身并不是种族颂扬。为其祖先、为其诞辰和后代而自豪是人的自然特征，如果它是一个偏见的话，那么它也是一个共同的偏见。它并不必然地危及或破坏人的社会生活和伦理生活。但我们在戈比尼那里发现的是颇为不同的一些东西，这就是"毁坏其他一切价值的企图"。戈比尼宣告的种族之神，是一个嫉妒的神，他不容许其他的神在他自己旁边受到崇拜。种族就是一切，一切其他的力量什么都不是，它们没有独立的意义和价值。如果它们有什么力量的话，那么，这种力量也不是一种自动的力量，而

---

① 例如，可参看：努麦罗·康撒克莱《戈比尼伯爵》，《欧洲评论》，一九二三年十月一日；及《戈比尼和戈比尼主义》，《法国新闻评论》，一九三四年二月一日。

第十六章 从英雄崇拜到种族崇拜

只能是由其上级和君主（全能的种族）授予它们。这个事实显现于文化生活的一切形式里，显现于宗教、道德、哲学、艺术、民族、国家里。

戈比尼有条不紊地对这个论题作了证明。他对其学说的叙述总是清楚明白、首尾一贯的。我们只需要把戈比尼的著作和卡莱尔的著作作一比较就可以意识到这两位作者间的迥然不同。在卡莱尔的《修补的裁缝》里，一切都是稀奇古怪、讽刺嘲弄、不相联系和漫无条理的。在戈比尼的《论人类种族的不平等》里，我们看到的是截然不同的东西。戈比尼的风格是富于想象、热情洋溢，但并不难以捉摸或不相一贯。他所受的法国教育的影响并没有丧失。他的阐述具有法国分析精神的一切长处。他缓慢地但持续不停地向前进展。戈比尼不能够强行夺路，因为他不得不克服大的障碍，并且不得不向许多伟大的权威挑战。他试图达到目的的路，证明了是一种伟大的技巧，一种敏捷，这显示出他不仅精通写作的艺术，而且精通外交的艺术。

戈比尼最强有力的对手当然是宗教上的人的起源和目的的观点。他的理论与之不相符合，从一开始就很清楚。他的著作的第一个批评者马上就坚决认定了这一点。托克奎维勒（Tocqueville）是戈比尼的一个私人朋友，他对戈比尼的才能和个性有很高的评价。但当他第一次读到戈比尼的书时，就强烈地反对戈比尼的理论。他对戈比尼写道："我向你承认……我强烈地反对这些学说。我认为它们可能是错误的，而且肯定是有害的。"[①] 驳斥托克奎维勒的论点是一项极为艰难的任务。因为在

[①] 一八五三年十一月十七日的信，《托克奎维勒与戈比尼通信集》（*Correspondance entre Alexis de Tocqueville et Arthurde Gobineau*）（一八四三年至一八五九年），巴黎，一九〇八年，第192页。托克奎维勒和戈比尼的关系，可看看罗曼·罗兰的《两代人的冲突：托克奎维勒和戈比尼》（*Le conflit de deux generation：Tocqueville et Gobineau*），《欧洲评论》，第九期（一九二三年十月一日），第68—80页。

这一点上,戈比尼不仅要和他的批评者作战,而且还不得不同自己作斗争。他是一个虔诚的天主教徒,他全盘接受了基督教教义,并且使自己服从教会的权威。对他来说,圣经仍是一本使人感悟的书,它的朴实的真理从未被否定过。因此,他不能够公开地攻击圣经的创世说和人的起源论。但另一方面,也不可能从这个始点为他的人类种族之间的本质差异性的论题找到一种论证。他甚至不能承认,黑人或黄种人的成员和白种人一样属于同一个人类大家庭。我们在这些人中看到的,是十分丑恶的野蛮状态和极其凶残的个人主义。① 我们能够承认这些存在物是和白色人种同出一源吗?在某些方面远远低于动物的黑人,怎么能属于像雅利安家族的成员这些半人半神的同样等级呢?戈比尼竭尽全力想从他的这种两难境地中逃脱出来,但最后他似乎放弃了这种努力。他承认,这个难结不仅是他所不能解开的,而且是普遍的人类理性所不能解开的。

> 由于我对一种不能废弃的科学权威的尊重,再者,由于我对一种我不敢攻击的宗教解说的尊重,我必须迫使自己把那些一直困扰我的严肃的怀疑(诸如原初的统一问题)放弃掉并搁置一旁……因为无人敢于否认,有一种神秘的黑暗笼罩着这个严肃的问题,在这种黑暗中既有自然的原因,也有超自然的原因;在缠裹这个问题的晦暗不明的最深处,上帝的心灵中有其终极的家园来统辖这些原因。人的精神无须预卜他们的本性就能感受到他们的存在,并在一种森然可怕的敬畏中退缩不前。②

---

① 《论人类种族的不平等》,第二卷,第一章,第一节,第 227 页。
② 《论人类种族的不平等》,第一卷,第十一章,第一节,第 137 页以后;英译本,第 134 页。

第十六章　从英雄崇拜到种族崇拜

使黑暗聚集于一个学术论点，比参加反对这个权威更好。①

然而，这只是一种形式上的服从，它并不能够阻止戈比尼发展他自己与基督教道德公然矛盾的理论。他在形而上学的真理和基督教的文化价值之间做了一种严格的区分，以便对读者和他本人遮掩这些矛盾。形而上学的真理是不容怀疑的，而基督教的文化价值则是微不足道的。事实上，基督教对人类文明的发展从未有过丝毫的影响，它既不曾创造也不曾改变它对文明的承受力。

就其使一个人更有思想更有礼貌而言，基督教是一种文明化的力量。但它只是间接地如此，因为它不知道把这种道德和理智中的改进应用于这个世界的易于败坏的东西，它总是满足于它能在其中找到新教徒的社会条件，而不管这种条件可能是多么的不完善……如果他们的国家能被改进为他们皈依的直接后果，那么，基督教肯定将竭尽全力造成这样一种改进；但它不会去努力改变一个单一的习俗，也肯定不会去加速从一个文明到另一个文明的前进，因为它尚未正式接受它自己。②

即使作为一个正当的问题，我们也必须从当前的问题中把基督教绝对地排除出去。如果一切种族都能同等地接受它的恩惠，那么它就不能被指派把平等带给人间。我们可以说，在最确实的意义

---

① 《论人类种族的不平等》，第 120 页；英译本，第 117 页。
② 《论人类种族的不平等》，第一卷，第七章，第一节，第 64 页；英译本，第 65 页。

上，基督教的王国"不属于这个世界"。①

这似乎把基督教提升到一种至高无上的位置，但是，这种荣耀的获得却不得不付出高昂的代价。如果我们接受戈比尼的解释，即基督教既无意愿也无力量在人的尘世奋斗中帮助他；基督教依然是一种伟大而神秘的力量，但是这种力量对于我们的人类世界却不能任何事情。在这种结论中，戈比尼的目的达到了：在人的历史生活中，基督教放弃了它的全部权力，并向新崛起的种族神俯首称臣。

不过，这只是第一步。在戈比尼的路途上还存在着其他障碍物，那就是十八世纪的"博爱"和"平等"观念。这些观念，并不是基于基督教的基础之上，而是基于一种新型的哲学、伦理学的基础之上。这些观念在康德的著作里得到了最为明晰的系统表述，其奠基石是自由的观念，自由意味着"自律"。它表达了这样一个原则，即道德主体不必服从其他任何法则，而只服从他给自己颁布的法则。人不仅是一个被用于外在目的的手段；人本身就是"目的王国的立法者"。这构成了人的真正尊严，构成了人君临一切纯粹自然物之上的特权。

> 目的王国中的一切，或者有**价值**（Preis），或者有尊严（Würde）。一个有价值的东西能被其他东西所代替，这是等价；与此相反，超越于一切价值之上，没有等价物可代替，才是**尊严**……这样，德性和人性才是那种唯独具有尊严的存在。②

---

① 《论人类种族的不平等》，第69页；英译本，第70页。
② 康德《道德形而上学基础》（*Grundlegung zur Metaphysik der Sitten*），第二章。见卡西尔编辑的《康德全集》，第四卷，第293页。（参照苗力田先生中译本《道德形而上学原理》，上海人民出版社一九八六年版，第87页。——译者注）

第十六章　从英雄崇拜到种族崇拜

对戈比尼来说，所有这些东西不仅是完全不能理解的，而且简直是不能忍受的。这与他所有的本能和最深厚的感情是公然对抗的。大概没有任何其他现代作家能像戈比尼那样，被那种尼采描述为"间隔激情"的东西所深深渗透。尊严意味着人格的差别，不把别的东西蔑视为低劣的存在，我们就意识不到这种差别。在一切伟大的文明和一切高贵的种族里，这是一个居支配地位的特征："每个人都为他的血统和遗传感到自豪，拒斥被其他粗俗的血统所混合。"① 寻求一种普遍的道德和价值标准是荒谬的。对戈比尼来说，普遍性就是粗俗性，作为一个天生的贵族，他只有靠把自己和平民及卑贱的人区分开来，才能感觉到他的价值。他把这种个人的感情从个体的领域投射到人种学和人类学之中。

优等人种只有靠将自己和那些奴隶般地拜倒在他们脚下的其他人种相比较，才能知道他们是什么及其价值。没有这种蔑视和憎恶的成分，他们的自信就不能被完善。自信就包含和要求蔑视的成分。从这个观点看，康德绝对命令的著名公式也成为术语上自相矛盾。仅仅依照那条准则行动，因而我们同时又立志使那条准则成为一条普遍的法则，但这是不可能的。既然没有任何普遍的人，怎么能有一条普遍的法则呢？一个宣称对一切情况都有效的道德准则，对任何情况都是无效的；一个适用于一切人的规则对任何人都不适用。它是一个在人类世界和历史世界没有任何对应物的纯粹抽象的公式。关于这一点，种族的本能证明自身远远优越于我们一切哲学的理想和形而上学的体系。戈比尼同意"雅利安人"一词的辞源，按其说法，这个词起初只意味着"高尚的"。雅利安族中的人，非常清楚地知道，一个人的高尚不是靠其个人的品质，而是靠其种族的遗传。"我们所具有的个人荣誉和尊严，只是在高贵的君王

---

① 《论人类种族的不平等》，第四卷，第三章，第二节，第 21 页以后。

的领地里，在作为真正统治者的种族的领地里。把自己封作雅利安人的白人很清楚地理解这个词的高贵和自负的含义，他们用强力来维持它。"① 一个人之所以是伟大的、高贵的和有德行的，不是靠他的行动，而是靠他的血统。我们个人的工作需要接受的唯一的检验是对我们祖先的检验。正是一个人的出生证赋予这个人以道德价值的确定性。德性不是一种可以被获得的东西，而是来自天上的礼物，或者更严格地说，是来自地上的礼物，是来自种族的肉体和精神品质的礼物。把一个低等种族的成员说成是"道德的"或"理性的"存在，表现出某种非常低下的道德意义。戈比尼在他对黑色人种的描述里说："和这些丑陋的部落相比，食肉兽似乎拥有太高贵的东西了，猴子足以在肉体上表达出它们的观念，并且在道德上，一种感受也迫使唤起和黑人的精神相类似的某种东西。"②

当戈比尼谈及基督教的道德理想和宗教理想时，他讲话非常慎重和保守。虽然他不否认这些理想有任何实践的意义和影响，但还是不得不对它表示一种深深的尊崇。当他不再受这种传统的顾忌约束的时候，他的真实观点就显现得非常清楚。在谈到那些在基督教里仍被赞扬和钦佩、而在佛教里却遭到严厉谴责的东西时，他就能够坦然而直率地讲话了。他在佛教里看到了一个人类历史中最为反常的事。那就是一个被赋予最伟大的肉体和理智天资，有着最高贵遗传的人，一个属于最高种姓的国王的儿子，突然决定放弃所有这些特权，成为向贫穷的人、悲惨的人、流浪者宣讲新福音的布道者。在戈比尼的眼里，所有这些都是不能宽恕的罪恶，是一种严重的背叛。这是一种反对创造了种姓制度来保护自己免遭血统混杂之险的雅利安人种尊严的罪行。

---

① 《论人类种族的不平等》，第三卷，第一章，第一节，第370页。
② 《论人类种族的不平等》，第二卷，第一章，第一节，第227页。

第十六章 从英雄崇拜到种族崇拜

按照戈比尼的思路,佛教不仅是一种道德上的错误,而且也是严重的理智上的错误,它不仅是一种情感的反常,而且是一种判断的反常。与一切健全的历史哲学的原则相对立,佛教试图在道德之上来建立本体论,实际上与之相反,道德是依赖于本体论的。佛教的发展,它的衰败和堕落,是一个最好的、最有说服力的例子,说明我们不得不期望一种完全基于道德和理性之上的政治和宗教的学说。①

只要种族本能仍充满生气,只要它不被其他的力量所扭转而沿着自己的道路前进,那么,人们是不易于犯这种错误的。德国的种族就是这样。在德国的神话里,一个人靠他自己的道德行为是不能得救的。天国向英雄、勇士和贵人敞开大门而不管他们的行为。"高贵种族的人,真正的雅利安人单靠其出身的力量就能得到英烈祠的一切荣誉;相反,穷人,俘虏,农奴,一句话,那些混血儿,出身低下的半种姓,麻木不仁地跌落到停尸场的冰冷的黑暗之中。"②

伟大的思想成就是不需要在这种论证里去发现逻辑谬误的。这里我们所发现的是具有戈比尼方法个性特征的同一个"构成原则"(petitio principii),循环论证和推理是他全书的特征。当对不同种族的道德品质进行比较的时候,我们需要一个确定的评价标准,我们在什么地方能找到这种标准呢?既然一切所谓普遍的伦理原则都已被宣布为零和无效的,那么我们就必须在特殊的体系中进行挑选了。很明显,只有较高的人种才能给予我们真正的和较高的价值。凡他们**称作**(call)高尚的、善的德行,靠这种表征本身就**成为**(become)德行的。所以,白色人种,特别是雅利安人种道德卓越的论题,变成了一种纯粹反复。它是一个分析判断,这个判断从这些人种的定义本身就能推断出来。我们不必

---

① 《论人类种族的不平等》,第三卷,第三章,第一节,第442页。
② 《论人类种族的不平等》,第六卷,第三章,第二节,第370页。

判断他们的行为，他们的行为必定是善的，因为它们是善人的行为。本体论优先于道德，并且仍然是道德中的决定因素。一个人的道德价值，不是由他做什么而是由他是什么给予的。"一个人做得好并不一定是好人，而只有当一个人是好人时，也就是说，他生得好，他才做得好。"这话听起来非常简单，但同时又是惊人的天真。非常奇怪的是，恰恰是这种天真给予戈比尼的理论以极大的实践力和影响力。靠这种循环定义，这种理论在某种意义上成为无可反驳的。你不能驳斥一个分析判断，你既不能用理性，也不能用经验的证据去驳斥它。

在宗教和道德的普遍价值之外，还有另外的更为特殊的一种东西。国家和民族似乎是人类历史中最伟大的力量，是人的社会生活中最强大的推动力。但是，要把它们认作独立的力量，认作自身具有价值的东西，却是和戈比尼的基本原则相矛盾的。他不得不以向宗教理想和道德理想挑战的同样方式来向政治理想挑战。对我们来说，把种族主义和民族主义联系起来，这似乎是很自然的。甚至我们也很容易把它们等同起来。但是，不论是从历史的观点看，还是从分类学的观点看，这都是不正确的。在其起源、主旨和趋向上，它们是极为歧异的。① 我们如果研究戈比尼的著作，这种区别就变得非常清楚了。他不是一个民族主义者，也不是一个法国的爱国主义者，他接受和更新了布兰维里亚的命题，按照这一命题，法国从来不曾有过一个真正的统一民族。就如我们已经看到的，它被分为征服者和被征服者，贵族和平民，他们不是处于同样的水平上，也不能分享同样的政治生活和民族生活。戈比尼将这种观点应用于整个人类历史。我们称作民族的东西从不是一个同族的整

---

① 最近，在汉纳·阿伦特（Hanna Ahrendt）的文章《种族主义前的种族思考》里，对"种族主义"和"民族主义"之间的区别作了一个非常清楚的论述。见《政治评论》，第五卷，第一期（一九四四年一月），第36—73页。

第十六章 从英雄崇拜到种族崇拜

体。它是血统混合的产物,是世界上最危险的东西。带着敬畏和尊崇来谈论这样一种混血物将违背健全的人类历史理论的首要原则。**爱国主义**对民族主义者或煽动家可能是一种德行,但它不是贵族的德行。种族是最高的贵族,我们的"祖国"观念是什么呢?它只是一个没有任何物质的或历史的实在能与之相对应的词语。戈比尼说,国家不是说不能以生动的语言来发布命令,但一切国家的经验证明,再没有比纯粹的想象来行使权力的国家更坏不过的暴政了。他们从本性上就麻木不仁,毫无怜悯之心,在他们的主张里有一种令人难以忍受的狂傲自大。按照戈比尼的看法,封建制度的一个最大的优点,是在这种制度下人们不易屈膝于某种偶像。"在我们的封建阶段,**爱国**(pacrie)一词很少被用到。只是在法国的罗马部族重新抬头并在政治中再次起作用时,这个词才真正回到我们这里来了。随着法国罗马部族的胜利,爱国主义又成为一种德行。"①

如果我们接受戈比尼理论的方法论准则,那么,确定一个观点的真实价值的最简单的方法就是遗传学的方法,我们必须知道它的起源,以便判定它的价值。那么,爱国主义理想的起源是什么呢?下述事实证明:爱国主义不是雅利安人的理想,条顿种族,作为雅利安家族最优秀和最高贵的代表,从来就没有完全接受它,爱国主义不是德国人的德行。在日耳曼世界里,人是一切,相反,民族则几乎意味着零。这造成了日耳曼和其他种族(希腊、罗马、锡迈尼血统的闪米特混血种)之间的极大差别。"一个人在那里看到的只是大群民众,个人啥都不算,随着混乱的增长,他所属的人种混合变得越来越复杂了,变得更加黯然失色了。"② 在欧洲的文明中,希腊人对城邦的盲目赞美,对爱国主义

---

① 《论人类种族的不平等》,第四卷,第三章,第二节,第 29 页注 2。
② 《论人类种族的不平等》,第六卷,第三章,第二节,第 365 页。

的错误理想是负有责任的。在希腊,个人受法律支配。偏见、公共舆论的权威迫使每个人为了这种抽象观念牺牲他的一切爱好、观念和习惯,甚至牺牲他的财产,他的最亲密的私人关系和人际关系。但是,希腊人从来没有忘记这种理想,他们从闪米特人那里汲取了这种理想。当一切都被说到时,爱国主义就只是一种"天国的怪物"。①

在对希腊文化作了这种严厉的批判之后,接着,在戈比尼的著作里,是对罗马生活和文明的批判。他在这里也使用了同样的方法。他力图使我们相信,通常被看作罗马精神最高标志的东西,事实上是它内在的弱点。罗马帝国在罗马法里有其最牢固的基础。在罗马生活中,法律成为唯一的约束力量。它被收集、编纂、注释和分析。最后,罗马法学在罗马帝国的衰败没落中存活过来。按照戈比尼的看法,整个罗马法是严格按照被高度赞扬的希腊城邦的相同本质构造的,它是一种无生命力的抽象。罗马人创造了一种必然性的美德,他们不得不在最无联系的成分之间创造一条人工的纽带。这只有妥协的立场才能做出,这种妥协的立法只是在那由一切种族的渣滓所组成的人口中才是唯一可能的。② 赞美这种制度是毫无用处的,因为它们所具有的只是一种次等的、从属的价值,它们源出自和依赖于人民的人种状态。这种状态从来没有像在罗马法之下那么坏,那么糟。人类文化的任何领域都不是从罗马产生或发源的。罗马没有自己的任何东西,没有宗教,没有艺术,没有文化,一切都是从其他民族那里借用来的。甚至奥古斯丁时代也决不是伟大、美好的,它也决不是值得赞扬的。能够为它说得上好的唯一的东西,是在既定的历史条件下,在罗马帝国混杂的、最相差异的人口的面貌里,它

---

① 同上书,第四卷,第三章,第二节,第 29 和 31 页。
② 同上书,第五卷,第七章,第二节,第 260 页以后。

第十六章 从英雄崇拜到种族崇拜

提供了唯一可能的解决办法。罗马帝国的缺陷不是其统治者个人的过错,而是那被控制和被放置在一种确定的纪律之下的糊涂群众的过错。① 戈比尼说,"我完全不喜欢罗马名字的尊严,而且不喜欢欢呼这样一种结果。"②

但戈比尼对人类文化的分析尚未达到其终点。除了宗教、道德、政治和法律,还有别的艺术的伟大领域。我们能将这同样的原则用之于艺术吗?席勒在其《美育书简》(Letters on the Esthetical Education of man)里已力求证明,艺术不仅是人的一种特殊的禀赋,而且它也构成了人的本性和存在:艺术不是人的作品,而是其造物主的作品。人性的基调是由艺术创造的,如果这是真的,那么把一切种族联系起来的纽带就已经被找到了。因为艺术不是一个种族的特权,它就像太阳一样,照耀正义也照耀非正义,照耀着高等人种也照耀着低等人种。戈比尼不否认这个事实。相反,他倒是承认和强调这个事实。所得出的这一推论与他的理论针锋相对,并且,对他来说,还有一种特殊的力量。因为他对艺术不仅有浓厚的兴趣,而且艺术也是他生活中的一大爱好。他是一位诗人和雕塑家,而且在艺术的很多领域做过尝试。如果他的命题使他在这最为重要的一点上失败的话,那么,他就几乎不能再坚持这种命题了。

他从这种两难境地逃脱的方式,乍一看来,是非常令人吃惊的。他坦率地承认,艺术不是雅利安人种的特殊天赋。靠雅利安家族成员自身,完全可能从来发展不出伟大的艺术。艺术是想象的产物,而想象不是真正雅利安人的特征。艺术是雅利安人血管里的外来的血滴,因为它来自于黑人。在黑人那里,想象是占统治地位、极度旺盛、精力充沛的力量。这儿是艺术的真正起源,它是黑色人种一种遗传的特征。对戈比

---

① 《论人类种族的不平等》,第五卷,第七章,第二节,第249页以后。
② 《论人类种族的不平等》,第五卷,第七章,第二节,第249页以后。

尼的读者来说，这种发现确实令人极为震惊。他不是曾怀着极大的蔑视和憎恶提到过黑人吗？他不是曾说过，黑人的身体结构在猿猴之下、他们的粗野本能比食肉兽更坏、他们和来自地狱的恶鬼在道德上处于同等水平吗？这些畜生现在应被看作第一批艺术家，其他的种族都作为他们的继承人而受惠于他们，这实际上是一个极大的矛盾，但戈比尼并不回避这种矛盾。

高贵种族的人一旦意识到这种起源，必须警惕地反对这种危险的遗传。他不应该无所顾忌地接受它，不应该倾服于它的魅力。艺术总是那美妙的塞壬，① 它试图诱惑和哄骗我们，使我们最好的理智和道德天赋昏睡过去。我们可以听它歌唱，但聪明的人将会像奥德修那样行动，采取预防措施防止被塞壬俘获。戈比尼本人对他自己的艺术本能也总是有一定程度的不信任，他怀着一种内疚来看待它们。这些艺术本能不配进入他的真正雅利安人的想象。雅利安人是不能和艺术缔结合法婚姻的，因为对他来说，艺术总是他美妙的诱奸者或妓女，而不是他的夫人。

然而，这里还剩下最后一个问题。是否起码有一条联结不同种族的主观纽带呢？戈比尼宣布，按照不可抗拒的自然规律，低等人种被判定要永远"匍匐在他们主人的脚下"。但是，这些主人们本身不应该对这种悲惨的状况有一定的理解吗？戈比尼或许没有绝对地否定这种义务。他确实总是极为傲慢地谈论这个问题，但作为一个天生的贵族，他对"应当的尊贵"（noblesse oblige）知道得非常清楚。他否定一切"人道主义的"理想，但在这一点上，他不是太有自信心。他的行动和他的原则并不总是严格地相符合。我们在一封标明是写给著名的希伯莱学者阿道尔夫·弗朗克（Adolf Frank）的信中，发现了这种紧张状况的有特色

---

① 希腊神话中半人半鸟的海妖，常以美妙歌声诱惑经过的海员而使航船触礁毁灭。——译者注

第十六章 从英雄崇拜到种族崇拜

的证据。他讲道,他在巴黎逗留期间,曾多次保护德黑兰的犹太人免遭不正义、镇压和起诉。① 因此,我们不能指责戈比尼缺乏人的同情心与豪侠或慈悲精神。他绝不是没有落入形形色色"人道"理想的窠臼中的危险,但他的理论本身使他处于无法选择的境地,不得不泯灭他的个人感情,这些个人感情在他的一般命题的发展中是没有地位的。

在这一点上,把戈比尼和卡莱尔作一比较也是极有教益的。乍一看去,他们的政治倾向似乎是极为相似的。他们都是十八世纪的政治理想——自由、平等、博爱的不共戴天的敌人。卡莱尔看到,要摆脱这些理想的破坏性影响,再没有其他的方法能比得上回到英雄崇拜了。他宣称,英雄崇拜是唯一能从衰败、毁灭和完全的混乱中解救出我们的东西。然而,卡莱尔的英雄崇拜和戈比尼的种族崇拜之间有着一个基本的差别,那就是前者试图去联系和统一,后者则努力去区分和分离。卡莱尔所有的英雄,都说着相同的语言,为着相同的事业,他们都是"神圣启示书的鼓舞人心的言行经文,书里的每个章节是由世世代代相继完成的,由此就被某些人称作历史"。从根本上说,像他那样出入自然之手的伟大人物一向是同类的东西。卡莱尔说,"我希望说清楚,这些人本源上都是一种材料。"但对戈比尼来说,这样一种等同是不能设想的。把北欧日耳曼的奥丁和闪米特的穆罕默德说成仿佛属于同一个人类家族,在他看来是渎神的行为。说一种普遍的公正,对所有的人都相同,这比一种错误还要甚之,它是一种不可饶恕的罪恶。卡莱尔大声疾呼:"正义,正义,由于种种原因我们达不到正义,于是到处都有苦难降临于我们!……世界只需一种东西,但却是一种不可缺少的东西。正义,

---

① 参看康布利斯(A. Combris)《戈比尼伯爵的人种哲学》(*La philoso phie des races du comte de Gobineau*),巴黎,一九三七年,第232页。

正义,以上帝的名义,给我们正义我们就活;给我们正义的假冒物或代用品我们就死!"①

卡莱尔的社会哲学充满了这种个人的情感。然而,他决不是一个社会学家,而是英国的托利党人,他从早期的青年时代就惯于把穷人的事业看作他自己的事业。我们记得《修补的裁缝》里的场景:托义弗尔斯德罗克(Teufelsdröckh)教授坐在他的咖啡室里,突然站起来,举起他大酒杯,提议"以上帝和托义弗尔斯的名义为穷人的事"而干杯。②但戈比尼却是用一种颇为不同的腔调谈论穷人。他衷心赞同旧的德国体制,在这种体制里,只有富人和贵人才能享有英烈祠的荣誉。③贫穷是可鄙的。雅利安的德国人构想出一个关于他自身和他在世界中的作用的非常偏激的观念,因为按理说他是一个封建主和地主,世界的一个部分的拥有者。④那些不能够索取这样一种出身和遗传称号的人,永远只是流浪者。这就是雅利安的教士所介绍的旧的种姓制度最重要的部分。⑤

显而易见,戈比尼的理论包括了文明生活的整个领域,并且达到了它的目的。新的宗教——种族崇拜已被牢固地建立起来,并不再害怕任何敌手了。基督教软弱无能,不起作用,佛教是一种道德的堕落,爱国主义是天国的怪物,法律和正义只是一种抽象的概念,艺术是一个诱奸者和妓女,对被压迫者的同情、对穷人的可怜是感情用事的错误观念——这个单子是完整的,它是新原则的胜利。

在这种系统的破坏工作之后留下了什么呢?对戈比尼自己来说,什

---

① 《现代小册子》,第二期,"模范监狱",申特纳维编辑,XX,第68页。
② 《修补的裁缝》,第一卷,第三章,第一节,第11页。
③ 同上书,第238页。
④ 《论人类种族的不平等》,第六卷,第三章,第二节,第372页。
⑤ 《论人类种族的不平等》,第三卷,第一章,第一节,第388页。

第十六章 从英雄崇拜到种族崇拜

么东西保留下来了呢？他能向他的追随者和信仰者许诺些什么呢？在戈比尼的最后著作里，我们找到了对于第一个问题的答案。一八七九年，他出版了他的《奥他·嘉尔——挪威海盗，诺曼底沿岸国家的征服者的历史及其后代》。① 这本书大概是整个文学史中最奇特的一本书。在这本书中，戈比尼不再关心人类文明的历史，他的兴趣转移了。他所希望知道的一切是**他自己**的血统和他家族的血统。他相信自己据有确凿的证据能证明他的家族是从奥他·嘉尔（Ottar Jaar）那里传下来的。奥他·嘉尔是一个著名的挪威海盗，在此书里我们发现了一个多么狭隘的头脑的关于人类生活和人类历史的观点啊！如果在这本书出版的时候，戈比尼还不是一个著名的作者，即《论人类种族的不平等》和《文艺复兴》的作者，那么，没有人会注重这本书的。他总是带着过度而节制的贵族高傲来说话，但这时他的高傲已变得荒谬可笑，近似于妄自尊大。通史哲学家已变成为写他自己家族史的哲学家。他不是研究文化的系谱，而是全神贯注于他自己的系谱。如此伟大的一项事业竟是一件可悲的事情：开始，戈比尼曾向我们做过伟大的许诺，要使历史成为一门精确的科学，要把我们从一切主观的幻象和对历史过程的先入之见中解放出来；② 但在他终结文学生涯的时候，这种见识已经衰减了，他的感情和思想固定在一个点上——他自己的家系："源出大山，生出小鼠。"（Parturiunt montes, nascelurr idiculus mus.）

所有这些，向我们显示了戈比尼思想的一般特征。他个人生活的穷困和他精神视野的狭窄，在一定意义上，是他理论的必然结果。他的卓越的发现和雅利安种族的无与伦比的价值使他充满了极大的热情。如果他谈到这个种族在人类历史上第一次出现的时刻，他几乎找不到有足够

---

① 巴黎，一八七九年出版。
② 《论人类种族的不平等》，"总的结论"，第二节，第 548 页。

力量的语词来描述其伟大。这不仅是地球上的一个重要时刻，而且是宇宙的重要时刻；不仅对人是一个奇观，而且对神和天国也是一个奇观。① 这看来是关于人类历史的一种欣喜若狂的观点，一个充满最大的期望和前程似锦的开端。如果最高贵、最聪明、精力最饱满的人种即雅利安家族，是伟大历史剧中的真正的演员；那么，我们对人类文明进程的任何无限希望还不能抱有呢！因此，戈比尼的著作是从一种陶醉，一种种族崇拜和自我崇拜的陶醉开始的。

但这种最初的情感被一种深刻的醒悟取代了。靠一种逆转的辩证法，最初的乐观主义观点突然转为深沉的、不可救药的悲观主义。高等的种族，在完成他们的历史任务中，必然不可避免地毁掉他们自身。没有与世界的紧密联系，他们不能统治和组织世界。但对他们来说联系是一件危险的事情，是持久永恒的感染源，这对高等种族来说是一场灾难性的后果。种族之间的合作意味着同居，同居意味着血统混合，血统混合意味着衰退和堕落。终归是一种完结的开始。随着种族纯洁性的消失，高等种族的力量和它的组织能力也都消失了。高等种族成了自己作品的牺牲品，成了他们奴隶的奴隶。

在书的结尾，戈比尼从这个理论的原则中得出一般结论。在他的想象里，他幻想出生活在地球上最后一批人的想象。在这个时候，高贵种族已完全堕落，一切种族的区别都被消除。人类历史中有生气的原则将不存在了，人民确是和平地生活在一起，他们之间没有争夺；但在另一方面，他们会没有任何干劲，没有任何事业心，没有任何权力和征服的意志。我们现代煽动家的平等理想将被实现。但是，人类生活将失去使它存活下去的一切价值。人们将生活在像羊群或牛群那样的幸福国家

---

① 《论人类种族的不平等》，第三卷，第一章，第一节，第374页以后。

第十六章　从英雄崇拜到种族崇拜

里。在这种满足的嗜睡阶段之后,接着而来的是昏迷麻木阶段,最后,到了完全死气沉沉的阶段。戈比尼甚至要去估量这些不同阶段的长度。他的判定是:强壮阶段,真实生活阶段,很久以前就逐渐消失了;我们现在生活于一种衰老枯竭的状态里,人类种族或许能在其可怜而悲惨的存在中拖宕几百年;但它的命运是不可知的,它的死亡是不可避免的。

这就是戈比尼理论的最后的结论,实际上,这也是他的整个著作的精华。在该书开头的话里,他就预兆了这种结局。对戈比尼来说,种族崇拜是崇拜的最高形式,是对最高神的崇拜。但这个神决不是无敌的、不死的,恰恰相反,他是极其脆弱的。甚至在最得意的时刻,戈比尼也从未忘记即将到来的命运:"诸神的黄昏"、"神必有一死"(Les dieux s'en vont)。

> 文明的衰落是最引人注目的,但同时它又是一切历史现象中最朦胧不清的。它是使灵魂胆战心惊的大灾难,它总是隐藏着一些如此神秘、如此久远的东西,而这些东西,思想家却从未去担忧地注意过它们,研究和探索过它们的奥秘……我们被迫断言,任何一种人的群体,不管它生来就获得的保护它的社会关系的网络是如何精巧,然而在其生命的成分里,都隐藏着不可避免的死亡种子。可是,这个种子,这个死的原则是什么呢?是和它的结局一样吗?一切文明都要毁于这同样的原因吗?①

现在,结论摆在我们面前,这个结论不仅是深沉的悲观主义,而且

---

① 《论人类种族的不平等》,第一卷,第一章,第一节,第 1 页以后;英译本,第 1 页以后。

也是一种彻底的否定论和虚无主义。戈比尼清除了人的一切价值。他决定向人们提供一个新神——种族的莫洛克神（Moloch）。① 但这是一个垂死的神，它的死亡决定人类历史和人类文明的命运，它把它们拖进自己的毁灭之中。

---

① 莫洛克神是古代腓尼基人所信奉的火神，以儿童作为献祭品。——译者注

第十七章 黑格尔

黑格尔哲学对现代政治思想发展的影响

没有任何一种哲学体系能像黑格尔的形而上学那样,对政治生活起着如此强烈而持久的影响。在他之前所有伟大的哲学家都已提出过国家的理论,这些理论规定了政治思想的一般过程,但它们在政治生活中扮演的却只是一个非常谦恭的角色。它们属于"观念"或"理想"的世界,而不属于"现实的"政治世界。哲学家们常常抱怨这种事实,康德曾写过专文试图驳斥"在理论上是正确的,但并不能应用于实际生活"这个口号。不过,这一切努力都徒劳无益,因为在政治思想和生活之间存在着一条不可逾越的鸿沟。人们对政治学说进行热烈的讨论,既有攻讦又有捍卫;既有证明又有反驳。但所有这一切,对于政治生活的斗争,如果有什么影响的话,那也是微不足道的。

在考察黑格尔哲学的时候，我们所遇到的情形就迥然不同了。他的逻辑学和形而上学首先被看作是他的体系的最坚固的堡垒，然而恰恰在这方面，他的体系易于受到最为猛烈、最为致命的攻击。在一阵短暂的攻击之后，这些攻击似乎已经奏效。然而，黑格尔主义不是在逻辑思想或形而上学思想领域，而是在政治思想领域获得了再生。几乎没有任何一种伟大的政治体系能抵御得住它的影响。现代所有的政治意识形态都向我们表明，黑格尔在法哲学和历史哲学里第一次介绍和捍卫的原则的力量和它的持久性和永恒性。

然而，这仅仅是一种皮洛士的胜利。① 黑格尔主义也不得不因为它的胜利而受到惩罚。它极大地扩展了活动范围，但它的整体性和内在和谐却丧失了，它不再是一个清晰、齐一、首尾一贯的政治思想体系了。不同的学派和党派都求助于黑格尔的权威，然而，他们对黑格尔的基本原则所作的解释同时又是截然不同并水火不相容的，这些原则已经变成了一个哲学家的散乱的遗物。我们可以把席勒在《华伦斯坦》的序里所说的话用之于黑格尔的政治理论：他"被党派的恨和爱搞得混乱不堪，他在历史中的肖像被不断变换"。法西斯主义和国家社会主义已把黑格尔的体系分解、切割得支离破碎了，他们为了争夺残余的掠夺物互相吵闹不休。这已不再是一种纯粹理论上的争辩，而有着巨大的政治目的和意义。

黑格尔的注释者们从一开始就分为两个阵营，其"右翼"和"左翼"不停地互相攻讦。只要这种讨论还是一种纯粹的哲学学派间的争斗，比较而言还是无害的。然而，在最近的几十年里，形势已经完全变

---

① 古希腊国王皮洛士（Pyrrhus）在公元前279年以极大牺牲打败罗马军队，皮洛士的胜利是付出极大代价才得到的胜利。——译者注

第十七章 黑格尔

了。现在最紧迫的问题之争和以前的争论已颇为不同了，它变成了一场殊死的搏斗。最近，一个历史学家提出这样的问题：一九四三年，苏联人与入侵的德国人的战争，在本质上是不是黑格尔学派的左翼和右翼之间的冲突？①

对于黑格尔哲学的研究来说，我们不能按照研究其他思想家的同样方式进行。我们可以指望单靠简单地描述这些哲学家的主要**结果**，就能对柏拉图的知识论、亚里士多德的自然哲学或康德的伦理学的特征，达到某种认识深度。然而，在研讨黑格尔体系中，这样一种描述却是完全不充分的。黑格尔在他《精神现象学》的序言里问道：

> 试问在什么地方一本哲学著作的内在含义，可以比在该著作的目的和结果里表达得更清楚呢？试问用什么办法可以比就其与当代其他同类创作间的差别来认识该著作还更确切些呢？但是，如果这样的行动不被认为仅仅是认识的开始，如果它被视为就是实际的认识，那它事实上就成了躲避事情自身的一种巧计……因为事情并不能穷尽它的目的；……现实的整体也不仅仅是结果，而是结果连同其产生的过程；……而赤裸裸的结果则是丢开了倾向的那具死尸。……像这样的行动，不是在掌握事情，而永远是脱离事情。……对那具有坚实内容的东西最容易的工作是进行评判。比较困难的是对它进行理解，而最困难的，则是结合两者，作出对它的陈述。②

---

① 参看哈约·霍尔博恩（Haio Holborn）的《历史科学》，载约瑟夫·R. 斯特雷耶编辑的《历史的解释》，普林斯顿大学出版社，一九四三年，第62页。
② 黑格尔《精神现象学》，第一卷，J. B. 贝利英译两卷本，伦敦，纽约，一九一〇年，第二版，第3页以后。（转引自贺麟、王玖兴中译本，商务印书馆一九七九年版，第一卷，第2—3页。——译者注）

这种困难也说明了为什么对黑格尔哲学有着纷纭而歧异的解释。如果我们单单抽出一个特殊的特征，那么就不仅很容易，而且甚至必然能看到其对立面。黑格尔对这些矛盾并不惧怕，正是在这些矛盾中他看到了思辨思想和哲学真理的生命。他一次又一次地向著名的同一律和不矛盾律挑战。他认为，这种定律并不是不真，而在于它只是形式的和抽象的定律，因而只是浅薄的定律。我们在现实中看到的总是一种对立统一。

甚至在黑格尔的政治思想中，每个命题也都有一个反命题跟随其后。因此，不可能用一个特定的词语来给这个政治体系下定义。他总是宣称他是一个自由的思想家。

> 正如物质的实体是重力或地心的吸引力一样，所以，我们可以说，精神的实体、本质就是自由。任何人都会欣然赞同这样的话，即精神除赋有其他的属性以外，也赋有自由。但哲学教导人们说，精神的一切属性都通过自由而存在……自由是精神唯一的真理，乃是思辨哲学的一种结论。①

黑格尔的反对者确信，这与其说是对黑格尔学说的真实描述，毋宁说是一幅漫画。哲学家弗里斯（Fries）宣称，黑格尔的国家理论"不是长在科学的花园里，而是长在奴性的粪堆里"。所有的德国自由主义者都有同感。他们在黑格尔的体系中看到的是最为坚固的反动政治堡垒。在他们看来，黑格尔是一切民主思想最危险的敌人。鲁道夫·海姆

---

① 黑格尔《历史哲学讲演录》，J. 西布瑞英译本，伦敦，一八五七年版，第 18 页。（转引自王造时中译本《历史哲学》，三联书店一九五六年版，第 55 页。——译者注）

在他的著作《黑格尔及其时代》里说:

> 据我所见,霍布斯或菲尔默,哈勒或施塔尔所说的一切,与黑格尔《法哲学》序言里关于现实的合理性的著名论述相比较,相对说来都是头脑开放的。与把现实存在列入合理的可怕学说相比,神的自由恩赐理论和绝对服从的理论就是无可责备和抱怨的。①

但在这里,我们不得不正视一个极大的问题。一个把"现实存在"列为合理的哲学体系怎么会变成现代政治思想中的一个伟大的**革命**力量呢?为什么在黑格尔死后,他的学说突然被从各种完全不同的角度来看待,而且被以完全不同的方式来运用呢?普鲁士的官方哲学家怎么成了马克思和列宁的导师和他们的"辩证唯物主义"学说的拥护者呢?对于这种发展,黑格尔本人是没有责任的。他肯定会拒斥从他政治理论的前提中所得出的大多数结论。就他的品性和个人气质而言,他反对一切激进的结论,是保卫传统势力的保守派。对他来说,风尚是政治生活中的基本因素。在他的早期著作里,黑格尔对希腊城邦和罗马共和国作了描述,在描述里赞颂了这种理想。他一直维护和捍卫同样的观点。他不承认任何伦理秩序会比风尚显现得更高。②

这里,我们抓住了黑格尔的唯心主义和柏拉图的唯心主义之间的基本差别。柏拉图是作为苏格拉底的学生在讲话,他求助于苏格拉底对个人责任的要求,认为风尚和习惯是无效的。在传统和常规里,我们不能

---

① 海姆(R. Haym)《黑格尔及其时代》,柏林,一八五七年,第367页。参见雷伯恩(Hugh A. Reyburn)的《黑格尔的伦理学》、《法哲学研究》,牛津,一九二一年,第63页。
② 黑格尔《法哲学》第一五一节。(转引自范扬、张企泰中译本,商务印书馆一九六一年版,第170页。——译者注)

发现政治生活的真正原则。这些原则不是基于"适当的意见",而是基于知识,知识是为苏格拉底所发现的合理性和道德意识的新形式。对黑格尔来说,"理性"不具有柏拉图的形式。

> 事实上,自我意识理性的实现这个概念……只有在一个民族的生活里才能找得到它完成了的实在。理性乃是作为流动的普遍的实体……它同时分散为许多完全独立的存在……它们意识到,它们所以是这些个别的独立的存在,是由于它们牺牲了它们的个别性,而以这个普遍的实体为它的灵魂和本质。①

因此,保守主义是黑格尔道德理论的一个最突出的特征,但不是全部的特征,我们不应该把这个仅仅是特殊的、片面的特征错误地看作整体。在黑格尔的政治理论和历史哲学里,我们看到两种对立倾向的一种奇怪的混合。黑格尔试图包罗整个历史领域,论及东方文化(中国、印度),也谈到西方文化(希腊、罗马和德国)。他在体系里所要显示的不是特殊民族的精神,而是普遍的精神——世界精神。"各种具体理念,即各种民族精神,在绝对的普遍性这一具体理念中,即在世界精神中,具有它的真理和规定;它们侍立在世界精神王座的周围,作为它现实化的执行者和它庄严的见证和饰物而出现。作为世界精神,它不外是它的积极运动,以求绝对知道自己,从而使它的自我意识从自然直接性的形式中解放出来,而达到它自己本身。"②

不过,黑格尔的政治体系和实践政治不能胜任这个包罗一切的任务。他自己也一直强调,哲学家不能避免他的当前世界的局限。而且,

---

① 参阅《精神现象学》(中译本),上卷,第 233—234 页。——译者注
② 参阅《法哲学》(中译本),第三五二节,第 356 页。——译者注

第十七章 黑格尔

黑格尔的"当前世界"也是颇为狭小的,它被束缚于德国和普鲁士。黑格尔起初是德国爱国者,他深为关切他的时代和他自己国家的问题。他在一八〇一年写的第一本政治小册子里,探讨了德国的宪法。他宣称,德国的政治生活正临近一场危机,它已失去了它的力量和一切尊严。后来在解放战争以后,他确信德国政治生活的危机已得到了解决。由于普鲁士在解决这次危机中起着领导作用,黑格尔的全部思想和希望从此以后也就集中于普鲁士国家上。当探讨这些实际的政治问题时,黑格尔愈来愈限制他的哲学普遍性,他不仅从普遍性转变为民族主义,而且转变为特殊党派论和地方主义。在《法哲学》的序言里,他甚至发泄他个人的情感、憎厌和癖性。

在这方面,黑格尔体系的形式大大地优越于它的直接内容。在黑格尔死后和他的形而上学被打破以后很久,这种体系的形式仍然在发挥着影响。它成为十九世纪政治思想发展中的一个爆炸性的力量。从此以后,它不再受制于所有那些影响黑格尔政治理论的个人和时代的条件。这种体系的形式也经常反对黑格尔本人。它同黑格尔最坚决最喜爱的一些政治信念相矛盾,并破坏这些政治信念。这种过程与辩证法的一般特征的确是完全一致的。思想就像雅努斯神①的雕像一样,总是显露这样一副双重面孔,它既往前看也往后看。在辩证的过程里,每一个新的步骤都包含着和保存着以前所有的步骤,不会有任何连续性突然改变和中断。但另一方面,这种保存的行动又必然是扬弃的活动。任何通过辩证过程而得以存在的东西,都只有作为"扬弃的因素"才有其真理和价值。它作为构成整体所必要的成分被保存下来,它的孤立的实在被扬弃了。一切有限的存在都不得不灭亡,以让位给新的更为完善的形态。

---

① 雅努斯(Janus)是罗马神话中守护门户的两面神。——译者注

不过，这样一种观念与任何"现实存在的合理化"是不相一致的。黑格尔在其晚期阶段，越来越受到诱惑，反对他自己体系中的这种精神。他在写于一八〇二年的《对待自然权利的科学方式》里已强调这种对立的态度。在这篇文章里，他把世界历史描述为道德生活的伟大喜剧，"绝对观念"在这个喜剧中进行永恒的自我表演。绝对精神的命运是不断地使自身降生于客观性中，遭受苦难和死亡，再从其灰烬里升起新的荣耀。神性的东西在其形态和客观性中有一种双重的本质，它的生活就是这两种本质的绝对统一。① 显而易见，这不是保守主义或传统主义，而是与之极为对立的。

如果我们要理解黑格尔政治理论的真实特征，我们必须把问题投射到一个更大的平面上。仅研究他本人对具体政治问题的意见是不够的，因为这些意见只是一种个人的兴趣而不是哲学的兴趣。"意见是我的"，黑格尔在他的一句著名的双关语里这样说道。但关键的不是这一政治信条，而只是由他的体系所导引的新政治思想的**方向**。这与其说是黑格尔所给出的特定回答（这种回答被证明至关重要并且永远重要），不如说是新的**提问**方式。但为了澄清这一点，并且完全公正地看待黑格尔的政治思想，我们必须扩大我们的眼界。我们必须回到黑格尔哲学的第一原理上来。

黑格尔政治理论的形而上学背景

宗教问题和历史问题是黑格尔学说的两个中心问题，这两个问题从一开始就是他的哲学思想最重大而又最关切的问题。我们在对黑格尔的

---

① 黑格尔《政治和法哲学著作》（*Schriften zur Politik und Rechtphilosophie*），拉松版全集，第七卷，莱比锡，弗里克斯·麦纳，一九一三年，第384页以后。

第十七章 黑格尔

早期著作进行研究时,很难在它们之间划出一条界限来。① 它们互相融合,形成一个不可分割的整体。我们可以用黑格尔以历史谈宗教和以宗教谈历史的说法来描绘黑格尔哲学的基本特征。

在这里,一个最为古老然而又最为困难的宗教问题,忽然呈现出一种新的形态。古代和现代的思想家已从各个角度探讨过辩神论②的问题。斯多葛派、新柏拉图主义和莱布尼茨曾用看得到的肉体恶和道德恶的存在对神圣的天意作了证明。启蒙运动阶段对这些神学结论大都作了驳斥。然而,这个问题仍然是一般哲学兴趣的中心点。它成为伏尔泰和卢梭之间争论的实质。现在,这场争论中所使用的一切论据都被黑格尔宣布为过时,我们不需要寻求"辩解",不需要对肉体恶和道德恶的合理性进行辩护。恶不纯粹是一个偶然的事实,倒不如说它是从基本的性质里,从实在的**定义**里产生出来的。把实在的肯定方面和否定方面分离开来是专断而肤浅的。

然而,辩神论这样的古老问题并没有被人们遗忘,相反,黑格尔确信他是第一个在真理之光中看到这个问题的人。按照他的看法,我们必须重新给这个问题下定义:我们必须在其宗教和神学的意义背后,发现一个更为深奥的哲学意义。这是他的历史哲学所要完成的任务。一般说来,历史是精神在时间中的发展,如同自然是观念在空间中的发展一样。

> 曾经有过一个时候,赞赏上帝的智慧成了时髦的风气,赞赏那在禽兽、植物和单独事变中显露的上帝的智慧。但是,神意既然表

---

① 黑格尔《早期神学著作》(*Theologische Jugendschriften*),H. 诺尔编辑,图宾根,莫尔,一九〇七年。
② 辩神论用恶的存在的观点来捍卫上帝的善和万能。——译者注

现在那些事物和形式之中，它怎么不会表现在世界的历史中呢？有人认为世界历史太重大了，不能和禽兽、植物相提并论。但是"神圣的智慧"就是"理性"，它们永属同一，没有大小之分；我们决不能想象上帝这样软弱，竟不能大规模地运用他的智慧……我们处理这个题目的方式，在这一点上，是一种辩神论（即上帝的辩护）的方式。莱布尼茨试图用他的方法，就是用不确定的抽象概念，进行形而上学的辩护，从而发现世界上的恶是可以被理解的，而且思维的精神也得同恶的存在事实相调和。事实上，这种调和的见解在世界历史上尤其有迫切的需要，但是只有认识到肯定的存在，而使否定成分附属和埋没在那里面，我们才能够获得这种调和的见解。①

黑格尔的反对者一直宣称这种历史的调和是一种纯粹的歪曲。他们在其中看到的只是一种浅薄的乐观主义。黑格尔哲学上的对手叔本华说，这种乐观主义不仅荒谬透顶，而且恶毒之极。然而，这是对黑格尔观点的一种明显的误解。黑格尔从不否认人类历史中所固有的邪恶、苦难、残酷和罪行，他也从不试图把这些恶由大化小或为之开脱。在这方面，他承认悲观主义的一切论据。他宣称，我们称之为幸福的东西，属于特殊目的的领域。"一个人假如发现他自己的环境适合他的特殊性格、意志和幻想，因此便能在这种环境里自得其乐。那么，他就是幸福的。世界历史不是幸福的园地。幸福的时期乃是历史上空白的一页，因为幸福时期是和谐时期，在这些时期中对峙是静止的。"② 没有这种对峙，

---

① 黑格尔《历史哲学》，参阅王造时中译本，三联书店，一九五六年版，第53—54页。——译者注
② 参阅黑格尔的《历史哲学》中译本，第65页。——译者注

第十七章 黑格尔

历史就变成了无生命的东西,就失去了它的意义和推动力,我们在人类历史中寻求和欣赏的东西,不是人的幸福,而是他的活动和活力。

因此,为黑格尔所承认的历史世界的和谐和以前所有的辩神论的企图都是完全不同的。它着重强调而不是消除或排除肉体恶和道德恶的事实。它并没有断言说,个体的这种意欲能在客观世界中得到满足。这种要求被它宣布为一种毫无用处的企图。因为现实并不顺从我们个人的意愿或者欲望。它是由一种更坚硬的材料做成的,它遵循着自身不可抗拒的规律。如果我们在现实世界中寻求实现我们自己的目的,那么,唯一的结果只是深深的失望。我们被引向了主观领域和客观领域的完全隔绝之中。但同样的隔绝,也出现在一种更为危险的形式里,出现在另一种思想倾向里。一切唯心主义学派,从柏拉图直到康德和费希特,都劝告我们逃避现实世界,以达到一种更为崇高的秩序。他们构设了一种与我们的经验世界严格对立的道德秩序。康德说,"在世界之中,一般地,甚至在世界之外,除了善良意志,不可能设想一个无条件善的东西"。①但是,这种"善良的"或"道德的"意志指的是什么呢?它不再是一种特殊的意志,而是一种普遍的意志,但它的普遍性仍然完全是抽象的。我们这里用来和现实世界、人类经验世界相对立的是一种形式上的道德要求。我们不是按世界本来怎样,而是应该怎样来看待世界。这似乎是一种高尚而伟大的概念。因为在这里我们不再关切我们个人的利益,而是随时准备把所有这些利益都供奉给义务的圣坛。但是,当把这种道德的利他主义应用于现实世界时,就和我们私人意愿的自我主义一样导致幻灭。世界的进程常常不可避免地阻挠我们的道德要求。我们的意识不能接受这种阻挠,但我们不是指责自己而是指责现实。这种与实

---

① 转引自苗力田中译本《道德形而上学原理》,第42页。——译者注

在的隔绝甚至导致人们去攻击并且毁坏事物的实际秩序。

黑格尔在《精神现象学》的著名章节"心的规律和自大狂"里，已对这种幻灭作了描述。显然，他这时正在思考着以最高的道德理想——自由、平等、博爱开始，而以恐怖的统治而告结束的法国大革命。"心的规律"被法国大革命宣布为最高的道德原则。但是，与这个原则相对，伫立着一个现实，一个狂烈的世界法令，这个法令与心的规律相矛盾，人类在这个强制性的世界法令之下受罪。那么，攻击这个现实就变成了首要的基本任务。"因而个体性不再像以前只追求个别快乐的那个形态那样轻浮粗率，而像一种高尚目的那样庄严诚挚，在展现它自己的高贵品质和创造人类福利中寻找它的快乐。……个体性于是就实施它的心的规律；心的规律变成了普遍的秩序。"但是，如果我们把这个规律强加于现实世界，如果我们试图实施我们的观点，那么，我们就遇到最强大最猛烈的抵抗。不废除事物的整个历史秩序，我们就不能战胜这种抵抗。这样，"心的规律"就不是一个建设的原则，一个确定和巩固真正的伦理秩序的原则，而成为一个起破坏作用的和毁灭的原则，法国大革命颂扬了这种毁灭。"直接的、未受教养的本质的实现，就被当作这种本质的高贵性的展示和人类福利的显露。""既然它宣示了它的自觉的毁灭这个环节……心的规律就表明它自身乃是它自己的这个内在的颠倒，乃是意识的疯狂；对于这种疯狂的意识，它的本质直接地成为非本质，它的现实直接地成为非现实。"①

黑格尔试图在他的历史哲学中实现的和谐是一种颇为不同的思想类型。他接受既定的事物秩序；他在这种秩序中看到了真正道德的本质。他不打算清除历史世界中的邪恶、苦难和罪行。所有这些都被他认为是

---

① 参阅《精神现象学》（中译本），上卷，第245—249页。——译者注

理所当然的。然而,他却承担了为这个冷漠残酷的现实辩护的任务。从思辨思想的观点看,现实不再表现为一种偶然的事实或一种不幸的必然。它不仅是"合理的",而且是理性的体现和现实化。但是,靠"理性"我们一定再也不能理解康德的"实践理性"了。它不是一种纯粹抽象和形式的原则,一个像康德的绝对命令那样的道德要求。理性就生活在历史世界之中,并且对历史世界进行组织。"哲学要我们养成这样的识见……就是知道所谓现实世界须如它应该的那样,所谓真正的善——普遍的神圣的理性,不是一个纯粹的抽象观念,而是一个强有力的、能够实现自身的原则……哲学希图发现那实体的宗旨,那神圣观念的实在方面,并且要替那被人极端侮蔑的现实作辩护。"①

但黑格尔怎么会说以前所有的哲学家都低估了理性"真正的力量"呢?他们中的多数,像柏拉图、亚里士多德、莱布尼茨和康德不就是坚决的理性主义者吗?他怎么会用不理解"神圣天道"的真意来指责伟大的宗教思想家圣·奥古斯丁、托马斯·阿奎那和帕斯卡尔呢?只要我们注意到黑格尔的宗教哲学和历史哲学的特殊趋向,那么这一切都是可以理解的。

哲学和宗教这两种成分的综合、关联和互相渗透,正是他的哲学的基本主题。他确信他是第一个在真理之光中看到了这种互相依赖的人。从柏拉图到康德的整个形而上学史,是以"感觉的"世界和"理智的"世界之间的根本区别为特征的。关于人类知识与这两个世界的关系,哲学家们是不一致的。柏拉图确信,真理和实在只能在纯粹理念的世界或形式中才能找到。在现象世界中,我们不能发现真理,我们在这里发现的只是变动不居的影子。但康德却持一种相反的意见。他把人类的知识

---

① 参阅《历史哲学》(中译本),第76页。——译者注

限定在经验世界的界限之内。支配他的全部唯心主义的基本原则是："凡是单从纯粹理智或纯粹理性得来的对事物的认识都不过是纯粹的假象，只有在经验之中才有真实性。"① 但那被普遍同意的东西，那对一切先前的哲学唯心主义形式来说是共同的东西，就是存在着一个把"感觉世界"（mundus sensibilis）与"理智世界"（mundus intelligibilis）分离开来的界限。这种二元论是形而上学思想的基础。

确实，有一些伟大的形而上学思想家，他们的体系通常被说成是"一元论的"。斯宾诺莎说神不是"外因"（causa transiens）而是"内因"（causa immanens）。神不是超出自然或在自然之外，神和自然是同一个东西。但即使在这里，形而上学思想的根本的二元论也决没有被克服，而仅仅是显现于一种新的形态之中。按照黑格尔的说法，我们在斯宾诺莎的神里所看到的，只是一个无生命的统一。这是一个不允许任何差异，不允许任何改变或变化的僵死的、抽象的"一"。在现世的秩序和永恒的秩序这两种不同的秩序之间，仍然存在着一个深渊、一条不可逾越的鸿沟。在斯宾诺莎的体系里，现世没有任何真正的实在。既然哲学思想探讨实在，那么，现世决不是适宜于哲学的主题。它只是"想象"的样式，而不是哲学思想或直观的样式。现世观念是一个"不充足的"观念。黑格尔在哲学史里说，把斯宾诺莎的体系说成是一个"无神论"的体系，是对斯宾诺莎体系的误解。我们在这里看到的是与之极为对立的东西。斯宾诺莎并不否定神的实在性，而是否定世界的实在性，我们应该把他叫做"无世界论者"，这比把他叫做"无神论者"要好。这就是说，自然的实在性在斯宾诺莎的思想里消失了。自然不再具有独立自主的意义，它被神的抽象的统一，即被斯宾诺莎理解为在自

---

① 参阅康德《导论》，庞景仁中译本，商务印书馆一九七八年版，第 173 页。——译者注

第十七章 黑格尔

身之内并通过自身而被认识的实体吸收了。现世是非本质的、非真实的,是不值得对它进行哲学思考的,因为这种思想的基本特征正是在永恒的形式下看待事物。

基督教哲学看来是同这种对现世的取消和废除根本对立的。基督教是以"化身"这一基本教义为基础的。但基督化身为人并不是一个形而上学的事情,而是一个历史的事情。它是一个现世中的事件;它形成了一个锋利的切口,创造了人类生活和人类命运的一个新开端。由此,现世不再被看作一种纯粹偶然的东西,而是被看作本质的东西。一切伟大的基督教思想家都不得不面对这个问题。圣·奥古斯丁接受了柏拉图的可感世界与超感世界、现象世界和本体世界间的区分。但同柏拉图和一切古代哲学家相矛盾的,是他不得不增加了一种新的特征。他不得不在他的《上帝之城》里引出一种历史哲学,他确定了永恒的秩序和现世的或世俗的秩序之间的关系。他把"尘世的权力"(civitas terrena)与"神圣的权力"(civitas divina)相对,把看得见的尘世之城与不可见的神圣之城相对。但即使在奥古斯丁那里,分离这两种秩序的鸿沟,仍然是不可逾越的。现世和永恒之间不可能存在任何的和谐一致。关于人类历史的价值,自圣·奥古斯丁时代以来的中世纪基督教思想家的二元论,都是用和柏拉图完全相同的方式进行判断。在其原则里,一切现实生活都是腐败的,只能由它的彻底毁灭才能够对它进行补救,这种彻底毁灭是伟大的历史过程和伟大的宗教过程的顶点。神圣秩序和现世秩序之间的脱离是基督教思想所不能消除的,它简直是不可避免无法克服的。哲学不得不接受这样一个事实:正如帕斯卡尔所强调的,基督教的上帝将一直是一切哲学家的绊脚石,这个上帝是哲学思想所不能看透的,是一个裹绕在神秘之中而被隐藏着的上帝。

黑格尔着手揭露这个神秘。他在历史哲学里所展示的是一个悖论,即一个"基督教的理性主义"和一个"基督教的乐观主义"。黑格尔确信，只有用这种态度，才能在积极意义上而不纯粹在消极意义上对基督教进行理解和解释。

上帝已经在基督教里启示了他自己，就是说，他已经使我们理解到他是什么；所以，他不再是一个隐藏的或神秘的存在。这就向我们提供了认识上帝的可能性，我们负有认识上帝的义务……终究有一天，人们会理解活动的理性的丰富产物，这产物就是世界历史。①

现在我们理解了：黑格尔所说的他在历史哲学里所要做的是为"受侮蔑的现实"作辩护之说的含义了。基督教思想家已经在他们所谓的自然王国和天赐王国之间作了明显的区分。甚至康德的政治体系也是从"自然王国"和"目的王国"之间的对立开始的。所有这些都受到了黑格尔的驳斥。黑格尔不同意这种对立。按照他的看法，真正思辨的历史观足以使我们相信，这种区分是人为造成的。在历史中，"现在"和"永恒"是两个彼此不能分离的因素，它们之间是互相渗透的。永恒不能超越现世，相反的，它要在现世中发现自己。现世不仅仅是变化的场景，它也包含着真正具有实质性的东西。"哲学的主题不是在有时间性的转瞬即逝的假象中，去认识内在的实体和现在事物中的永久的东西。"② 黑格尔不是像柏拉图那样到九重天上去寻求"理念"，他是在人的社会生活及其政治斗争的现实性中寻求理念。

---

① 参阅《历史哲学》（中译本），第53页。——译者注
② 参阅《法哲学》（中译本），第11页。——译者注

第十七章 黑格尔

因此，我们要研究的，只是"精神的理念"，而且在世界历史当中，我们把任何一切都完全看作"精神理念"的表现；同时当我们观察过去（不论过去的时期是多么久远），我们只须研究现在的东西就行了。因为哲学既然着重"真"的研究，所以只须研究永恒的现在的东西。在哲学上，过去的一切并没有在过去中消失，因为观念永远是现在。"精神"是不朽的，因此，它没有过去，没有将来，只有本质上的现在。①

黑格尔所有神学界的对手，一开始就指控黑格尔为泛神论。这种指控并非没有根据。但需加以解释和限定。如果"泛神论"是指一切东西都处于同等水平，没有任何存在或价值的本质区别，那么，不管是斯宾诺莎还是黑格尔，都不能被叫做泛神论者。在斯宾诺莎的体系里，实体和它的样式之间、永恒和瞬时之间、必然的东西和偶然的东西之间，有一种鲜明的、截然不同的区别。黑格尔也持同样的看法，他从没有把现实与经验的存在相等同。当从这种意义上来解释他的现实与合理的同一时，黑格尔把这种解释看作是对他的基本思想的完全曲解。

我们必须预先设定理智足以知道……就存在说来，一部分是现象，仅有一部分是现实。在日常生活中，任何幻想、错误、罪恶，以及一切坏东西、一切腐败幻灭的存在，尽管人们都随便把它们叫做现实，但是，甚至在平常的感觉里，也会觉得一个偶然的存在不配享受现实的美名。因为所谓偶然的存在，只有一个没有价值的、可能的存在，亦即可有可无的东西。但是当我提到现实时，我希望

---

① 参阅《历史哲学》（中译本），第 121 页。——译者注

批评者能够注意我用这个名词的意义。因为我曾经在一部系统的《逻辑学》里，详细讨论过现实的性质，我不仅把现实与偶然的事物加以区别，而且进而对于现实与定在、实存以及其他范畴，也准确地加以区别。①

当说到黑格尔的体系时，的确，我们必须时刻要注意这些逻辑上的区分。他明显地区分了他称作"现实"的东西和他称作"腐败存在"即虚妄不实、无价值的存在，② 这标志着他的"泛神论"的特殊形式。黑格尔不是斯宾诺莎主义者，他从不赞成把上帝和自然相等同。在黑格尔的体系里，自然没有任何独立的存在，自然不是绝对，而是理念的"他在"。

> 自然……不应该被加以神化，也不应该把太阳、月亮、动物、植物等等看作上帝的作品，并作为上帝的作品优先放在人类和事件之上。自然在理念中自在地是神圣的，它的存在并不符合于它的概念……所以自然曾经也被说成是理念背离其自身，因为理念作为这种外在性形态，处在不自相符合的状态中……它给偶然性和机遇以道路；理性是不能够在自然的所有的特殊限定里识透它的。③

理念的真正生命，神的真正生命，是在历史里开始的。在黑格尔哲学里，斯宾诺莎"神即自然"（Deus sive natura）的公式被变换成"神

---

① 参阅黑格尔的《小逻辑》，第六节，贺麟中译本，商务印书馆一九八〇年版，第44页。——译者注
② 《历史哲学》，英译本，第38页。
③ 参阅黑格尔的《自然哲学》，第二四八节，见梁志华、薛华、钱广华、沈真中译本，商务印书馆，一九八〇年版，第27页，——译者注

即历史"（Deus sive historia）的公式。

但这种神化的做法，不是运用于特殊的历史事件，而是用于作为整体的历史过程。"这种'理念'或'理性'是真实的、永恒的、绝对有力的东西；它已经把自己启示于世界，而且除了它和它的光荣以外，再也没有别的东西启示于世界。这便是前面所说的在哲学里亦已证明的，而这里又看作是已经被证明的假定。"① 甚至以前的哲学思想家或神学思想家，如圣·奥古斯丁、维柯或赫尔德，也已把历史说成是神性的启示。但在黑格尔的体系里，历史就不仅仅是上帝的启示，而且也是上帝的实在：上帝不仅"有"历史，而且他就是历史。

黑格尔的国家理论

国家的概念是从历史的概念里产生出来的。对黑格尔来说，国家不仅是历史生活的一个部分，一个特别的领域，而且是历史生活的本质和核心，是其整体。他认为在国家之外和在国家以前我们是不能对历史生活进行谈论的。

> 各民族在达到这个使命以前，也许已经没有国家而经过一个长时期的生活，在这个时期内，它们或许已经在若干方面获有某些方面的文化……但是那些显得如此广泛的大事变，是属于历史范围之外的……但是国家却要首先提出一种内容，这种内容不但适合于历史的散文，而且在它自己的生存的进展中产生这类历史。②

---

① 参阅《历史哲学》（中译本），第47—48页。——译者注
② 参阅《历史哲学》（中译本），第100—101页。——译者注

第三编 二十世纪的神话

如果现实必须用历史的术语来定义而不能用自然的术语来定义，如果国家是历史的前提条件，那就可得出这样的结论，即我们必定在国家之中看到最高的、最完善的实在。在黑格尔以前，从没有任何政治理论提出过这种看法。对黑格尔来说，国家不仅是"世界精神"的代表，而且是"世界精神"的化身。圣·奥古斯丁把"尘世的权力"（civitas terrena）看作是"神圣的权力"（civitas divina）的畸形怪变，而黑格尔却在这种"尘世的权力"中看到"存在于地上的神圣理念"。这是一种完全新式的绝对主义。

为了使其观点获得贯彻，黑格尔不得不清除以前的政治理论所造成的障碍。早在一八〇二年，他在《对待自然权利的科学方式》的论文里，就开始反对国家的自然权利理论的斗争，在他以后的所有著作里都继续了这种斗争。直到十九世纪初，国家起源于一种契约一直是流行的观点。这样一种契约受一定条件的约束，受法律或道德限制的约束，这似乎是一个既定的结论。为了避免这个困难，黑格尔不得不迈出非常大胆的一步。他不得不改变多少世纪以来一直流行着的"道德"观念。他宣布，这种观念仅仅是一种"主观的"概念，是不能自称为客观有效的。

"道德"，在以前的伦理学体系中，如在康德或费希特的体系里那样，自命为一种普遍的法则。康德说，"只有一个绝对命令，就是说仅仅按照一个你愿它成为普遍法则的准则去行动。"但这个绝对命令只是给了我们一个抽象的、形式的法则，一个束缚个人意志却完全无力反对现实事物的法则。在康德的体系里，道德世界、目的王国，是同自然界、因果界相对的。我们可以"悬设"（postulate）这两个世界的统一，但我们绝不能"证明"（prove）它，这是一种徒然的欲望。"若要行善，必定否定世界"（Fiat iustitia, pereal, mundes）便是这种道德的准则。在尽其义务的时候,个人必须否定世界并且毁灭自己。因为他的道德本质是和他的肉体本质不相容的,他的义务和他的幸福处于永恒的冲突之中。

> 道德意识把义务当作是本质的现实……但同时,这道德意识也假定着自然的自由。换句话说,它从经验中知道,自然对于它之意识到它的现实与自然的现实的统一性与否是漠不关心的,并且知道,自然也许让它幸福也许不让它幸福。……因此,道德意识具有充分理由来抱怨它本身与特定存在之间的这种不相对应和不公正的情况。在这种不公正的情况下,道德意识只可具有它作为纯粹义务的对象,却不得看到它的对象和它实现了的自我或自身。①

黑格尔辩神论的一个主要目的是要扫除这类无用的悲哀。在他看来,这类悲哀产生于对道德的现实是什么和指什么的一种深深的误解。在一种纯形式的法则里,我们不能找到真正的道德秩序或道德"内容"。它是在一种更高的意义里,在实际的和具体的现实里,在国家的生活中被表达的。黑格尔在他第一次介绍道德和伦理间的明显差别的著作《伦理体系》里说:"国家是自我肯定的绝对精神,它不承认任何善和恶、可耻和卑鄙、诡计和欺骗的抽象规则。"②

在某种意义上,这是价值的一种完全的变换,是以前一切标准的一种改变。按照这种重新评价,国家就不再有任何道德义务了。道德适用

---

① 参阅《精神现象学》(中译本),下卷,第126页。——译者注
② 英语翻译中试图用各种不同的方式来表达这种差别。通常 Moralität 译为"道德(性)", Sittlichkeit 译为"伦理(性)"。例如,可参看斯特雷特(J. M. Sterrett)的《黑格尔的伦理学》,第60页。

于个人的意志,不适用于国家的普遍意志。如果对国家有任何义务的话,那就是保存自己的义务。黑格尔在他论德国宪法的论文里这样说:

> 这是一个普遍认可的著名原则,国家的特殊利益是最重要的考虑。国家是在地上的精神,这种精神在世界上有意识地使自身成为实在,至于在自然界中,精神只是作为它的别物,作为蛰伏精神而获得实现……神自身在地上行进,这就是国家……在谈到国家的理念时,不应注意到特殊国家或特殊制度,而应该考虑理念,这种现实的神本身。①

在这方面,黑格尔的学说不仅和一切先前的自然权利理论明显对立,而且也和浪漫主义的国家理论明显对立。确实,黑格尔极大地受惠于浪漫主义,他接受了浪漫主义的一些基本观念。他的一般历史观和"民族"精神的观念,很明显地是受了赫尔德和早期浪漫主义作家的影响。但他的政治是建立在完全不同的原则基础上的,他的思想和浪漫主义思想的结合是一个否定的结合,他驳斥了"机械论"的理论,按照这种理论,国家只是个人意志的聚集,是被社会契约或服从的契约之法律约束弄到一起的个人意志的聚集。像浪漫主义的政治著作家那样,黑格尔坚持国家有一种"有机的"统一。在这样一个有机体中,按照亚里士多德的定义,整体先于部分。但关于这个有机整体的本质,黑格尔的观点几乎与所有的浪漫主义作家的观念都是相背的。"有机统一"这个术语,他的用法和真正的浪漫主义哲学家谢林的用法不同。黑格尔的统一是辩证的统一,是对立的统一。它不仅允许而且甚至需要一种最强

---

① 《法哲学》(中译本),第258节,第258—259页。——译者注

烈的张力和对抗。从这个观点出发，黑格尔不得不对谢林或诺瓦里斯的美学理想进行驳斥。诺瓦里斯把国家说成是一个"美的个体"。在其《基督教或欧洲》的论文里，他梦想着一切基督教国家在一种普遍的、真正的天主教会的引导和权威之下的统一。① 这种政治理想和宗教和平不是黑格尔的理想。按照他的看法，必须把他称作"否定物的严肃、痛苦、容忍和劳作"的东西引入政治思想。②

政治生活的否定作用体现在战争情况里，废除和消灭战争将是对政治生活的致命打击。认为国家之间的冲突能用法律的手段（国际法庭的仲裁）来解决是一种纯粹乌托邦的看法。国家之间没有执法官，康德的永久和平的思想，是由一个国际联盟借助于每一个国家所公认的权力来消弭争端和调停不和，是以国家之间的全体一致性为先决条件的，而这种一致性总是要依赖于特殊而独立的意愿，因而也是极为靠不住的。③"由于各国都是以作为特殊意志的独立主体相互对待，又由于整体的特殊意志完全以它自身的福利为内容，所以福利是国家在对别国关系中的最高法律。"④

黑格尔早在年轻时期，就对一切"人道主义"的观念进行了批驳。他宣称"人类的普遍的爱"不过是一种"毫无吸引力的发明"。这样一种没有真实、具体对象的爱是浅薄的，不自然的。⑤ 承认现实中政治生活的一切固有缺陷要比着迷于这样意义模糊的笼统概括为好。

根据某些原则，每个国家都可被指出是不好的，都可被找到有

---

① 参阅《法哲学》（中译本），第185页，注13。——译者注
② 《精神现象学》导言，中译本上卷，第11页。——译者注
③ 《法哲学》，第三三三节，戴德英译本，第338页。
④ 《法哲学》，第三三六节，中译本，第349页。——译者注
⑤ 黑格尔《早期神学著作》，第295、323页。

这种或那种缺陷，但是国家尤其是现代发达的国家，在自身中总含有它存在的本质环节。但是因为找岔子要比理解肯定的东西容易，所以人们往往陷入错误，只注意国家的个别方面，而忘掉国家本身的内在机体。国家不是艺术品；它立足于地上，从而立足在任性、偶然事件和错误等的领域中，恶劣的行为可以在许多方面破损国家的形象。但是最丑恶的人，如罪犯、病人、残疾者，毕竟是个活人。尽管有缺陷，肯定的东西即生命依然绵延着。这个肯定的东西就是这里所要谈的东西。①

和诺瓦尼斯不同，黑格尔对国家的美不感兴趣，他感兴趣的是国家的"真"。按照他的看法，这个真不是一个道德的真，而毋宁说是"权力中的真"。"人是那么的傻以至于忘记……意识的解放和政治的自由就在他们的热情中，真理就在权力之中"。这些写于一八〇一年（距今约一百五十年前）的话，包含着最清晰、最无情的法西斯主义的纲领，所有的政治著作家和哲学著作家都曾提出了这一点。

同一个原则不仅适用于民族和国家的行动，而且也适用于那些决定政治世界的进程并且是历史的真正创造者的特殊人物。他们也被免除了一切道德上的要求。用我们传统的标准来衡量，他们的行为是荒谬可笑的。在黑格尔的体系里，国家崇拜是和英雄崇拜结合在一起的。英雄的伟大和他所谓的"善"没有关系。既然伟大意味着权力，那么很明显，恶也就和善一样伟大了。一种抽象的道德观点提出对历史的"心理学"的解释，即把一切伟大的业绩和英雄归结为琐碎和卑劣的心理动机，从而来贬低他们的伟大。"这就是仆佣的心理。对他们来说，根本没有英

---

① 参阅《法哲学》（中译本），第二五八节，第259页。——译者注

雄。其实不是真的没有英雄,而是因为他们只是一些仆佣罢了。"① 黑格尔总是以极为轻蔑的态度来谈论这样一种对历史的解释。

黑格尔确信自己对大多数伟大的政治行为的动机没有任何错误的观念。他从未企图把这些动机"理想化";这和日常的乐观主义也是相距很远的。黑格尔非常清楚地知道,个人的野心不仅在伟大的政治活动中起作用,而且在大多数场合下,它们都是真正的推动力。所有这一切并不贬低它的价值,反而是增加它的价值。一个以诋毁的腔调谈论人类热情的人,是自己蒙起眼睛,因而看不到历史过程的真实特征的人。把伟大的历史活动发动起来,并且给它们以确定的存在的力量是人的需要、本能、爱好和热情。这是个体存在者在其活动和劳动中使自己获得满足的绝对权力。

> 所以我们说,假如主角方面没有利害关系,任何事情都不能成功。假如把这种对利害关系的关心称为热情,我们简直可以断然声称,没有热情,世界上一切伟大的事业都不会成功。因此有两个因素就成为我们考虑的对象:第一是理念,第二是人类热情的复合。这两者交织成为全世界历史的巨大壁毯的经和纬。②

在抽象的道德主义者那里,热情被看作是一种邪恶的东西,一种或多或少不道德的东西。但在这里,黑格尔也同样接受了马基雅维利的"善"的概念。"善"意味着力量,在人类生活中再没有比伟大的热情更为强大有力的动机了。没有全部人类的热情参与其中,理念就不能实现自身。

---

① 《法哲学》,第一二四节,戴德英译本,第120页。
② 参见《历史哲学》(中译本),第62页。——译者注

热情的特殊利益和一个普遍原则的活泼发展,所以是不可分割的。因为普遍的东西是从那特殊的、决定的东西和它的否定所生的结果。特殊的东西同特殊的东西相互斗争,终于大家都有些损失。那个普遍的观念并不卷入对立和战斗当中,卷入是有危险的。它始终留在后方、在背景里,不受骚扰,也不受侵犯。它驱使热情去为它自己工作,热情从这样的推动里发展了它的存在。因而热情受了损失,遭了祸殃,这可以叫做**理性的狡黠**。①

在对世界历史的看法上,黑格尔取消了"利他主义"行为同"利己主义"行为的通常区分。尼采的"不道德主义"不是什么新东西,这在黑格尔的体系里已经早就有了。

我们对历史最初的一瞥,便使我们深信,人类的活动都发生于他们的需要、他们的热情、他们的兴趣、他们的个性和才能;当然,这类的需要、热情和兴趣,便是一切行动的唯一的源泉——在这种活动的场面上主要有力的因素。也许可以找到一些普遍的目的——如像仁心或者高尚的爱国心;但是这些德性和这些普遍的东西,同世界和世界的创作之间就没有什么主要的关系了。……相反,个别兴趣和自私欲望的满足的目的却是一切行动的最有势力的源泉。它们的势力表现在它们全然不顾法律和道德加在它们上面的种种限制,而且它们这些自然的冲动,比起维护秩序和自制、法律和道德的人为的讨厌的纪律训练,对于人们有一种更直接的影响。②

---

① 参阅《历史哲学》(中译本),第 34 页。——译者注
② 参阅《历史哲学》(中译本),第 58—59 页。——译者注

第十七章 黑格尔

黑格尔不惧怕利己主义,他是第一个不仅把利己主义看作是不可避免的恶,而且把它提升到一种"理想"原则高度的哲学思想家。他引入"神圣利己主义"(Sacro egoismo)的概念,在他之后,这个概念在现代生活中起了一种决定性的和灾难性的作用。的确,在黑格尔时代以后,重点转移了,黑格尔自己也把个人看作世界历史的伟大木偶剧中表演的木偶。按照他的看法,这出历史剧的导演和剧作者是"理念";个人不过是"世界精神的代理人"。① 后来,当黑格尔的形而上学失去其影响和约束力时,这种概念也颠倒了过来:"理念"成了担当真正"领袖"的个人的代理人。

黑格尔的政治理论是两大思想汇流之间的分水岭。它标示着两个时代、两种文化、两种意识形态之间的转折点。它站在十八世纪和十九世纪的分界线上。黑格尔确信,任何一个思想家都不能够超出他自己的时代。"哲学是被把握在思想中的它自己的时代。妄想一种哲学可以超出它那个时代,这与妄想个人可以跳出他的时代、跳出罗陀斯岛是同样愚蠢的。"这是对启蒙运动的精神和十九世纪的新精神之间的差别所作的最有特色的表达。无论是法国的百科全书派还是康德,都不怕思考反对他们自己的时代,他们不得不同旧统治、旧秩序作战。他们确信,在这场斗争中,哲学是一件最有威力的武器。但黑格尔不再给予哲学这种作用。他已变成为"历史"哲学家。历史能够被描述,能够被表达,但不能用一种哲学思想对它进行创造或改造。黑格尔的"历史主义"和他的理性主义是休戚相关的,二者互相阐释和说明。这是黑格尔政治理论的一个最大的长处,但同时又是它的一个本质的局限。这种理论似乎是纯粹思辨思想的结果和顶点。但在这种思辨中间,我们总是能够感觉

---

① 参阅《历史哲学》(中译本),第70页。——译者注

到现实政治生活的脉动。这给予了黑格尔的全部概念（尽管是在普遍性上）以特殊的色彩和外观。在他的体系里，以前一切概念几乎都经历了意义深刻的变化。十八世纪的每一个思想家都会赞同黑格尔的定义，即把世界历史看成"自由意识的进展"。事实上，第一次提出这个定义的不是黑格尔，而是康德。① 但在康德和黑格尔的体系里，无论是"自由"一词还是"进展"一词，甚至于"意识"一词，含义都是不同的。

　　黑格尔对康德、费希特所作的驳斥，是认为他们的唯心主义只是一种"主观的"唯心主义。照他看来，这种唯心主义给予我们的是一种"反思的哲学"（Reflexionsphilosophie），而不是一种实在的哲学。黑格尔的理论被当作一种"建设性"思想的产物而受到赞扬或批判。但它已不再是十八世纪体系那种意义上的建设性的理论，毋宁说它是一种沉思的理论，它以解释给定的历史现实为满足。康德已经宣布，人的理智并不简单地寻求自然的法则，它本身就是自然法则的源泉；"理智的（先天的）法则不是理智从自然界得来的，而是理智给自然界规定的。"② 对他来说，同样的原则也适用于伦理思想的领域。即使在这个领域，人也不简单地服从由上帝的意志或任何其他的权威加给他的法则。一切理性存在的意志是一种"普遍的立法意志"。一个理性存在除了服从自己颁布的法则以外，不再服从任何的法则。③ 在费希特那里，这种意志的自律又变成了最高的形而上学原则。

---

① 参阅康德《世界公民目的中的普遍历史观》，一七八四年，卡西尔编《康德全集》，第四卷，第149页以后。
② 康德《导论》，庞景仁中译本，第93页。比较《纯粹理性批判》第一版，第127页。——译者注
③ 参阅康德《道德形而上学的原理》，阿博特英译本，伦敦，一九二七年第六版，第50页以后。

第十七章 黑格尔

黑格尔并不简单否定或取消康德和费希特的唯心主义，也不低估法国革命的政治观念的价值。在他年轻的时候，这些观念曾给他以深刻的印象。当黑格尔还是图宾根神学院的学生时，法国革命的最初消息传到德国，黑格尔本人和他的朋友谢林、荷尔德林都对之热情地欢呼。甚至在后来，黑格尔变成革命的尖锐对立者时，他也从不把它说成是公开的敌人。

> 这些普遍的概念——自然的法则和真与善的实体——我们把它们叫做理性。认识这些法则的合法性，我们叫做启蒙。启蒙运动从法兰西输入到日耳曼，创造了一个新思想、新观念的世界。绝对标准——代替了宗教信仰和权利的积极法则的一切权威——是精神自身对那被信仰或被遵从的特征所下的判断。……我们在这里只能够说，这个原则在日耳曼从康德哲学中获得了理论方面的认识。……在最深刻的东西和自由方面，这是一个巨大的发现。现在精神的东西的意识是根本基础，因此哲学便成为至高无上的。有人说过，法国革命是哲学的产物，而哲学又被称为"世界智慧"，不是没有道理的。因为它不仅作为事物的纯粹本质是自在自为的真理，而且作为在世俗性中的展现，也是在其活的形式中的真理。……"公理"这个概念、这个思想突然伸张它的权威，旧的不公平的制度无力抗拒它的进攻，所以就有一个和公理相调和的宪法制定并确立了，一切未来的法律都要根据这个基础。自从太阳站在天空，星辰围绕着它转动，大家从来没有看见，人类把自己放在他的头脑、"思想"上面，而是依靠思想，建筑现实，这是一个光辉灿烂的黎明。一切有思想的存在，都分享到了这个新世纪的欢欣。一种性质崇高的情绪激动着当时的人心；一种精神的热诚震撼着整个世界，仿佛"神

圣的东西"和"世界"的调和现在终于首次完成了。①

能够讲这种话的人不完全是政治上的反动派。黑格尔不仅对法国革命和启蒙运动观念的真正特征有一种深刻的识度，而且对它们深深尊敬；然而，他并不认为这些观念是组织社会和政治世界适宜的手段。

黑格尔不赞成康德、费希特和法国革命所推崇和赞扬的自由观念，认为这种观念是"纯粹形式的东西"。这种"形式的东西"是什么意思呢？它意味着，思想在寻求确定自身中，同时也失去了同现实世界的接触。现实世界是一个历史的世界，法国革命所能做的一切就是否定和摧毁事物的历史秩序。这样一种背离是决不能被尊崇为"现实的东西"和"合理的东西"之间的一种真正和谐的。哲学的任务，不能是构思一幅事物的理想图画，一种君临历史之上的纯粹的"应是"，这样一种唯心主义是徒劳无益的。黑格尔宣称他主张一种"客观的"唯心主义，这种唯心主义不把观念看作仿佛仅是萦绕于人们心头的东西。他在现实中，即在历史事件的进程中来寻求这些观念。②

在现实和实践政治的领域，这个原则导致有时看来很令人反对的结论。黑格尔能够使自己和几乎所有的东西即设想用力量来证明其正确的东西相调和。当拿破仑在一八〇六年打败普鲁士军队的耶拿战争后访问耶拿时，黑格尔在他的一封信里以最大的热情谈论这一事件，"我看见了皇帝，这个世界精神正骑着马巡视全城。"——后来，拿破仑被打败了，受到驱逐，普鲁士变成了德国的支配力量，他的判断也就颇为不同了。"世界精神"已转移到政治实体的其他部分。从此，黑格尔变成了"普鲁士的官方哲学家"；当他被授命在柏林担任教授职位时，他宣布，

---

① 《历史哲学》（中译本），第488—495页。——译者注
② 《历史哲学》（中译本），第47页。——译者注

第十七章 黑格尔

普鲁士国家是"建立在理智之上的"。①

尽管如此,要指责黑格尔是一个十足的政治上的机会主义,也是不公正的,他可不是见风使舵、趋炎附势的人。如我们已经指出的,他总是把"现实的"东西和只是"腐败的存在"作明显的区分。② 但是,我们如何能把这种区分运用于我们的政治生活和历史生活呢?我们如何能够知道,在人类世界里,什么是本质的,什么是偶然的,什么是表面的和暂时的,什么是真实的和永恒的呢?对这个问题,黑格尔的体系只能提供一个答案。世界历史就是对世界的审判。唯一的办法是请求最高法庭的判决,它的判决是不会出错、不能改变的,甚至"民族精神"也不能逃脱这种审判。

> 由于各民族作为实存着的个体只有在它们的特殊性中才具有其客观现实性和自我意识,所以民族精神的原则因为这种特殊性就完全受到了限制。各民族在其相互关系中的命运和事迹是这些民族的精神有限性的辩证发展现象。从这种辩证法产生出普遍精神,即世界精神,它既不受限制,同时又创造着自己;正是这种精神,在作为世界法庭的世界历史中,对这些有限精神行使着它的权利,它是高于一切的权利。③

假如我们研究黑格尔的哲学对后来政治思想发展的影响,我们就会发现,这是与他的基本观点完全相反的一个观点。在这方面,黑格尔主

---

① 见黑格尔一八一八年十月二十二日的《柏林大学开讲词》,"全集",第六卷,第35—40页。(参见《小逻辑》中译本,第31—36页。——译者注)
② 参见"全集",第六卷,第262页。
③ 《法哲学》(中译本),第340页,第351页。——译者注

义是现代文化生活中的一个最为矛盾的现象。或许再没有比黑格尔主义自身的命运更好更明显的历史辩证法特征的例子了。黑格尔所捍卫的原则一下子转变为它的对立面。黑格尔的逻辑学和哲学似乎是理性的东西的胜利。只有哲学所孕育的思想才是纯粹的理性概念；世界历史向我们展示了一个理性的过程。但黑格尔的悲剧性的命运就在于，他无意识地放出了那总是出现在人的社会生活和政治生活里的最为非理性的力量。没有别的哲学体系像黑格尔的国家学说——"存在于地上的神圣的理念"那样，为法西斯主义和帝国主义做了那么多的准备。黑格尔甚至首次表达了这样的观念，即每一个历史时期，都有一个并且只有一个民族，是世界精神的代表，这个民族有权统治一切其他的民族。

世界精神在其前进中，交给某个民族来执行它自己的使命。这个民族在世界历史的这个时期就是统治的民族；它在世界历史中创立了新纪元（但只能是一次）。它具有绝对权利成为世界历史目前发展阶段的担当者。对它的这种权利来说，其他各民族的精神都是无权的，这些民族连同过了它们的时代的那些民族，在世界历史中都已不再算数了。①

在此以前，没有一个哲学家作过黑格尔这样的结论。在十九世纪上半叶，我们看到民族主义理想的产生和不断增长着的影响。总之，当一种伦理学体系和一种法哲学保卫这样一种残酷无情的帝国主义的民族主义时，当黑格尔宣布其他民族的精神"绝对无权"反对那在特定的历史时刻被看作唯一的"世界精神的代理人"的民族时，这是政治思想

---

① 参阅《法哲学》（中译本），第三四七节，第354页。——译者注

史上的一个新的事件,是富有深远而可怕后果的事件。

然而,黑格尔的学说和现代的极权主义国家的理论之间有一点是明显不同的。确实,黑格尔消除了国家的一切道德义务,而且宣布,当我们从私人生活和私人行为过渡到国家的行为时,道德的统治就失去了其自称的普遍性。但是在他那里还是保存着国家所不能免除的其他限制。在黑格尔的体系里,国家属于"客观精神"的领域。但这个领域只是理念自我实现中的一个因素或一个阶段。在辩证的过程中,它为别的领域(用黑格尔的话说,叫做"绝对理念"的领域)所超越。理念的自我发展,在艺术、宗教和哲学三个领域或阶段里进行。很明显,国家不能把这些最高文化上的善当作仅仅是它实现自己目的的手段。它们是不得不尊重和追求的目的本身。的确,没有独立于任何国家之外的存在,因为没有组织起来的社会生活,人就不能够发展自己。然而,这些文化生活的形式有一种独立的意义和价值。它们不能处于一个异邦的管辖之下。如黑格尔所说,国家保持在"限定的领土里"。① 黑格尔不能把艺术、宗教和哲学列在国家之下。

因此,在体现于国家(它被看作精神,因而是一种充沛的力量)的客观精神之上,存在着一个更高的阶段。它决不应该企图压迫其他的精神力量,而是应该承认它们、给它们以自由。"国家能够达到的最高目标,是使艺术和科学得到培育,从而达到与人们的精神实现一种高度的和谐。这就是国家的基本目的,但这个目的一定不能作为一种外在的作品,而必须从自身中产生。"②

黑格尔不仅谈及国家的权力,而且也谈及它的"真理"。他是"强

---

① 黑格尔《哲学全书》,第四九三节。
② 《历史哲学讲演录》,拉松版全集,第八—九卷,第628页。

权出真理"的极大敬慕者。然而,他并不把这种力量和纯粹的自然力量相混淆。他很清楚地知道,仅仅物质财富和力量的增长,并不能被看作是一个国家的财富和兴旺的标准。他在他的《大逻辑》的一个段落里,强调了这种观点。正如他所指出的,一个国家领土的扩大,常常会造成它的衰落甚或形式的解体,因而成了它毁灭的开始。①

甚至在他的《论德国宪法》的论文里,黑格尔就已强调国家力量的强大不在于其居民和战士的众多,也不在于它的规模。宪法的保证毋宁说是在于那"赖以构成宪法的民族的内在精神和历史"。② 对黑格尔来说,要使这种内在的精神从属于一个政党的意志或一个个人领袖的意志是不可能的。在这一点上,他会驳斥和憎厌现代"极权主义"的国家观。

黑格尔之所以从不赞成这些观点还有另外的理由。极权主义国家的一个首要目标和基本条件是统一的原则。为了这个原则的有效,就不得不消除社会生活和文化生活的一切其他形式,消除一切差别。根据黑格尔的看法,这样的消除决不能导致一个真的、有机的统一。结果只会是他不断咒骂的那种"抽象的"统一。一个真正的统一不是要消除或抹杀差异,而是必须对差异进行保护和保存。黑格尔虽然强烈地反对法国革命的理想,然而他还是确信,以加强国家的力量和统一为借口,在社会团体和政治团体里废除一切差别,将意味着自由的终结。"使自由深化与实现的根本标准,是给每一个属于国家一般利益的企业一个分离的组织,而不管这些企业本质上有何差别。这种真实的区分必须是:"唯

---

① 《逻辑学》第一部,约翰斯顿和斯特拉瑟斯英译本,伦敦,一九二九年,第354页。
② 《哲学全书》,第五四〇节。

有在差异完全显示，并把这种差异充分体现在存在中时，自由才是彻底的。"① 黑格尔能够对国家进行吹捧和颂扬，他甚至于能够神化它；然而，在黑格尔国家权力的理想化和现代极权主义体系的偶像化之间，确实存在着一种明确无误的区别。

---

① 《哲学全书》，第五四一节。

第十八章 现代政治神话的技巧

　　如果试图把现代的政治神话分解为它们的组成部分，我们发现，它们丝毫没有新意。所有的成分都是众所周知的。卡莱尔的英雄崇拜理论和戈比尼关于种族的基本道德和理智差异的论题已经被一遍又一遍地讨论过了。但所有这些仅仅是一种学术意义上的讨论，要把旧的观念改变成为强有力的政治武器，则需要更多的东西。它们必须能够适合不同听众的理解力。为此，需要一种新手段——不仅是一种思想上的手段，而且也是一种行动上的手段。必须提出一种新技巧，这是最终的决定性的因素。用科学的术语进行表达，我们可以说，这种技巧有一种催化作用。它使所有的反应加快，并且使它们发挥充分的效能。尽管产生二十世纪政治神话的土壤早已具备，但没有这种新技术工具的熟练使用，它就不能结出自己的果实。

　　有利于这种发展并有助于其最后胜利的一般

第十八章　现代政治神话的技巧

条件出现于第一次世界大战后的时期里,在那个时期,所有的参战国都碰到了同样基本的困难。它们开始认识到,在任何领域中,战争都没有带来一种真正解决问题的办法,即使对战胜国也是如此。在一切方面都产生了新问题。国际的、社会的和人类的冲突变得越来越强烈。任何地方都可以感受到冲突的存在。虽然在英国、法国和北美仍一直存在着用平常的和规范的手段来解决这些冲突的某种前景。然而在德国,情况却完全不同,问题变得一天比一天尖锐和复杂。魏玛共和国的领导人竭尽全力靠外交事务和立法手段来应付这些问题。但他们的一切努力看来都是徒劳的。在通货膨胀和失业时期,德国整个社会和经济体系受到彻底崩溃的威胁。正常的办法似乎已山穷水尽。这便是政治神话赖以生存并由此获得足够营养的自然土壤。

甚至在神话渗透和支配整个人的社会情感和社会生活的原始社会,神话既不总是以同样的方式起作用,也并非总以相同的力量显示出来。只有当人面临一种不寻常和危险的境况时,神话才显示出它的全部力量。曾在超卜连兹岛的土著人中生活数年,并对他们的神秘观念和巫术仪式给我们提供了一个研究性分析的马林诺夫斯基,便一直反复坚持这一点。他指出,甚至在原始社会,巫术的使用也被限制于活动的某个特殊领域。在一切可以用比较简单的技术手段来处理的情况下,人们是不求助于巫术的。只有在人面临着某个靠正常力量不可企及的任务时,才会求助于巫术。然而,某一不受巫术和神话所左右的确定领域总是存在的,这便是所谓的世俗领域。这里,人依赖于他自己的技巧,而不是诉诸巫术仪式和宗教誓言的力量。马林诺夫斯基在其《信仰和道德的基础》里说:

当土著人不得不生产一种器具时,他并不求助于巫术。严格说来他在选材中，在刺、切和磨刀的加工方式中，是经验的，即科学的，他完全依赖于他的技巧、理性和耐力。可以毫不夸张地说，在具备充分知识的所有条件下，土著仅仅依赖于知识。……中部澳大利亚人具有真正的科学或知识，即完全被经验和理性所控制，以及完全不受任何神秘因素影响的传统。……

有许多世代相袭的传统，它们涉及人们如何栖生于低小的棚屋，以及摩擦取火、采制食品、相互爱慕和争斗的方式……根据土著人总是采用一些新的和适当的材料这一事实能够看到，这种世俗的传统是可塑的，有选择的和明智的，并也得到适当的缔造。①

在一切不需要格外和特殊的努力，不需要特别的勇气和耐力的任务里，我们看不到任何巫术和神话。但如果某件事情很危险并且结果不确定时，一种高度发展的巫术和与之相连的神话总是要出现的。

对原始社会里巫术和神话作用的这种描述，同样非常适用于人类政治生活高度发展的阶段。在绝望的境遇中，人总是求助于绝望的手段，我们当前的政治神话就是这种绝望的手段。如果理性使我们失望，便总会有某种"终极的理性"（ultima ratio），即非凡的和神秘的力量。原始社会是不受成文法、典章、制度或宪法、权力法案及政治宪章统治的。然而，甚至社会生活的最原始形态也向我们显示了一种非常清楚、非常严格的组织。这些社会成员决不是生活在一种无政府状态或混乱状态中。或许我们所知道的最为原始的社会，是我们在美洲的土著部落和北部、中部澳大利亚所发现的图腾崇拜社会，斯宾塞和吉伦的著作已对此做过仔细的研究和描述。在这些图腾崇拜的社会里，我们没有发现像希

---

① B. 马林诺夫斯基《信仰和神话的基础》，伦敦，牛津大学出版社，一九三六年，第32页以后。

第十八章 现代政治神话的技巧

腊、印度、埃及神话那样复杂精细的神话,没有对拟人化的神的崇拜,也没有把伟大的自然力量人格化。但他们是被另一种力量,甚至是更为强大的力量,聚拢在一起;这种力量,就是基本神秘观念(他们对动物祖先的信仰)之上的一定的仪式。每一个群体的成员都隶属于一个特殊的图腾氏族;因而每一个成员都是被束缚在固定的传统锁链之中。他必须禁忌某种食物;他必须遵守族外通婚或族内通婚的非常严格的规则;他必须每隔一定的时间,用固定不变的程式作同样的仪式,这种仪式是其图腾崇拜的祖先生活的戏剧性表演。这一切并不是靠强力,而是靠他们基本的、神秘的观念加于部落成员的,这些观念的束缚力是不可抗拒的,它从未受到过质疑。

后来,在那里出现了其他的政治力量和社会力量,社会的神秘组织似乎被某个理性组织所取代。在平静时期,在相对稳定和安全的时期,这种理性组织是容易维持的,它似乎能安全地抵御一切进攻。但在政治中,平衡从未完全被建立起来。我们在那里看到的毋宁说是一种动态的平衡而不是静态的平衡。在政治里,我们总是生活于火山似的地面上,我们必须对突然的灾变和爆发有所准备。在人类社会生活的所有危机关头,那抵御旧的神秘观念产生的理性的力量就像泥菩萨过河——自身难保了。在这些关头,神话的时代又来临了。因为神话一直没有被真正征服和战胜。它一直潜藏在黑暗之中伺机以待。一旦人类社会生活的其他约束力,为这种或那种原因,丧失了力量,不能再同有魔力的神秘力量进行战斗的时候,这种时机就到来了。

法国学者杜特(E. Doutte)写了一本非常有趣的书,《非洲北部的巫术和宗教》(*Magie et religion dans l'Afrique du Nord*)。在这本书中,他试图给神话下一个简洁明确的定义。按照杜特的看法,我们在原始社会所看到的神和精灵只不过是共同愿望的人格化。杜特说,"神话是人格化的共同意愿。"这个定义大约是三十五年前作出的。当然,作者不知道也没有想过我们当前的政治问题,他是作为一个从事于对北非的一些原始部落的宗教仪式和巫术仪式进行研究的人类学家讲话的。另一方面,杜特的定义可被用作对现代领导或独裁观念的最为简洁有力的表达。领导之需要,只是在共同意愿已达到一种不可阻挡之势,或相反地,用平常的规范方式实现这种意愿的一切希望均告破灭时才会出现。在这样的时刻,意愿不仅被敏锐地感觉到,而且也被人格化了。它就以一种具体的、可塑的和个人的形态伫立在人的眼前。强烈的共同意愿在领袖身上体现出来。以前的社会约束(法律、正义、宪法)被宣布为无效。唯一保存下来的就是神秘的力量和领袖的权威,领袖意志是最高的法律。

然而,高度文明的国家显然不能像原始部落那样来实现这种共同意愿的人格化。文明人当然是受着最为强烈的热情的支配,一旦这种热情达到了顶点,他便易于屈从最为非理性的冲动。但即使在这种情况下,他也不会完全忘记或否定理性的需求。为了相信他的信念,他必须为它找出一些"理由";他必须形成一种"理论"来为他的教义作辩护。这种理论,至少不能是简单粗糙的,恰恰相反,它应当是深奥精致的。

我们很容易理解原始生活中的这种假设,即一切人的力量和自然力量能够被聚拢和集中在一个个体的人身上。如果某个巫师是一个公正的人,如果他知道巫术的咒语,好像他懂得如何在正确的时刻和以正确的次序来使用它们,那么,他就是一切事物的主宰。他能避开所有的邪恶,他能打败所有的敌人;他支配一切自然的力量,这一切与现代的思想相距太远了,以至于似乎是很难理解的。但如果现代人不再信仰一种自然的魔力,他也绝不会放弃对一种"社会魔力"的信仰。倘若一种共同的意愿以其全部的力量和强度为人所感知,那么,人们很容易相

第十八章　现代政治神话的技巧

信，仅需要恰当的人来满足这种意愿。在这一点上，卡莱尔的英雄崇拜理论找到了市场。这种理论，在理性上向人们论证一种就其起源和趋向来说只是非理性的观念。卡莱尔曾强调，英雄崇拜是人类历史中的一种必需因素。直到人类自身停息它才会停息。"在世界历史的一切时代，我们都能发现作为该时代不可缺少的救星式的伟人；他们是闪电，没有闪电，燃料决不会燃烧。"① 百姓可以把伟人的话信奉为智慧的救世之言。

但卡莱尔并没有把他的理论理解为一种确定的政治纲领。他的概念是一个浪漫的英雄主义概念，这和我们现代政治"现实主义者"的概念是相距甚远的。现代的政治家已经使用了更为严厉的手段，他们不得不解决在许多方面类似于"方形的圆"这样的问题。人类文明的历史学家已告诉我们，人类在其发展中已经经过了两个不同的阶段。人类开始是作为巫士（homo magus），通过巫术时代，达到了技巧时代。以前具有原始文明的巫师变成了手艺人（homo faber）、工匠和艺术家。如果我们承认这种历史的划分，那么，我们现代的政治神话确实显现为一种极其怪诞和荒谬的东西。因为我们在它们之中所发现的是两种似乎相互排斥的活动的融合。现代的政治家已不得不把两种完全不同甚至是互不相容的功能集于一身。他不得不同时既以巫师又以手艺人的身份去行动。他是一种完全非理性的和神秘的新宗教的牧师。但他在保卫和宣传这种宗教的时候，又进行得有条不紊。他并不寄希望于机遇，每一步都做过很好的准备和谋划。正是这种奇怪的结合成了我们政治神话的一个最为鲜明的特征。

神话一直被描述为无意识活动的结果和自由想象的产物，但在这里

---

① 卡莱尔《论英雄》，第一讲，第 13 页以后；申本第五卷，第 13 页。

我们发现，神话是按照计划来编造的。新的政治神话不是自由生长的，也不是丰富想象的野果，它们是能工巧匠编造的人工之物。它为二十世纪这一我们自己伟大的技巧时代所保存下来，并发展为一种新的神话技巧。从此以后，神话可以在与任何其他的现代武器（譬如机关枪和飞机）同样的意义上以同样的方式被制造出来。这是一种新东西，并且是一种从根本上说来十分重要的东西，它已改变了我们社会生活的整个形式。正是在一九三三年，政治界开始有些担忧德国的重新武装及其可能带来的国际影响。事实上，这种重新武装在好几年以前就已开始，只是几乎没有为人们所注意罢了。真正的武装是从政治神话的起源和产生开始的，以后的军事武装只是随着上述事实而必然出现的。这个事情早已经完成了，军事武装只是政治神话所造成的精神武装的必然后果。

必须要采取的第一个步骤是语言功能的变化。倘若我们对人类语言的发展进行研究，我们就会发现，言语在文明史中，完成了两种完全不同的功能。简单地说，我们把这些功能称作语义上运用的功能和巫术上运用的功能。甚至在所谓的原始语言里，言语的语义功能也决不会失去；没有它就没有人类的语言。但在原始社会里，巫术的语言具有一种占支配地位和压倒一切的影响。它不对事物或事物的关系进行描述，而是试图产生效果和改变自然的进程。没有一套精心制作的巫术的艺术，这是办不成的。但在巫师的手掌中，它变成了一种最为有力的武器，没有任何东西能够抵抗它的力量。在奥维德（Ovid）的《变形记》（*Metamorphoses*）里，巫师梅德亚（Medea）说，"靠巫术的歌声和咒语，甚至可以把月亮从天上拽下来。"（Carmina Vel coelo possunt deducere lunam.）

十分严重的是，所有这一切都在我们现代世界里重新发生了。如果我们研究现代的政治神话及其运用，我们就会在其中出乎意料地不仅发

第十八章　现代政治神话的技巧

现我们道德价值的某种转换,而且还会发现一种人类语言的变化:巫术的言语重于语义的言语。如果现在的某一天,我碰巧读到一本最近十年中德国出版的书,它并非政治著作,而是理论著作,即探讨哲学、历史或经济问题的著作,我会吃惊地发现,我不再懂得德国的语言了,新词已被铸造出来,即使老词也被在一种新的意义上使用;它们都经历了含义的深刻变化。这种深刻的变化基于这样一个事实,即这些词以前被用作一种描述性的、逻辑的或语义上的含义,而现在是当作要产生某种效果和激励起某种情感的巫术上的词语来使用的。我们日常的词语也受到意义上的指责,但对这些新造的词语的指责来自情感和强烈的热情。

不久以前,出版过一本非常有趣的小书,题为《纳粹德语——现代德语用法汇编》,其作者是海因茨·帕希特(Heinz Paechter)、贝塔·赫尔曼(Bertha Hellman)、海德维希·帕希特(Hedwig Paechter)和卡尔·奥·帕特尔(Karl O. Paetel)。在这本书里,一切由纳粹统治所造出的新术语都被细致地开列出来,这是一个惊人的单子。看来只有极少数的几个词在这场普遍的毁灭中存活了下来。作者企图把这些新术语翻译成英文,我认为他们在这方面是不成功的。他们所能给出的只是这些德语语词和短语的累赘的说法,但却不能作出真正的翻译。因为不幸(或可能不幸)的是,这些词是不能贴切地用英文来表达的。这些词的内容和客观意义不能像环绕和笼罩着它们的那种情感气氛那样更能刻画出它们的特征。这种气氛必能感觉得到,但它不能被翻译,也不能从一种意见的水土传递到另一种完全不同的水土。要阐明这一点,我对随意选取的一个引人注目的例子感到满意。我从《纳粹德语——现代德语用法汇编》里了解到,在最近的德语用法中,"Siegfriede"(胜利的和平)和"Siegerfriede"(胜利者的和平)之间存在着明显的不同。甚至德国人也不容易听出这种不同来。这两个词发音非常近似,似乎是表示同一个东西。"Sieg"的意思是胜利,"Fried"的意思是和平,这两个词合并起来怎么会产生一种完全不同的意义呢?然而,我们被告知,在现代德语的用法里,这两个词之间有着完全不同的含义。因为 Siegfriede 是一个由德国的胜利而得到的和平;而 Siegerfriede 的含义则是与之根本相反的,它被用于指称一种由同盟国的征服者所支配的和平。其他的术语也是这样,铸造这些术语的人对他们所从事的政治宣传艺术有着精湛的把握。他们达到了他们的目的,靠最简单的手段刺激起了最为强烈的政治热情。一个词语,甚至是一个词语中的一个音节的改变,就能够很好地服务于这个目的。在这些新词里,我们感觉到人类的全部情感,诸如憎恨、气恼、暴怒、傲慢、轻蔑、假冒和鄙弃等等,在这里汇集。

但巫术词的使用并不是全部的手段。假如一个词要实现其完全的效用,就必须引入新的仪式来对它进行补充。在这方面,政治领袖们也进行得非常彻底、有条不紊,并取得了成功。每一种政治活动都有其特殊的仪式。因此,在极权主义国家里,没有私人的领域,没有政治生活的独立,人类的整个生活突然间被新仪式的高潮湮没了。它们就像我们在原始社会里所看到的仪式一样固定、严厉和不可抗拒。每一个阶级、每一个性别、各个年龄,都没有自己的意志。不表演一种政治仪式,谁都不敢在大街上行走,谁都不能招呼自己的邻居或朋友。就与原始社会一样,忽略一个规定的仪式就意味着痛苦和死亡。甚至在年幼的孩子那里,这也不能仅仅看作是一种疏忽罪,它成了反对领袖和极权国家威严的一种罪行。

这些新仪式的效果是很明显的。没有什么东西能比该仪式的不变的、统一的、单调的表演更能消蚀我们的全部活动力、判断力和批判的识别力,并攫走我们人的情感和个人责任感了。事实上,在受仪式支配和统治的原始社会里,个人的责任是一种未知的东西。我们在这里所发

第十八章 现代政治神话的技巧

现的只是一种共同的责任。真正的"道德主体"不是个体而是群体。氏族、家族和整个部落对其所有成员的行为负责。假如发生一起犯罪,也不会把它推诿给个人。罪行就像一种瘴气或社会感染一样遍及整个群体,没有人能够逃脱这种感染。复仇和惩罚也总是对着一个群体,在这些以血缘世仇为最高义务之一的社会中,报复决不仅是必然地对着谋害者本人的,只要杀了他的家族或部落里的一个成员就行。在一些情况下,如在新几内亚和非洲索马里的例子里,被杀的就不是犯罪者本人,而是比他年长些的哥哥。

近二百年间,在和文明人的生活相比较时,我们关于原始生活特征的概念已经完全改变了。在十八世纪,卢梭对原始生活和自然国家作了著名的描述,他在原始生活中看到一种真正朴素、单纯、幸福的乐园。原始人生活在原始森林的清新环境里,按照本能行事,朴素的欲望得到满足。他享受着最高的善、绝对独立自由的善。不幸的是,十九世纪人类学研究的进步完全破坏了这种哲学田园诗。卢梭的描述被转向了与它正相反的一面。哈特兰(E. Sidney Hartland)在其著作《原始法》里写道:

> 原始人与卢梭所想象的那种自由自在、无拘无束的生物相距甚远。恰恰相反,原始人在每一个方面都受到他的民族习俗的禁闭,他被束缚于古老传统的锁链之中……他把这些束缚当作习惯的东西来接受,从不寻求去打破它……对文明人来说,同样的看法也经常适用。但文明人太不知足了,太希望变化了,太渴求向他所处的环境提出询问了,以至于不能长期保持沉默。①

---

① 哈特兰《原始法》,伦敦,一九二四年,第138页。

这些话写于二十年以前。但同时却给我们上了新的一课，这对人类骄傲来说，是非常丢脸的一课。我们知道，现代人，尽管他是不知足的，或许恰好正是由于他的不知足，才没有能真正地超越原始生活的条件。当他面临同样的力量时，他能很容易地被抛回到一个他完全默许的国家。他不再询问他的环境，他把它当作一个习惯的东西而接受下来。

近十二年的全部悲哀的经验可能是最为可怕的。它可以和奥德赛在塞西岛的经历相提并论，甚至还更坏一点。塞西女妖把奥德赛的朋友和同伴变成各种各样的动物形态。但在这里却是人，受过教育的、有知识的人，突然放弃人的最高特权的诚实而正直的人。他们不再是自由和人格的主体了。他们表演着同样规定的仪式，开始用同样的方式感觉、思维和说话。他们的姿态是强烈而狂热的，但这只是一种做作的假的生活。事实上，他们是受外力所驱动的。他们的行动就像木偶剧里的提线木偶，他甚至不知道，这个剧的绳子，以及人的整个个人生活和社会生活的绳子，都由政治领袖们在那里牵动。

这对理解我们的问题来说是极为重要的一点。强制和压迫的方法在政治生活里都曾使用过了。但在大多数情况下，这些方法目标在于物质性的结果。甚至最为恐怖的专制制度也以把一定的行动律令强加给人们为满足，它们并不关心人们的感情、判断和思想。的确，在大的宗教斗争中所造成的最为强烈的效果，不仅是要支配人们的行动，而且也要对人们的意识进行统治。但这些企图是注定要失败的，它们仅仅是加强了对宗教自由的感情。而现代的政治神话则以颇为不同的方式进行，它们并不是从要求或禁止一定的行为开始，而是为了控制人们的行为而改变人。政治神话的行动方式活像一条毒蛇，它在攻击其牺牲品之前先努力对其进行麻痹，使人们没有怎么抵抗就沦为它们的牺牲品，他们还没有认识到实际上发生了什么事就已被击败和征服了。

第十八章 现代政治神话的技巧

通常的政治压迫手段将不足以产生这种效果。甚至在最难忍受的政治镇压之下，人们也没有停止过他们自己的生活。总是会保留有个人自由的一个领域来反抗这种压迫。古代的古典伦理学观念，在古代世界的混乱和政治的衰败中，保持并加强了它们的力量。塞涅卡（Seneca）就生活在那个时代并在尼禄（Nero）宫廷供职，但这并不妨碍他在其论文和道德书简里对斯多葛哲学高尚的观念，就意志自律的观念和聪明人独立自主的观念作出一种概括。我们现代的政治神话在其开始工作之前就摧毁了所有这些观念和理想。它们不需害怕来自这方面的任何反对。我们在对戈比尼著作的分析里已经研究过制伏这种反对的方法。种族神话就像强烈的腐蚀剂那样在发挥作用，成功地化解了一切其他的价值。

要理解这个过程，必须从对"自由"这一术语的分析开始。不仅在哲学的语言里，而且在政治学的语言里，自由都是一个最为含混不清的术语。一旦我们开始对意志自由进行思考，我们就发现自己陷入一个无法解脱的形而上学问题和二律背反的迷宫之中。关于政治自由，我们大家都知道，这是一个经常使用甚至滥用的口号。所有的政党都向我们保证，它们是自由的真正代表和捍卫者。但他们又总是用他们自己的意志来定义这个术语，并为了他们的特殊利益来使用这个术语。伦理自由实质上是更为简单的东西，它就是要从在形而上学里和在政治里似乎都无法避免的模棱两可中解脱出来。人作为自由的主体来行动，不是因为他们具有一种"漠不关心的随意的特权"（Liberum arbitrium indifferentiae）。不是缺乏动机而是以动机为特征，才是自由行动的标志。在伦理学意义上，如果一个人的动机依赖于他自己的判断和他自己对什么是道德责任的确信，那么，这个人就是个自由的主体。按照康德的看法，自由等于自律。这并不意味着"非决定论"，而毋宁说是一种特殊的决定。它意味着我们在行动中所服从的法则不是从外面强加给我们的，而是道德主体将这个法则给予自身。

康德在阐述他自己的理论中，总是告诫我们反对一种基本的误解。他宣称，道德自由不是一个事实而是一个设定。它不是"既定的"（gegeben），而是"设定的"（aufgegeben）。与其说它是赋予人类本质的礼物，而毋宁说是一个任务，是人能够为自己规定的最为艰巨的任务。在整个政治生活似乎面临崩溃的严峻和危险的社会危机时刻，这种要求就变得尤其艰巨。在这样的时刻，个人对他自己的力量已感到一种深深的不信任。自由不是人的自然的遗产，为了具有自由，我们必须去创造它。如果人只是简单地顺从其自然本能，那他将不会为自由而奋斗，他将宁可选择依从。很明显，依赖他人要比自己思想、自己判断、自己决定容易得多。这说明了这样一个事实，即不管是在个人生活里还是在政治生活里，自由经常是被看作一种负担而不是一种特权。在特别困难的条件下，人们试图抛掉这种负担。这时，极权国家和政治神话就进入了。新的政党起码要许诺摆脱这种两难境地。它们隐瞒和肢解自由的真谛，但同时它们又解除了人的一切个人责任。①

这把我们引向了问题的另外一个方面，在我们对现代政治神话的描述中，还遗漏了一个特征。正如我们已经指出的。在极权国家里，政治领袖不得不担负起所有的这些在原始社会为巫师所履行的职能。他们是绝对的统治者，是许诺能够治愈一切社会罪恶的巫医。但这还不够，在原始社会里，巫师还有其他重要工作。巫师（homo magus）同时就是占卜者（divinans），他启示上帝的意志并预言未来，占卜者在原始的社会

---

① 劳申布什（Stephen Raushenbush）说：我在对一个喜欢向美国来访者进行解释的德国杂货商谈及对我们放弃自由就是放弃某种不可估价的东西的感情时，他答复说，"但是你完全不理解。在此以前，我们曾为选举、政党、投票担忧，我们有责任。但现在，我们一点也不为此担忧了，我们自由了。"见劳申布什《法西斯主义的进展》，耶鲁大学出版社，一九三九年，第40页。

第十八章 现代政治神话的技巧

生活里有其稳固的地位和不可缺少的作用。甚至在政治文化高度发展了的阶段，占卜者仍然完全具有他原来所拥有的权利和特权。例如在罗马，没有占卜官和祭司的劝告，任何重要的政治决定都不能做出，任何困难的事都不能承担，任何战争都不能进行。当罗马军队被派出时，总有祭司陪伴着，他们是军事编制的一个必不可少的组成部分。

甚至在这方面，我们现代的政治生活也已突然回到了那似乎已被完全忘记了的形式。我们确实已不再有那种原始的巫术与那种靠抽签的占卜；我们不再观察鸟的飞行，也不再检查被杀死的动物的内脏。我们已经发展了一种更为精致复杂得多的占卜方法，即一种被宣称是科学的和哲学的方法。我们的方法变了，但事情本身决没有消失。我们现代的政治家知道得非常清楚，用幻想的力量比用纯粹的物质力量更易于鼓动起大批的群众，而且他们已充分地运用了这种知识。政治家变成了一种公众的算命先生，预言是新的统治技巧中的一个本质的成分。最不可能或绝不可能的许诺都做出来了，太平盛世被一遍又一遍地预言着。

十分严重的是，这种新的占卜术的第一次出现不是在德国的政治中，而是在德国的哲学中。一九一八年，斯宾格勒（Oswald Spengler）的《西方的没落》一书问世。可能以前从没有一本哲学书曾引起过这样的轰动。它被翻译成了几乎所有的语言，被各种各样的读者所阅读，这些读者中有哲学家和科学家、历史学家和政治家、学生和学者、商人和市民。这种前所未见的成功的原因是什么呢？这本书向它的读者念了什么魔术咒语呢？这似乎是一种怪诞的事，但依我之见，应在该书的标题里而不是他著作的内容里来寻求斯宾格勒成功的原因。标题《西方的没落》（*Der Untergang des Abendlandes*）是点燃起读者想象力的电火花。这本书出版于一九一八年七月，时值第一次世界大战结束。在这个时候，我们中的许多人（如果不是大多数人的话），已经认识到，在我们受到高度赞扬的西方文明国家里，某些东西已经腐朽了。斯宾格勒的著作以锐利有力的笔触，表达了这种普遍的不安。这本书根本不是一本科学著作。斯宾格勒蔑视一切科学方法，并向它们提出挑战。他宣告，"应科学地对待自然，要理想化地对待历史"。即使这一点，也还不是斯宾格勒著作的真正意义。一个诗人生活在他想象的世界里；一个伟大的宗教诗人，像但丁或弥尔顿，也生活在预言想象力的世界里。但他不把这些想象当作现实，也不把它们弄成一种历史哲学。这才恰恰是斯宾格勒的真意所在。他夸耀已经发现了一种新的方法，靠这种方法对历史事件和文化事件，就能用像天文学家预言日食或月食的同样方式和同样的精确性进行预言。"这本书第一次企图去冒险地预定历史，它冒险地推断在一种文化的命运中尚未明了的阶段，特别是敢于对我们时代的唯一文化（它实际上在西欧和美国人那里达到完成阶段）和我们的星球进行预示。"

这些话给我们提供了一个理解斯宾格勒著作及其巨大影响的线索。如果能不仅对人类文明的历史作出叙述，而且能对其未来的进程进行预测，那确实是前进了一大步。很明显，以这种方式说话的人既不是纯粹的科学家，也不是历史学家和哲学家。按照斯宾格勒的看法，文明的产生、衰败和没落并不依赖于所谓的自然规律，它是被一种更高的力量，命运的力量所决定的。人类历史中的动力是命运而不是因果关系，斯宾格勒说，一个文化世界的诞生总是一种神秘的活动，是一种注定的命运；我们贫乏的、抽象的、科学的或哲学的概念对这类行动是完全看不透的。

当一个伟大的灵魂从永远孩童似的人类原始精神性中觉醒过来，从无形式中分离出一种形式，从无限制和永恒中分离出一种限

第十八章 现代政治神话的技巧

制和宿命之物时,一种文化就诞生了……当这个伟大的灵魂已在民族、语言、教义、艺术、国家、科学等形态里,实现了它的全部可能性,又回复到原始精神时,这种文化就死亡了。①

这里,我们也发现了一个最古老的神秘动机的复活。几乎在世界的所有神话里,我们都遇到一种不可避免、不可抗拒、不可改变的命运观念。宿命论看来是不能和神秘的思想相分离的。在荷马的诗里,即使是神也不得不屈服于命运。命运如宙斯一样独往独来。柏拉图在他的《理想国》里,对一切天体都赖以运行的"定数的绕线杆"作了著名的描述:当纺锤朝向定数女神之膝时,她的女儿们即命运三女神拉刻西斯、克洛托、阿特罗波斯登坐王位,拉刻西斯歌唱过去,克洛托歌唱现在,阿特罗波斯歌唱未来。② 这是一种柏拉图的神话,而柏拉图总是在神秘思想和政治思想之间作出鲜明的区分。但在我们现代的一些哲学家那里,这种区分看来已被完全消除了。他们给了我们一个显示一切神话特征的历史的形而上学。当我第一次读到斯宾格勒的《西方的没落》时,我碰巧正在研究意大利文艺复兴的哲学。给我印象最深的是,斯宾格勒的书和我最近读过的一些占星术论文极为相似。当然,斯宾格勒并没有企图去预言星球上文明的未来,但他的预测和占星术预测有着完全同样的形式。文艺复兴时的占星术士不满足于揭示出个体的人的命运,他们将他们的方法也用于伟大的历史现象和文化现象。其中的一个占星术士曾被教会判处火刑,因为他给基督占卦,从基督的生辰预言了基督教的行将没落。实际上,斯宾格勒的书也是一种历史占星术,是一个展示

---

① 斯宾格勒《西方的没落》,慕尼黑,一九一八年;阿特金森英译本,第 106 页,参看整个第四章"命运观念和因果性原则"。
② 柏拉图《理想国》,第 616 页。

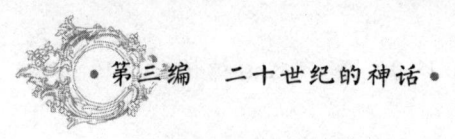

令人忧郁的启示预见的占术者的作品。

但是，我们能真正地把斯宾格勒的著作同后来的政治预见联结起来吗？我们能把这两种现象放在同一水平上吗？乍一看来，这样一种类比似乎是很有问题的；其实不然，斯宾格勒是恶的预言者，新的政治领袖们则想唤起他们的追随者的最高希望。斯宾格勒宣讲西方的没落，别的人则宣扬日耳曼族征服世界。很明显，这些并不是同一个东西。斯宾格勒本人也不是纳粹运动的追随者。他是一个保守主义者，是旧的普鲁士理想的羡慕者和颂扬者，新人的纲领对他毫无吸引力。然而，斯宾格勒的著作却变成了国家社会主义的一本先驱著作。斯宾格勒从他的一般论题中得出的结论是什么呢？他强烈地反对把他的哲学叫做悲观主义哲学，他宣称自己决不是悲观主义者。确实，我们西方文明终究是要灭亡的，但为这种明显的、不可避免的事实而悲哀是没有用的。如果我们的文化丧失了，那么，对当代人来说，仍然保留着许多其他的东西，而且或许是更好的东西。

> 对西方人来说，不会再有任何关于伟大的绘画或伟大的音乐的问题了……只有广泛的可能性留给了他们。对于充满着无限希望的健全而有生气的一代，我看不到及早发现这些希望必成泡影的任何不利条件。……确实，对那些在决定性的年代里过分相信在建筑、戏剧和绘画领域里没有给他们留下什么可供征服的东西的一些人来说，这事可能是一个悲剧。他们沉沦有什么关系呢！……现在，数百年的工作最终会使西欧人看到自己的生活在一般文化场景中所占的位置，会使他们检验自己的能力及它的效果。我只能希望新时代的人能为这本书所打动，将自己献身于技术而不是抒情诗，献身于大海而不是画笔，献身于政治而不是认识论。如果他们不能做那就

第十八章　现代政治神话的技巧

更好。①

技术而不是抒情诗，政治而不是认识论，这种人类文化哲学家的劝告能够很容易地被理解。新时代的人们确信，他们实现了斯宾格勒的预言。他们用自己的意思解释斯宾格勒。如果我们的文化（科学、哲学、诗和艺术）死亡了，那就让我们来一个崭新的开始吧，让我们尝试我们广泛的可能性，让我们创造一个新世界并且成为这个世界的统治者吧。

同样的思想倾向也显露在一个现代德国哲学家的著作中。这个哲学家，乍看和斯宾格勒极少共同之处，而且是独立地发展了他的理论。一九二七年，马丁·海德格尔（Martin Heidegger）出版了他的第一部著作《存在和时间》（*Sein und Zeit*）。海德格尔是胡塞尔的学生，并且被认为是德国现象学学派的杰出代表。他的著作登载在胡塞尔的《哲学和现象学研究年鉴》上，② 但这本书的态度是和胡塞尔的精神截然相反的。胡塞尔是从对逻辑思想原理的分析开始的，他的整个哲学依赖于他的分析结果。他的最高目标是使哲学成为"精密科学"，把它建立在不可动摇的事实和无可怀疑的原则之上。海德格尔与这种倾向完全背离。他不承认有像"永恒的"真理，柏拉图的"理念王国"，或严格的哲学思想的逻辑方法这类东西。所有这一切都被宣布为难以捉摸的东西。我们试图建立一种逻辑哲学是徒劳的，我们只能给予一种存在主义哲学。这样一种存在主义哲学并不声称给我们一种客观的和普遍有效的真理。没有任何思想家能给出比他自身存在的真理更多的东西，而且这种存在有一种历史的特征，它是和个人生活的特殊条件紧密地连在一起的。改变这

---

① 斯宾格勒《西方的没落》，第 40 页以后。
② 《哲学和现象学研究年鉴》（*Jahrbüchern fur Philosophie und phänomenolocische Forschung*），第八卷（第二版，哈雷·尼迈尔，一九二九年）。

种条件是不可能的。海德格尔为了表达他的思想,不得不铸造了一个新词,他说到人的存在抛入(Geworfenheit),认为被抛入时间之流是我们人类状况的一种基本而不可改变的特征。我们不能从这条溪流中浮现出来,也不能改变它的进程。我们不得不接受我们存在的历史条件。我们可以试图去理解和说明这些条件,但不能够改变它。

我并不是要说这些哲学学说与德国政治观念的发展是一种直接的关系。大多数这类观念产生于不同的来源。它们有着一个非常"现实的"而不是思辨的目的。但新哲学削弱并慢慢摧毁了那能抵抗现代政治神话的力量。一种由忧郁的没落预言和我们文明不可避免的毁灭所构成的历史哲学,以及在人的存在的抛入中看到他的基本特性的理论,已放弃了在人的文化生活建设和重建中积极参与的一切希望。这样的哲学抛弃了它自己基本的理论观念和伦理观念。因此,它可以被用作政治领袖手中的一个驯服工具。

宿命论在我们现代世界的复归,将我们引向另外一个一般的问题。我们为自然科学而自豪;但我们不应该忘记,自然科学是人类思想的一个非常迟到的成就。甚至在十七世纪,在伽利略、开普勒、笛卡尔和牛顿的伟大时代,它还没有被牢固地建立起来。它仍然不得不为它的公开地位而斗争。在文艺复兴时期,所谓的玄秘科学(巫术、炼金术和占星术)仍然居于统治地位,它们甚至曾有过一个新的繁盛时期。开普勒是第一个能以精确的数学术语描述行星运动的伟大经验主义的天文学家。迈出这决定性的一步是极端困难的。因为开普勒不仅必须同他那个时代作斗争,而且也要同他自身作斗争。天文学和占星术那时仍是不可分离的。开普勒本人是被指命为普拉格皇宫的占星术士,并且在生活的末期变成了华伦斯坦的占星术士。他最后自身解脱的道路是现代科学史中最重要、最吸引人的章节。他从未和占星术的观念完全决裂,他宣布天文

第十八章 现代政治神话的技巧

学是占星术的女儿,而且说它决不会变成否定或蔑视其母亲的女儿。在近代的十七世纪和十八世纪之前,在经验论的思想和神秘的思想之间是不可能划出一条界限的。现代意义上科学的化学这个术语在罗伯特·波义耳和拉瓦锡时代以前是不存在的。

这种事态如何能得到改变呢?自然科学如何能在无数次的徒劳之后最终与巫术的符咒决裂呢?这种伟大的理智革命的原则在培根的话里得到最好的描述。培根是现代经验论思想的一个先驱,他说,"对自然的胜利只能靠顺从自然而取得"(Natura nonvincitur nisi parendo)。培根的目标是使人成为自然的主人。但人的统治必须以正确的方式来理解。人不能征服或奴役自然。为了统治自然,人必须尊重自然,必须服从它的基本法则。人必须从自身解放开始,他必须清除自己的谬见和幻象,清除人类的愚昧和幻想。在他的《新工具》(Novum organon)的第一卷里,培根力图对这些幻想作一个系统的描述,他描述了几种不同的幻象,种族幻象(idola tribus)、洞穴幻象(idola specus)、市场幻象(idola forl)和剧场幻象(idolatheatri)。他也试图揭示如何克服这些幻象,以便扫清通向真正经验科学的道路。

在政治当中,我们尚未发现这种道路。在人类的一切幻象中,政治幻象即市场幻象,是最危险又最持久的幻象。自从柏拉图的时代以来,一切伟大的思想家都做了极大的努力来发现一种合理的政治理论。人们确信在十九世纪最终找到了正确的途径,一八三〇年奥古斯特·孔德(Auguste Comte)出版了他的《实证主义哲学教程》(Cours de philosophie positive)的第一卷。他从分析自然科学的结构开始,从天文学到物理学,从物理学到化学,从化学到生物学,他都作了分析。但是,按照孔德的观点,自然科学仅仅是第一步。他的真实目的和最高的抱负是成为一种新的社会科学的奠基者,把我们在物理学和化学中所见到的同样精确的推理方式、同样的归纳和演绎的方法导入这门新科学。

政治神话在二十世纪的突然泛起说明了孔德及其弟子门徒的希望流产了。政治同实证的自然科学即精确的自然科学仍然相距很远。我毫不怀疑，后代们会以现代的天文学家研究一本天文学论著或现代的化学家研究一篇化学论文的同样的情感，来对我们的许多政治体制进行回顾。在政治中，我们尚未发现牢固可靠的根据。这里似乎没有任何明白地建立起来的宇宙秩序；我们总是面临着突然再次回到旧的混乱状态的威胁。我们正在建造雄伟壮丽的大厦，但我们尚未能把它们的基础确定下来。人靠熟练运用巫术、符咒就能改变自然进程这种信仰，千百年来一直在人类历史中流行。尽管净是挫折和失望，但人类仍然极为顽固地坚持这种信仰。因此，在我们的政治活动和政治思想中仍有巫术所把持的地位也就不足为奇了。当小团体试图将其意愿和幻象的观念强加给伟大的民族或整个政治时，它们或许会得逞一时，甚至会取得很大的成功，但终究只是昙花一现而已。因为正像有一个物理世界的逻辑一样，毕竟也有一个社会世界的逻辑，有某些违背了它就必受惩罚的法则。即使在这个领域，我们也必须听从培根的劝告，在我们要支配社会世界之前，我们必须学会如何服从社会世界的法则。

在这场反对政治神话的斗争中，哲学能给我们以什么帮助呢？我们的现代哲学家们似乎很久以前就已放弃了影响政治事件和社会事件的进程的一切希望。黑格尔对哲学的价值和尊严有着最崇高的见解。但也正是黑格尔本人宣称，对于世界的改革来说，哲学总是姗姗来迟。因此，幻想任何一种哲学能够超越它的时代，就如同一个人想跳出他的时代一样愚蠢。"当哲学把它的灰色绘成灰色的时候，这一生活形状就变老了。对灰色绘成灰色，不能使生活形态变得年轻，而只能作为认识的对象。

第十八章　现代政治神话的技巧

密纳发的猫头鹰要等黄昏到来，才会起飞。"① 如果黑格尔的这一格言为真，那么，哲学将被谴责为一种绝对的寂静，是对人的历史生活的一种完全消极的态度。它只是简单地接受和解释既定的历史环境，在其面前卑躬曲膝。在这种情况下，哲学就不过是一个思辨的懒汉而已。然而，我认为，这是和哲学的一般特征和哲学史相矛盾的。单是柏拉图的经典例子就足以驳斥这种观点。过去的伟大思想家不仅仅是"在思想中冥思他们自己的时代"，他们也经常不得不思考超出或反对他们的时代。没有这种理智的和道德的勇气，哲学就不能在人的文化生活和社会生活里完成自己的任务。

摧毁政治的神话是超出哲学能力之外的。神话在一种意义上来说是驳斥不了的，因为它不接受理性的辩驳，不能为三段论所驳斥。但哲学能给我们以别的重要的帮助。它能使我们理解对手。为了战胜敌人必须了解敌人是正确战略的一条首要原则。知彼不是说只要知道对手的缺点或弱点，而且也必须知道其力量。我们大家都已能很容易地理解这种力量。当我们初听到政治神话时，我们觉得是如此的荒谬绝伦、荒诞离奇，以至很难将其放在眼里。现在我们大家都清楚了，这是一个很大的错误。我们不应该第二次犯这同样的错误。我们应该仔细地研究政治神话的来源、结构、方法和技巧。为了认识对手、战胜对手，我们必须面对面地观察对手。

---

① 参阅黑格尔的《法哲学》（中译本），第 14 页。——译者注

结　　论

　　我们在现代政治生活的艰苦的学校里所学到的是这样一个事实，即人类文化决不是像我们曾想象的那样已经牢固地建立起来了。而奠定我们西方文明基础的伟大的思想家、科学家、诗人和艺术家常常确信他们已将之永久地建立起来了。修昔底德（Thucydides）在讨论他的同以前对历史的神秘探讨相对立的新历史方法时，将其著作说成是"一种永恒的财产"。贺拉斯（Horace）把他的诗称作"一座永垂不朽的纪念碑"（monumentum aere perennius）。然而，看来我们似乎是以一种非常卑微的态度来看待人类文化的伟大优秀作品的。它们既不是永恒的，也不是不容置疑的。我们的科学、诗、艺术和宗教是建在极深厚、极古老的地层的上层，我们必须对那可以摇动我们文化世界和社会秩序基础的猛烈冲击一直有所准备。

　　我们或许可用从神话本身借来的一种比喻来阐明神话和其他文明力量之间的关系：在巴比伦的神话里，我们看到一种关于创世的传奇，神话告诉我们，最高的神马杜克（Marduk）在他能够开始工作之前，不得不进行一场可怕的战斗，必须战胜恶魔泰阿马特和其他的黑暗之龙；他杀死了泰阿马特并把龙捆起来，他用魔怪泰阿马特的肢体造成了世界，并给予这个世界以状态和秩序；他造了天，造了地，造了星辰，并确定了它们的运动；他最后的工作是造人，以此方式，从原始的浑沌中产生了宇宙秩序，而且这种秩序将为一切时代所保持。巴比伦的创世诗中说,"马杜克的世界是永恒的,他的命令是不能改变的,任何神都不能改变从他嘴里说出的话。"①

人类文化世界或许可以用这种巴比伦传奇的话来描述:直到战胜和征服神话的黑暗,人类文化世界才能够产生;但神话的魔怪尚未被完全清除,它们被用来造成新的宇宙,而且它们在这个新宇宙里存活了下来,神话的力量被优秀的力量挫败和征服了;只要这种优秀的、理智的、伦理的和艺术的力量足够强壮,那么神话就会被控制和征服,但如果它一旦失去其力量,那么混乱就又将来临,神秘的思想又开始重新高涨,弥漫于整个人类的文化生活和社会生活。

---

① 参见詹森(P. Jensen)的《巴比伦人的宇宙论》(*Die Kosmologie der Babulonier*),斯特拉斯堡,一八九〇年,第279页以后。

译 后 记

本书第一章至第十一章由范进翻译，第十二章至第十八章由杨君游翻译。柯锦华校阅了全书，并在体例、译名上作了统一安排。

本书在翻译过程中，曾得到导师贺麟先生的帮助指导。有关拉丁文和希腊文请教过傅乐安和叶秀山老师。此外，杨一之先生、梁存秀和薛华老师曾对本书的某些专业问题提供一定帮助。在此一并致谢。

恩斯特·卡西尔教授学识渊博，外文娴熟。本书横跨哲学、政治学、人类学、语言学、神话学、宗教学等多重学科，并在书中夹有希腊文、拉丁文、意大利文、法文、德文等多种文字，这对本书翻译带来一定困难。由于译者专业与外文知识均不充足，失误之处在所难免，恳请有识之士赐教，不胜感激。

译者

一九八七年八月一日